W0273678

TÊTE HAUTE

www.editions-jclattes.fr

Mémona Hintermann

TÊTE HAUTE

JC Lattès

ISBN : 978-2-7096-3099-3

© 2007, éditions Jean-Claude Lattès.
Première édition janvier 2007.

À ma mère Marie-Claire Sery,
À mes frères et sœurs : Sara, Bène, Mamode,
Farouk, Tati, Doudou-Marie-Renée.
À mes enfants Elodie et Julien
À mon mari Lutz.

1.

Jeanne d'Arc... me voilà !

« Va voir quel côté bringelle y charge[1] ! »

Rendez-vous chez la pucelle

— Alors, comme ça vous avez quitté le soleil pour venir chez nous ?... Sans regrets ?

Lundi 7 septembre 1976. J'ai 24 ans. Bernier est venu me chercher à la gare d'Orléans, au volant d'une petite 4 L qui pue la gauloise. Clope au bec, ce barbu d'une quarantaine d'années m'observe en missouque*. Il doit penser que je suis une naïve ou une ambitieuse qui commet, de sang-froid, l'erreur de sa vie : arrivant d'un pays de rêve, j'atterris dans son univers sans relief. Je l'observe moi aussi. À cet instant, il pourrait symboliser le portrait-robot « vu à la télé » du Français moyen, gen-

1. On ne sait pas de quel côté viennent les corps.

* Tous les mots suivis d'un astérisque sont expliqués dans le glossaire en fin d'ouvrage.

til, mais très loin du cliché transporté au-delà des mers, ce mythe qui nous a fait croire que le pays des « Lumières » n'a produit que des gens éduqués, de beaux esprits affinés par une culture exceptionnelle. Le grand escogriffe chargé de m'escorter tente de me désarçonner en me taquinant.

— Vous avez vraiment abandonné votre paradis de l'océan Indien pour voir ça ?

Il esquisse un geste un peu méprisant en direction d'une statue : celle d'une femme à cheval, minuscule créature, serrée dans une cotte de maille grise, la tête haute, les jambes raides, et brandissant avec hardiesse un étendard doré à fleurs de lys qui flotte dans le froid. Dans un grand éclat de rire, mon chauffeur ajoute suffoquant presque dans la fumée d'une nouvelle cigarette :

— Non, mais sans blague ? Vous n'êtes pas venue pour elle !

À vingt-quatre ans, un saut gigantesque vient de me happer dans un lieu inconnu, deviné, déjà aimé. Mon pays. La tête dans les nuages, encore là-bas, déjà ici, je me débats intérieurement tant je me sens déboussolée par le décalage horaire et visuel. D'un bond, je viens de quitter l'île de la Réunion, dans l'océan Indien, j'ai embrassé ma famille à la hâte, comme quelqu'un qui part en mission. Quelques larmes ont coulé, mais l'excitation et la curiosité ont gardé le dessus. J'allais enfin me retrouver au pays de mes rêves : la France !

Deux jours avant, j'ai fait étape, comme un sas de décompression, dans un petit hôtel de l'île Saint-Louis. Une île pour découvrir Paris ! Le coup de foudre : j'ai parcouru la capitale, du matin au soir, à la découverte des Champs-Élysées, des ruelles du quartier Latin, de la tour Eiffel, du Louvre. Les Parisiennes élégantes m'ont donné envie de les imiter quand elles rejettent leurs cheveux vers la nuque avec ce geste si particulier qui accompagne un mouvement de la main. J'ai loué une chambre de bonne, sombre, avec toilette au bout du couloir. Désormais, sur le dos des enveloppes, j'écrirai une adresse, sur laquelle Paris figure en lettres énormes et soulignées. Ça change tout ! Je ne veux vivre qu'à Paris, même si je travaille à Orléans. Tant pis s'il faut endurer le calvaire quotidien des allers-retours interminables en train omnibus, dans des wagons de seconde classe bourrés de gens fatigués, et l'air mal lunés. Départ six heures quinze chaque matin, métro avec changement, gare sale et puante, retour vers vingt-deux heures, six jours sur sept.

Je commence à Orléans un lundi 7 septembre. Croyant que l'été dure jusqu'au 21 du mois, je porte un petit ensemble léger, blanc, et une paire de hauts talons mauve, à brides, comme pour une cérémonie en plein été. D'un coup, le froid me révèle un hiatus. Frissonnant comme un oiseau déplumé mais optimiste, dans la gare d'Orléans, la première personne qui me tend la main est ce maigrichon de Bernier qui fume comme un pompier.

— Non, sans blague, répète-t-il, vous êtes venue pour celle-ci ?

Il m'énerve. Ils sont tous ploucs comme lui, ceux qu'on appelle « les Français de souche » ? Quelle déception ! Je croyais qu'ils récitaient du Baudelaire en marchant... Puisque mon accompagnateur insiste, je réponds à sa curiosité :

— Non, pas pour Elle. Pas seulement pour Elle. Jeanne d'Arc, tout le monde la connaît chez nous, à treize mille kilomètres d'ici. Ça servira de point de repère quand ma famille expliquera où j'ai atterri.

Premier couac dans ma découverte de cette France aperçue jusqu'à présent uniquement et à travers des livres et des images filmées. Les gens se dépêchent, encapuchonnés, dans la pluie qui farine* en ce début d'automne. Bizarre : je ne me reconnais pas dans leur façon de bouger, ils sont monocolores – tous blancs – alors que chez nous, des clairs, des basanés, des jaunes, des noirs se mélangent, décontractés, en plaisantant gaiement.

Dans cette foule qui coule comme une ravine, ils avancent sans voir, ne se regardent pas, ne se saluent pas. On entend le bruit de leurs semelles comme des plaintes de fantômes qui s'effacent dans le brouillard. Ils ont l'air constipés, étrangers les uns aux autres, projetés comme des pantins désarticulés dans des destins parallèles sans espoir, sans joie, sans but. Où est le bonheur d'être Français ? Comment reconnaître ce peuple, à travers l'armée d'ombres mécaniques et lourdes, qui déambulent sans un regard vers la statue. Étonnants ces Français !

Bernier n'est sans doute pas seul à penser que la pucelle appartient à l'histoire vraiment très ancienne ; dans cette vieille ville, piétons et automobilistes semblent l'avoir rangée au rayon des accessoires oubliés de la mémoire nationale : Jeanne d'Arc, symbole de résistance à travers la civilisation européenne, n'est pas encore l'otage du Front national. Toutes ces bonnes gens avançant, tête baissée, en se hâtant dans l'air froid de la Loire si proche, ne seront pas prêtes à réagir, à protester le jour où l'extrême droite procédera au rapt de l'icône nationale. Pour nous Français du bout du monde, impossible de réduire l'une des grandes héroïnes au rôle d'un petit porte-drapeau partisan et mesquin. Elle a sauvé la France.

Mais dans le froid humide de ce matin d'automne précoce, Jeanne d'Arc ou Vercingétorix ne sont pas à l'ordre du jour. Je suis enfin là ! Ma fortune tient dans une valise remplie de robes d'été alors que le vent souffle et que j'ignore où je dormirai ce soir. J'ai bien ma petite chambre à Paris, mais ici, rien. Aucune importance tous ces détails. Je commence une autre vie, la tête encombrée de rêves, l'esprit réaliste, et optimiste : j'aurai ma chance, je la saisirai parce que la France n'est comparable à aucun autre pays.

D'ailleurs, tout ce qui vient d'ici et arrive chez nous, là-bas, par le Port de la Pointe des Galets, n'est-ce pas vraiment sublime ? Par exemple, ces pommes qui ont le goût de pomme... de terre après deux mois de bateau, ne les trouvons-nous pas plus succulentes que nos vulgaires papayes parce qu'elles s'appellent... pommes de France ? Et ces petits biscuits secs qui résistent comme du bois dans la bouche ?

N'importe quoi portant l'inscription « France » est garanti, par nature, de qualité supérieure. Sans parler de ces garçons à la peau de lait, aux yeux si bleus, les filles en sont dingues. Ils sont tellement sexy, et en plus les mamans sont ravies : elles grimpent d'un coup sur l'échelle sociale. Ça fait tout de suite plus chic de se promener au bras d'un z'oreille...*. Il me faudra des années avant de me rendre compte à quel point ces réflexes sont typiques d'un état d'esprit colonisé. L'amour rend aveugle, c'est bien connu.

À ce moment-là, le colonialisme ne fait pas véritablement débat chez nous. Nous l'avons enfermé dans le passé pour ne pas nous distancer de la France, par peur des appels à l'indépendance. Pourtant, dans chaque famille, quelqu'un porte l'héritage colonial sur le dos, d'un côté ou de l'autre du chabbouc*. Mais nous nous sommes tant mélangés au gré des vagues de l'immigration. Le temps colonial ? Ses réflexes et ses crimes ? De cette histoire, il nous reste une grande fête, toutes origines mêlées, chaque année le 20 décembre, en souvenir de l'abolition de l'esclavage par Victor Schoelcher, en 1848. Autant que Schoelcher, le grand homme de la liberté, chez nous, le symbole de la fierté des créoles, porte un nom de terres lointaines : Sarda Garriga, le commissaire de la République venu appliquer le décret promulguant l'abolition de l'esclavage.

Cimendef, le chef esclave marron du cirque de Mafate* est notre ancêtre commun, le porte-drapeau de nos couleurs, l'honneur de notre île. Pas le symbole d'un groupe. Nous sommes Français depuis 1642, bien avant la Savoie et le Comté de Nice, même si le statut de colonie nous a collé à la peau jusqu'en 1946, date de la départementalisation. La France est notre maison commune.

Je me sens donc une Française lambda, lorsque la 4 L de Bernier enjambe l'autopont, traverse les larges rues bordées de HLM d'Orléans-la-Source, une ville nouvelle, accostée à l'ancienne. L'architecture, les gens, l'atmosphère, tout me semble décalé par rapport à l'élégance que j'imaginais découvrir. Cet univers de barres grises et interchangeables, franchement moches, cultive un air de famille avec les villes des pays sous-développés. Mais le décor décevant ne parvient pas à saper mon moral d'acier.

De toute façon je ne peux plus reculer. Changer d'avis maintenant ferait de moi une caponeuse* bien risible. L'idée de rentrer dans mon île me traverse l'esprit trois secondes, mais plutôt crever sur place que signer une telle reddition. La seule perspective de rentrer après un échec en France me fait transpirer comme un âne alors qu'il fait un froid de canard. Les yeux fermés, j'inspire à pleins poumons avant de prendre mon élan pour le grand saut à l'élastique !

Vous êtes Française ? Prouvez-le !

Le moteur de la 4 L bleue s'arrête, en pleine forêt de bouleaux, en toussant comme son maître. Au pied d'un petit blockhaus de béton d'une laideur déprimante, je contemple FR3-Orléans, succursale du défunt ORTF. Bienvenue dans la France profonde, à des années-lumière de mes plans échafaudés sur catalogue tropical. Pourvu que je ne finisse pas comme Perrette avec son pot au lait !

Un petit bonhomme ventru, visage cramoisi, pipe en coin, mains moites, m'ouvre les bras. Au moins un peu de chaleur humaine dans ce bled paumé ! Marcel Hareau est le rédacteur en chef adjoint, et surtout – on m'a déjà prévenue – les oreilles et les yeux du tout-puissant parti gaulliste UDR. C'est donc lui qui doit m'introduire dans l'élite de la télévision française. Marcel me conduit dans une petite pièce qui me servira de lieu de travail, avec un bureau métallique aux tiroirs vides qui couinent. Mon premier regard se porte vers la fenêtre, bute sur un rond-point tournant comme un escargot aveugle autour de blocs de béton mat, dans un paysage fondu à travers une grisaille humide.

En me retournant, pour échapper à ce panorama de désolation, je tombe nez à nez avec un homme très soigné qui saisit ma main et l'embrasse. Pas un baisemain vulgaire et conquérant, mais un surprenant geste affectueux, comme une action de sauvetage. Il me dévisage avec un air de famille, sent que j'ai bien besoin d'un câlin d'âme et lance, en riant joyeusement :

— Petit oiseau des îles, garde toujours une valise à portée de mains. Tu verras, ça aide. Tu te sentiras plus proche de tes mers du Sud !

Il se présente. C'est Henry Mas. Bientôt je comprends pourquoi toute notre rédaction d'une dizaine de journalistes l'adore. Il est humain, cultivé, et surtout, son rire illumine les humeurs les plus mornes. Un ange sur mon chemin.

— Je n'ai pas du tout le mal du pays, Henry. Et, si je l'ai un peu, pour être honnête, je dois dire que quelque chose d'autre me manquait cruellement là-bas. C'était la France, c'était d'être ici, les musées, les villes, les châteaux, les Français tout simplement !

Il me comprend. Ce charmant confrère, pied noir d'Oran, a lui aussi vécu le grand déchirement, entre l'ivresse de découvrir la France et l'arrachement à sa terre natale. Il sait de quoi il parle, et mes grands serments portent, selon lui, la marque d'une réaction d'autodéfense contre un grand cafard.

Sans plus tarder, j'utilise Henry, Marcel et les autres comme des cobayes. Auprès d'eux, je teste mes talents de passe-muraille linguistique, histoire de vérifier s'ils me comprennent bien, sans broncher. Comme dans un film burlesque, je joue à la Parisienne désinvolte. Toujours ce fardeau des anciens colonisés. Là-bas, n'importe quel créole bois de patate* sentirait à des kilomètres que je tourne la langue*, muée en précieuse ridicule des tropiques qui enfile sujets, verbes, compléments sans queue ni tête, juste pour mesurer l'effet obtenu.

Mais, à côté de moi, le petit gros qui sent le vin ne réagit pas. Son répertoire du français courant semble plus étriqué que le mien. Mes essais de voltige sur les mots visent un seul but : qu'on oublie vite d'où je viens. Ce jeu de masques finit par être déplaisant, et se heurte à une nausée de résistance. L'acculturation geint. Je parle comme j'écris, sans la souplesse de la langue orale, sans comprendre les mots d'argot, à cause d'un français appris, insuffisamment pratiqué. Parfois, cette langue trop scolaire me serre comme des chaussures neuves. Mais je m'accroche, verbe après verbe, expression après expression. Je n'ai pas le choix : la route sera longue avant de pouvoir me fondre dans le paysage.

Pour vivre, je me livre à des acrobaties. Je gagne moins de la moitié de mon salaire de la Réunion, où j'étais déjà une journaliste-vedette (insulaire) de la radio et de la télévision. Trois mille quatre cents francs au lieu de sept mille francs. Moins de la moitié de ce que je touchais pour exercer la même profession, théoriquement dans le même pays. Une subtilité administrative entre l'outre-mer et la métropole après la suppression du franc CFA. Avec le recul, je trouve que je n'aurais pas dû accepter ces conditions financières, d'autant que, non syndiquée, je suis longtemps restée sans aucune promotion. On ne m'a pas fait de cadeau.

Me voici donc la plus jeune de cette rédaction où tout le monde fait de tout. Comme sous les tropiques, je pars en reportage, et présente le journal régional – une vraie institution – très regardé chaque soir, retransmis en même temps sur Antenne 2. Bientôt, de Chartres à Issoudun, de Vierzon à Tours, je ne passe plus inaperçue. D'abord, je suis seule à porter à l'écran un nom unique – Mémona Afféjee*. À l'époque, cela fait penser à une extraterrestre ou comme on dit chez nous, « mond'y vient derrière soleil* ». Et pour tout arranger, je me singularise en escamotant ces maudits « r » imprononçables et semés partout. Je ne m'en rends pas vraiment compte : on me le fait parfois remarquer. Dans cette France traditionnelle qui a la nostalgie des années Pompidou tout en rêvant de s'encanailler au Club Med, mon accent gêne peut-être certains, pas moi.

Au contraire. Je souscris à la jolie remarque de Sacha Guitry : « Quand on garde son accent, on parle de son pays ! »

Au fil des semaines, la fabrication de la gnôle et des fromages de chèvre dans les villages berrichons qui pratiquent la sorcellerie (ça me rappelle mon île), la cathédrale de Chartres, les châteaux de la Loire, la gentillesse et la générosité des techniciens qui m'expliquent la réalité quotidienne en Sologne sont au programme de mon apprentissage. Arrivent décembre, janvier et surtout février froids et humides, dans une solitude de nonne. Chez moi, c'est l'été austral à l'ombre des filaos*. Mon horloge biologique rame à force d'être soumise au décalage affectif et climatique, mais ne demande qu'à s'adapter, à oublier la vie d'avant car je suis heureuse de travailler et d'apprendre. Mon enthousiasme et mon culot en désarment plus d'un. C'est vrai, il faut être complètement inconsciente pour s'asseoir sur le fauteuil de la présentation du journal régional, quand on parle le français depuis si peu de temps !

Je m'acclimate depuis deux saisons, portée par l'ambition et la joie de faire mon chemin sans difficulté insurmontable, au point d'imaginer pouvoir vivre sans déchirements loin de ma terre natale. Jusqu'au jour où Bernard Nicot, le rédacteur en chef, me tend une grande feuille de papier à carreaux, d'un geste silencieux et gêné. Engoncé dans son éternel col roulé beige, il me scrute – triste et muet – au-dessus de ses grosses lunettes. Je découvre un message rédigé à la main, portant en haut à gauche un nom et une adresse. Un paragraphe court suivi d'une maigre signature. Rien d'anonyme. Le téléspectateur a écrit pour poser une simple question, assumée, dispensée de tout examen moral :

« De quelle nationalité êtes-vous ? Mémona Afféjee, ce n'est pas français. Votre accent est gênant. Ce que vous faites, d'autres chez nous sont mieux à même de le faire... »

Affégee est mon nom de jeune fille. Hintermann vient d'un premier mariage. Les deux ensemble étaient trop longs pour l'écran : j'ai gardé le second, celui de mes enfants.

C'est la première fois que ma nationalité est mise en question à cause de mon nom. Je chiffonne ce torchon. Il ne me fait rien du tout, d'abord. Je bloque toutes mes écoutilles. Une affaire d'intuition : inutile de laisser s'infiltrer le poison du doute, d'ébrécher ma carapace, ce serait la porte ouverte aux complexes. Avant d'arriver à Orléans je savais qu'elle était la ville « de la rumeur ». Alors... Il doit y avoir un fou par ici, certain que je suis venue voler l'emploi d'une blonde aux yeux bleus qui parle pointu. L'attaque dont je fais l'objet ne peut pas m'atteindre : je crois dur comme fer en cette jolie profession de foi des Noirs américains, compagnons d'armes de Martin Luther King : « *Nobody can make you feel inferior without your consent* » (Personne ne peut vous forcer à vous sentir inférieur sans votre consentement), c'est-à-dire, en gros, pour moi, « Tous les racistes du monde sont en rade si je me fous d'eux ».

Cette lettre, je l'ai enfouie. Jusqu'à ce matin de printemps 2000 à la mairie de Neuilly-sur-Seine où je me présente pour une simple formalité : renouveler ma carte d'identité. Tout à coup, un souvenir revient au galop sur le dos d'une mauvaise sensation, comme un couperet qui tombe lentement. Je revois distinctement le papier à gros carreaux : ma mémoire n'a rien effacé. La lettre d'Orléans est là, exposée en gros plan dans mon souvenir. L'adresse, en haut, à gauche, danse, comme hier. Plus de vingt ans après.

La fonctionnaire blonde me rend mes photocopies, photos, formulaires divers, un geste de refus assorti d'une observation laconique qui m'invite à revenir avec une preuve de mon statut :

— Je ne peux rien faire pour vous. Votre dossier est incomplet. Vous devez prouver que vous êtes Française.

Le ciel me tombe vraiment sur la tête. Ma voix se vide de son tonus mais je ne bats pas en retraite :

— Comment ? J'ai joint mon ancienne carte d'identité... Elle a été faite à Paris, à la mairie du quinzième arrondissement. Elle date de plus de dix ans, je viens la renouveler, vous voyez bien que je suis française.

À la mairie de Neuilly-sur-Seine – la ville du député-maire Nicolas Sarkozy, qui créera plus tard en tant que ministre de l'Intérieur son slogan flou de discrimination positive –, la dame de l'état civil me toise, l'air gêné. J'ai tous les papiers, y compris la copie intégrale de mon acte de naissance précisant mes origines : mon père, Cassim Afféjee, citoyen indien, est né à Bombay, a gardé sa nationalité indienne toute sa vie. Ma mère est française, fille de générations de créoles blancs français depuis des centaines d'années. Un seul parent français suffit pour une carte nationale d'identité ! Rien à faire. Dialogue de sourds :

— Non, il faut prouver que vous êtes Française ! Sinon, votre demande sera rejetée par la Préfecture de Nanterre, répète l'agent de l'état civil, légèrement irritée par mon insistance.

Mais ils sont devenus fous dans ce pays ! Mon grand-père, Jules Séry, est venu se battre dans les tranchées de la Marne en 1914-1918 ! C'était pour rien ? J'ai chanté la Marseillaise avant de savoir lire, on m'a toujours dit que j'étais française !

Étrange sensation en descendant les marches de la mairie. Depuis quelques minutes, je ne partage plus avec ceux que je croise l'idée d'appartenance commune à un pays, le seul auquel je me sois référée depuis toujours. Je dois démontrer l'existence du lien que j'ai cru si évident, si essentiel, si sûre de ma biographie. Bravo la France !

Pour prouver ma citoyenneté, je dois me munir de tous les documents nécessaires comme si j'étais une immigrée de fraîche date, arrivée de l'autre bout de la planète. Bouillante de rage, je me rendis devant un juge du tribunal d'Instance de Courbevoie, dans les Hauts-de-Seine. Ce jour-là, si j'avais eu le choix, j'aurais laissé tomber cette trop chère nationalité française. Le magistrat voit mon amère déception, trouve des mots de solidarité réconfortante et ajoute des compliments adressés à mon travail. Son ordonnance certifiera que je suis Française.

Mais je suis révoltée, profondément écœurée, devant l'humiliation ! Quelques écailles de ma carapace d'illusions s'envolent dans le courant de la Seine.

Cependant je ne cherche pas à dramatiser. J'attribue la lettre d'Orléans à un inconnu méchant, borné, et l'épisode du passeport se rattache au zèle d'une administration tatillonne. Mais qu'auraient dit les victimes de la couleur de leur peau !

Le racisme : Voilà un sujet grave, enroulé trop souvent dans des contorsions hypocrites, manipulé par des professionnels spécialistes de l'huile jetée sur le feu. Sur ce terrain, La France a perdu toute sérénité. Aujourd'hui, Michel Leeb et Coluche seraient traînés en justice à cause de leurs sketchs parodiant des accents africains ou asiatiques. Valéry Giscard d'Estaing devrait répondre à des juges pour avoir utilisé le mot « invasion » à propos des immigrés, sans parler des fameuses odeurs vilipendées par le maire de Paris, Jacques Chirac.

Raciste !

Raciste ! Qui n'a entendu proférer cette accusation dans un bus, un supermarché, dans la rue ? L'opprobre !

Qui n'a pas peur d'être accusé de racisme ? Effroi et dégoût. Mais comment parler du racisme en France s'il faut constamment marcher sur des œufs, entouré de tireurs embusqués, à la recherche du moindre faux pas ?

Comme dans un sinistre jeu d'enfants, le premier qui crie « raciste ! » gagne. Je connais personnellement le cas de cette Parisienne qui se dispute avec un automobiliste de type nord-africain, pour une place de parking. Elle se fait traiter de « pute » et « mal baisée ». Quelques minutes plus tard, quand elle se rend au commissariat, une plainte vient d'être déposée contre elle. Elle est accusée de racisme ! Convoquée devant un tribunal de l'ouest parisien, elle tente d'expliquer qu'elle n'est pas du tout raciste mais la juge lui coupe la parole : « Taisez-vous, c'est moi qui décide ! »

Tout est désormais organisé pour diffamer, clouer au pilori quiconque souhaite seulement comprendre pourquoi nous en sommes arrivés là. Les sujets les plus anodins sont observés à la loupe par des ayatollahs prêts à abattre la foudre de leur jugement sur qui ose dire un mot. « Raciste ! Ferme ta gueule ! »

Comparé à nos voisins européens, nous pratiquons, en France, un politiquement correct particulièrement hypocrite et pervers qui nie le simple bon sens, le libre débat, dans un pays qui a fondé une vraie tradition de l'autodérision, du rire, de la parole. Télévision, radio, journaux, personnel politique, leaders d'opinion parlent maintenant un langage codé et souvent infantilisé. On n'ose plus utiliser des noms appropriés, par exemple Arabe ou Africain. Ce sont des « jeunes », « beurs », « beurettes », « blacks » dans des « quartiers sensibles »... des jeunes commettant des « incivilités » !

Incivilité ! Encore un mot de code pour ne pas dire crûment la réalité. Xénophobie ? Pour qui voyage régulièrement dans les transports en commun et fait ses courses dans des centres commerciaux, pas seulement à Paris, il suffit d'ouvrir les yeux... et les oreilles : les problèmes de comportement sont visibles, les réflexions et insultes sans ambiguïté mériteraient de la part des organisations antiracistes une lecture plus distancée, plus nuancée, plus juste des phénomènes attribués par réflexe à une seule catégorie de la population plutôt qu'à une autre.

Résultat : cette schizophrénie linguistique en dit long. Il est anodin de mentionner « des mafiosi russes », des « terroristes corses »... Aucune conséquence non plus si on entend dire que les Français détestent les Anglais ou les Allemands, mais ni un Anglais ni un Allemand n'aurait l'idée d'aller se plaindre devant un tribunal ou de s'adresser à qui que ce soit. Ils ont assez de sérénité pour ignorer les élucubrations d'un imbécile. Quand d'autres feront comme eux...

Regardons, justement, chez nos voisins qui doivent affronter des situations comparables aux nôtres. Le ministre allemand de l'Intérieur, Wolfgang Schäuble, a récemment parlé de « *slums* » (bidonvilles) qui se forment dans les quartiers d'immigrés. Son collègue du Logement, Wolgang Tiefensee a, lui, créé l'expression « foyer social brûlant contenant une force explosive considérable » (*sozialer Brennpunkt mit erheblichem Sprengstoff*). Là, on appelle un chat un chat pour s'attaquer aux problèmes.

Qui a peur de son passé d'immigrant et pourquoi ? Qui a honte de ses origines au point d'en maquiller le vocabulaire, de s'abriter derrière un paravent lexical ? Cette attitude est-elle un réflexe de protection issu d'un manque de confiance en soi ? À la Réunion, il n'est ni interdit ni honteux de parler de son appartenance à tel ou tel groupe de population. Personne ne se sent offusqué de mentionner ses ancêtres indiens, malgaches, chinois, etc. Quelle importance de m'entendre qualifier de « batarde z'arabe », puisque c'est ainsi que sont désignés les métis créoles indiens comme moi. L'expression est approximative, mais elle reflète une façon de s'exprimer, rien de plus. Si, à mon arrivée à France 3, des copains m'appelaient parfois « l'indigène », je le prenais pour une marque de camaraderie, et je riais avec eux. Aucun complexe, aucune honte, pas de malaise, je suis à l'aise avec moi-même, heureuse de mon parcours.

Lorsque, à la fin des années trente, le futur Président sénégalais Léopold Sédar Senghor crée à Paris un journal étudiant, il propose à son condisciple martiniquais, le poète Aimé Césaire, d'utiliser le mot « nègre » plutôt que celui de « noir ». Ce mot « nègre », explique Senghor, « nous est lancé comme une insulte, eh bien, je le ramasse, et je fais face ». Comme le chantre de la négritude, qui empêche un homme ou une femme dont les parents sont nés à Dakar ou Tunis de dire sa fierté ? Pourquoi faut-il taire sa différence, cultiver l'amnésie, faire comme si nous étions tous des Gaulois et se fâcher si quelqu'un mentionne notre origine ?

Si un importun observe abruptement devant un membre de ma famille :

« Ah, vous êtes de la Réunion ? J'aurais cru que vous étiez Algérienne », pas de scandale. Le curieux commet une erreur géographique et il n'est pas question de le suspecter de racisme. Pourquoi ? De toute façon, en cas de doute, il faut se souvenir du mot d'André Gide : « Moins le Blanc est intelligent, plus le Noir lui paraît bête. » Constat valable pour toutes les couleurs, toutes les origines à condition de ne pas porter en soi un complexe d'infériorité qui guette le mal partout.

Face aux vrais racistes prompts à manier l'insulte ou à exclure une personne de ses droits, inutile de chercher à argumenter : les lois et la justice sont là. Mais gardons l'arsenal des punitions pour les cas réels et sérieux.

Or, en mars 2006, le rapport de la Commission nationale consultative des droits de l'homme a révélé l'explosion d'un vrai tabou : une personne sur trois avoue qu'elle est raciste ! Jamais la France n'a enregistré pareille banalisation du racisme. Dans la foulée, une large majorité de Français considèrent « qu'il y a trop d'étrangers » dans l'hexagone. Réflexe de peur avant tout, plus que rejet de la couleur de la peau, peur de la misère, des réactions de violence face aux difficultés de voisinage liées à l'adaptation. Les chercheurs qui ont effectué le sondage ont travaillé dans le contexte des voitures qui brûlaient chaque nuit dans les banlieues à l'automne 2005. Les sondés ont entendu comme tout le monde que plus de quarante-neuf mille véhicules avaient flambé cette année-là.

La montée de la xénophobie reflète l'angoisse du chômage, mais elle traduit aussi la difficulté de vivre ensemble. Ce manque de confiance réciproque éclate, de-ci de-là, au grand jour, et semble être à l'origine de préoccupants sentiments d'exaspération. Ignorer ce sujet qui fait l'essentiel des conversations, partout en France, à voix basse ou cachée, n'en épargnera pas l'éclosion.

Les cas de violence face à de nouveaux arrivants sont multiples depuis longtemps du nord au sud du pays. Portugais, Italiens, Polonais en particulier, en savent quelque chose. Crimes, bagarres, lynchages, mépris à l'égard de leur « religiosité », quand leurs camarades de misère ridiculisaient les signes de croix des dockers napolitains dans le port de Marseille, ou, lorsqu'on se moquait du baisemain des curés arrivant de Cracovie dans les mines du nord de la France. S'agissait-il de racisme à l'égard d'ouvriers catholiques, comme leurs collègues ou plus prosaïquement, de concurrence pour une place de travail ?

Il est urgent de désamorcer les conflits, trouver un terrain d'entente qui rassemble, au lieu de cultiver les malentendus propices aux accusations, aux exclusions, à l'envie d'en découdre parce que l'un se sent « rejeté » et l'autre « envahi ». Pour « raccommoder » nos relations, des personnalités connues, issues de l'immigration symbolisant la réussite artistique, littéraire, sportive, commerciale, pourraient utiliser leur notoriété, monter au créneau, affirmer que chacun doit faire un effort. Le racisme n'est pas l'apanage des seuls beaufs franchouillards. Culpabiliser toujours les mêmes et transformer les autres en victimes permanentes, c'est regarder le monde d'un seul œil, alors que la justice, l'équilibre, le droit exigent un examen panoramique.

En juillet 1998, la France explosait de joie après la victoire de son équipe multicolore dans le championnat du monde de football. Sur les Champs-Élysées, Noirs, Blancs, Arabes tombaient dans les bras les uns des autres, et les médias prétendaient découvrir la naissance d'une France nouvelle. Mais on a laissé échapper cette grande chance. Ni le gouvernement, ni les partis politiques, ni les associations n'ont su canaliser ces émotions dans des projets de mieux vivre ensemble. Quel gâchis !

Il n'y aura pas de gagnant dans l'épreuve de force qui s'annonce, seulement des perdants dans des cortèges de colère, de misère, de revanche. Je crois pouvoir l'imaginer, après l'expérience des rejets réciproques, le terrifiant compte à rebours de la haine dans les Balkans, l'enchaînement de guerres fratricides entre des peuples qui avaient pourtant coexisté pendant des siècles. Ces tragédies sur le sol de l'Europe, plus de cinquante ans après la Seconde Guerre mondiale, auraient dû nous ouvrir les yeux, nous obliger à réagir. Si la réconciliation franco-allemande a pu, au moins, enrayer la volonté de se détruire l'un l'autre, peut-être est-ce un exemple à suivre. Nous ne sommes pas obligés de nous aimer, mais nous respecter est dans l'intérêt de tous.

Bien sûr, il est révoltant de constater que des « videurs » de discothèque obéissent à des consignes de sélection inadmissibles, mais il faut aussi réagir quand des jeunes filles qui rentrent en métro tard le soir se font importuner, agresser même parce qu'elles ne se laissent pas faire. Insultes, menaces, gestes désobligeants. Elles portent rarement plainte. Peut-être qu'un petit bréviaire sur la façon de se tenir en société ne ferait pas de mal à certains qui manifestent leurs idées sur la place des femmes d'une manière que nous n'aimons pas vraiment. Pendant qu'ils empêchent leurs sœurs de regarder un garçon, eux s'amusent à s'adresser à nos filles sur n'importe quel ton, avec n'importe quelle remarque, et ils s'étonnent qu'on les évite ? En écrivant ces remarques, est-ce que je vais déjà trop loin ? Constater avec répugnance l'insolence machiste et la vulgarité, est-ce du racisme ? Peut-être m'accusera-t-on de « stigmatiser » une communauté en particulier. Mais comment faire pour mettre les choses au point ? Comment se taire indéfiniment ?

Est-il normal que des « jeunes » demoiselles du 9-3 arrivent à Paris en déclarant haut et fort lors d'une manifestation étudiante, qu'elles sont là pour « casser de la meuf », sous-entendu des filles de milieux et d'origines différents des leurs ? Qui les empêche de renverser des vieilles dames à vélo, avec insultes, menaces et ces cris de haine « Français qui pue » ? Fantasme ? Quelle organisation anti-raciste a porté plainte ? Les scènes ont eu lieu en plein Paris ! Un journal comme *Le Monde* commence à raconter ce genre de scènes qui dépassent largement le fait divers[1].

Est-ce que j'ai l'air d'une donneuse de leçons ? J'espère que non, mais je déteste les censeurs et j'estime avoir mon mot à dire sur le racisme, l'immigration, la discrimination, les « jeunes » de banlieues, car je viens de loin, même de très loin, pas seulement dans le sens géographique du mot. Je viens d'en bas, de très bas, je suis fille d'immigré, et je ne crois pas que beaucoup de filles et de fils d'immigrés – celles et ceux qui détestent l'école au lieu d'en saisir les chances – ont connu la faim, la misère, la lutte pour la survie comme ma famille et moi.

Commençons par le bas. Tout en bas...

1. Voir *Le Monde* du 6 avril 2006.

2.

Adieu mon petit frère

« Moins pas cab'embarre la mer[1] »

La « Case Lumière » et le caméléon qui fume

Doucement sur la pointe de mes pieds nus je m'approche du poulet qui m'observe, la tête drôlement penchée sur le côté. Je veux lui tirer une plume comme le font mes frères aînés, Tati et Farouk, juste pour l'entendre piailler, parce que c'est rigolo. Mais chaque fois que je tends la main, il m'échappe en battant des ailes. Je lui fais face en criant :

— Quand je serai grande, je t'aurai, j'arracherai toutes tes plumes et tu pleureras !

J'ai cinq ans, je suis blonde, et constamment affamée. Je découvre la vie tous les jours un peu plus. J'aime beaucoup inventer des personnages, et comme je n'ai pas de jouets, je ramasse des branches, des pierres, des

1. On ne peut pas empêcher le destin de s'accomplir.

fleurs et je leur donne des noms et des rôles. Je n'ai jamais vu une poupée ni un livre. Mon univers, c'est la savane. La savane, chez nous, c'est l'espace devant la case où poussent de hautes herbes, quelques buissons. Les anciens esclaves ont perpétué ce mot. Ils dansaient le séga et le maloya, dans la savane, dans les très rares moments de répit. Depuis, la savane désigne cette partie de la cour où les enfants inventent des jeux. La cour entoure l'ensemble, elle est cernée d'un mur de pierres volcaniques, hérissées, souvent, de tessons de verre pour mettre en fuite les voleurs intrépides. Chez nous, la cour est boueuse et terriblement glissante pendant la saison des pluies de décembre à mars, avant d'être livrée à la poussière chaude de l'été tropical à partir d'octobre. C'est mon domaine. Je ne tiens pas en place, je suis rangée dans la catégorie d'enfants « qui ravagent », les enfants brise-fer*, c'est-à-dire classés au rang des calamités quotidiennes, des enfants accusés de faire du bruit, de déranger tout le monde, constamment. Par tous les temps, je suis dehors avec « la marmaille » du voisinage, prête à partager notre terrain de jeu avec la volaille, les cabris agiles et quelques moutons qui se déplacent lentement avec leur air égaré et un peu arrogant semblant saoulés par le parfum des franciséas*. Tous ces animaux font partie de la famille, portent un prénom et sont logés à la même enseigne. Ils doivent se débrouiller seuls pour trouver à manger s'ils ne veulent pas crever de faim. Dans la cour, les feuilles, les vers de terre, et les escargots ne font pas de vieux os.

Je suis heureuse de vivre : nous avons si souvent déménagé, déguerpi sans crier gare, levé le camp comme des voyageurs en escale perpétuelle.

À cette époque, la plus lointaine dans ma mémoire, nous habitons une maison en bois, recouverte de bardeaux, cette carapace en bois de tamarin. Chez les riches, les bardeaux sont taillés dans le natte, un arbre à l'allure de colosse élégant, rare et cher. Notre logis sent bon l'encaustique rouge, ses étroites portes à bascules sont garnies de rideaux brodés qui descendent jusqu'au sol. Interdiction totale d'entrer dans la maison sans surfer sur de longs patins glissants, fabriqués dans des morceaux de chiffons dépareillés, mais impeccables de propreté. Tout brille. « La saleté, quelle horreur, quelle honte », répète maman scrutant en permanence la moindre auréole, lancée du matin au soir à l'assaut du plus petit grain de poussière accroché à un meuble.

Nous avons toujours parlé de cet endroit comme de « la Case Lumière ». C'était le nom du propriétaire, mais elle symbolisait surtout les premières années de nos existences, quand mes parents n'étaient pas encore entrés dans une guerre d'usure totale, avec coups, couteaux, et menaces tous azimuts. C'était la belle vie d'une famille aisée. Aisée ? Même plus. Mon père était le commerçant le plus riche du Tampon. Mais quand je débarque dans son univers, il est déjà l'ombre de lui-même. Voilà pourquoi, de ce temps, je n'ai gardé aucun souvenir de fête, pas une trace de jours où on s'embrasse. Les archives de ma mémoire sont obstinément muettes sur de telles réminiscences familiales, alors que des détails infiniment précis me rappellent ce temps-là.

Une clôture fabriquée de bric et de broc nous séparait de voisins avec lesquels nous n'avions jamais eu de contacts amicaux. De l'autre côté de la ligne de démarcation, en effet, habitaient des ennemis pleins d'énergie. Le personnage central était une grande cafrine*, portant une vaste capeline en tissu, nouée d'un fil de rafia coloré, sous la gorge. Amélie Tafiki était aussi noire que maman était blanche ; sa taille immense dégageait une force menaçante quand elle hurlait en se cabrant par-dessus le fil métallique alourdi par les pois de senteurs. La redoutable voisine menaçait d'atterrir de notre côté avec la fureur d'une ravine en crue. Ses yeux roulaient comme des éclairs, elle vociférait, insultait en proférant des promesses de malheurs, soulevant sa large jupe à fleurs pour montrer ses fesses hautes – l'injure suprême chez les créoles plutôt à cheval sur les questions d'orgueil. Amélie et maman ne pouvaient pas se supporter de façon étrange, presque électrique. Elles s'observaient constamment, se défiaient à toute heure, s'insultaient chaque jour. Maman l'accusait d'avoir volé une bague ornée d'une pierre rose qui avait appartenu à sa mère et d'espionner ce qui se passait chez nous. Je crois qu'elle soupçonnait aussi son ennemie de chercher à séduire notre père, connu pour son caractère volage.

Amélie a eu le dessus. Son ami, le garde champêtre, a témoigné en sa faveur le jour où elle a intenté un procès à Marie-Claire Séry pour l'avoir traitée de voleuse... ! Sans un sou, maman n'a pas pu payer les dommages et intérêts décidés par le tribunal de Saint-Pierre. Pour payer les frais de justice et indemniser Amélie, la totalité de l'héritage – des terres – de ma mère a été mise aux enchères. Qui s'en est porté acquéreur ? Un prête-nom qui a cédé les biens, peu de temps après, à... Amélie Tafiki. Ma mère n'a jamais avalé cette mortification cuisante qui, longtemps, l'a empêchée de nous offrir un toit. Quand des rêveurs parlent de l'entente cordiale sous les tropiques, je souris en revoyant Amélie-la-furieuse et maman ruinée par sa naïveté.

Notre « Case Lumière », chemin Berthaud, ressemblait à beaucoup d'autres demeures du Tampon : pas d'eau, pas d'électricité, petite, basse et sombre. Elle se composait de deux pièces, c'est dire si elle était essentiellement un endroit pour dormir et se protéger des cyclones. Les bougainvilliers majestueux sauvaient les apparences, en se prosternant sous leurs immenses gerbes couleur d'incendie. Le Tampon était déjà une ville importante du sud de l'île de la Réunion, sur la route entre les champs de cannes depuis Saint-Pierre – la riche – avec ses superbes maisons créoles – vrais chefs-d'œuvre en péril de l'architecture de la Compagnie des Indes –, de vastes demeures coloniales ombragées d'arbres précieux. C'était un autre monde. Notre commune de trois mille habitants dans ce temps-là portait encore le sobriquet infamant de pays des « youles* » et des « yabs chouchous les hauts* » comme disaient avec des rires méprisants ceux qui montaient du littoral, pour désigner les petits Blancs qui vivaient presque en autarcie sur les hauteurs. Le nom « Tampon » vient du coup de tampon apposé sur les certificats de chargement des charrettes de cannes à sucre – ces véhicules archaïques juchés sur de hautes roues en bois bandées de fer – qui avançaient pendant des heures sous un soleil de plomb, vers les usines de la côte.

La « Case Lumière » était construite au bord d'un chemin en terre, une voie constellée de gros cailloux. Quand, exceptionnellement, une voiture passait, tout le voisinage se précipitait dehors, pour voir les riches assez fous pour s'aventurer par ici. Un après-midi, j'en vis une de très près. Le capot ouvert fumait : l'étrange engin était immobile, semblant livré au trépas, la gueule béante. Une foule de curieux impressionnés et rieurs se tenait agglutinée, comme autour d'un indomptable monstre. Pour la première fois je voyais de près un moteur, l'observant comme si nous étions transportés sur la planète Mars. Le conducteur tournait et retournait une grande manivelle en hurlant des mots furieux. Cette scène a ajouté à ma fascination pour les efforts démesurés qui accompagnent l'élan de vie, le combat pour ne pas laisser s'échapper le souffle qui retient le fil du cœur.

À cette époque de ma vie, une autre expérience

m'effraya : voir des caméléons suffoquer, implorer, les yeux largement ouverts jusqu'à un déchirant dernier sursaut, quand Farouk et Tati s'amusaient à regarder se consumer un mégot de cigarette, qu'ils avaient placé dans la gueule de l'animal épouvanté. À peine les restes du tabac avaient-ils brûlé que le pauvre caméléon explosait ou se raidissait, de tout son long, implorant le pardon...

Nous étions des enfants sauvages, plongés dans un univers de brutalité où chacun, chaque jour, devait sauver sa peau. La pitié n'avait pas de prise sur nous. Je suivais mes grands frères, pas à pas, jusqu'à me sentir comme eux, dans la peau d'un garçon. Mais, voir les caméléons ou les crapauds massacrés à coups de pierre me faisait tressaillir, surtout à l'instant minuscule où on sent la respiration s'arrêter. Quand tout se calme parce que la mort vient régler ses comptes et prendre possession de son butin.

Cette fascination pour la vie en plein duel s'est gravée pour toujours dans mon regard. J'ai cinq ans, je sens chaque vibration, chaque froissement, chaque sentiment. Je suis une éponge. Mes frissons se sont figés à travers le toucher de ce drap qu'on va plier pour l'éternité, dans cet interminable silence de larmes réprimées quand vient l'adieu horrible qui devrait nous faire hurler de douleur. Mais nous sommes alors déjà trop vaincus pour avoir la force de réagir.

L'enterrement d'Hamza

Ce choc est toujours en moi. Tant d'années après, le décor de ce jour-là persiste. Plus le temps s'étire, plus ce souvenir me poursuit, s'installe à son gré, et m'observe comme s'il tenait en lui un invisible cadran d'horloge.

C'était vraiment hier : je dévale à toute allure la pente du chemin Berthaud, après une matinée joyeuse chez la voisine Aline qui m'apprend à lire et à compter. Elle me fait jouer très souvent avec sa marmaille, puis je fonce vers ma récompense, parce que j'ai laissé maman tranquille pendant quelques heures : elle m'a promis un grand verre d'eau sucrée à la canne et parfumée au café qu'elle a fait griller. Café vert, parfum incomparable, inoubliable, unique. Parfum du bonheur. Je cours à perdre haleine, au risque encore une fois de me déchirer les orteils sur les roches piquantes. En bas de la pente, ce matin, personne ne répond. Maman ne vient pas m'accueillir au portail et me faire sauter dans ses bras comme tous les jours. Déçue, je me précipite à l'arrière de la savane, vers la cuisine, ce minuscule cabanon de tôle où je l'aperçois, penchée sur une énorme marmite. Elle ne dit rien, ne réagit pas même quand je me mets à tirer sur le bas de sa robe.

L'odeur des haricots rouges qu'elle roussit me fait danser de joie. Mais je sens qu'il s'est produit quelque chose. Je suis têtue. On me l'a déjà dit cent fois : on ne pose pas de questions tout le temps parce que ça fâche les grandes personnes. J'essaye quand même de savoir ce qui se passe, maman ne me regarde pas et m'ordonne d'aller jouer à la marelle.

Autour de la cuisine, un manège inhabituel, des visages que je ne reconnais pas, des gens qui se penchent pour se parler avec un air de mystère, un attroupement dans la cour où la poussière se soulève maintenant par vagues me confirment dans mon idée : il se passe certainement quelque chose chez nous.

L'odeur des haricots s'est rapprochée et flotte dans les assiettes de tous ces inconnus qui semblent bouger au ralenti comme s'ils étaient manœuvrés à l'aide de fils et portaient des masques effrayants. Ils sont blottis par grappes dans la cour, à même le sol, sur les chaises en paille, sous le gros arbre à jacques* et même à l'intérieur de la case, entre le lit à dossier verni et la table ovale où maman dépose ses broderies. Ma sœur aînée Sara, pour moi une deuxième maman car elle est grande, à quatorze ans, me prend doucement par l'épaule et me conduit sous la varangue*.

— Maman prépare une cérémonie pour Hamza. Il est mort ce matin quand le jour s'est levé.

— Qu'est-ce que c'est mort ? C'est comment la mort ?

Sara ne peut pas me le cacher. Elle pleure. Mais j'insiste.

— Mort, ça veut dire qu'il ne va plus jouer avec moi ?

— Non, plus jamais. Mais il ne faut pas pleurer.

Je ne comprends pas encore que mon petit frère sera porté en terre, tout à l'heure, avant le coucher du soleil, suivant les obligations de l'islam, la religion de mon père.

Hamza, qui commençait à peine à marcher, a été emporté par une fièvre fulgurante. Le médecin n'est pas venu. Hier encore, je jouais avec ses petites mains et il riait aux éclats. J'attends que Sara s'éloigne. Je veux voir Hamza. Il est étendu au milieu des femmes qui pleurent et prient. Certaines tiennent un chapelet entre les mains. Elles font cercle autour d'un brancard. Je me faufile entre les jupes à plis. Hamza a l'air de dormir. Je caresse son visage. Je l'embrasse mais il ne bouge pas, et sous mes lèvres, sa peau est dure et glacée. J'ai compris. Mort, ça doit vouloir dire ça.

Papa me tient par la main. Je marche avec lui dans le cortège funèbre qui ressemble à une promenade. Sur le chemin de l'église, nous sommes six personnes, pas plus. On entend les tourterelles roucouler sur l'auvent qui borde cette imposante construction. Mais personne ne s'y arrête. Nous voici sur la route goudronnée, bordée des quelques magasins dont les commerçants indiens, sur le pas de la porte, font un signe de la main à papa. Hamza est sur le brancard recouvert d'un linge blanc porté sur les épaules de deux hommes aussi grands que des pieds de papaye. Papa ne pleure pas. Maman est restée à la « Case Lumière » pour mettre de l'ordre. Quand nous sommes partis, elle a caressé la tête d'Hamza, lui a murmuré quelque chose à l'oreille, mais sans pleurer. À trente-cinq ans à peine, elle vient de perdre son quatrième enfant, quatre garçons, dont des jumeaux.

Quand la nuit vient, dans notre lit de chiffons que je partage avec mes frères et sœurs – Doudou, la dernière, n'est pas encore née – je pense, les yeux largement ouverts, à Hamza. J'ai peur, je ne veux pas mourir.

Je n'ai gardé aucun souvenir de la fin du cortège, aucun souvenir du cimetière. Ma mémoire s'est arrêtée en route et je sais pourquoi depuis longtemps. Qui peut contester qu'une enfant de cinq ans soit capable de capter les ondes qui la mettent en garde, avec cet avertissement plaqué, comme sur un panneau, le long d'un chemin invisible : « Attention, si tu veux continuer de t'amuser, il va falloir le mériter. »

Je suis sûre d'avoir compris, à la minute où j'ai vu la pâleur du visage rigide de mon compagnon de jeu, que je devrais me battre, être solide, ne pas tomber malade. Vivre, je veux vivre. Je refuse d'être promenée, immobile, sur un brancard, enveloppée dans un linge blanc. Je ne serai pas la cinquième sur la liste des enfants disparus, alors que personne autour de nous ne semble spécialement surpris par la mort. Maman n'a pas le temps de se plaindre ni de pleurer. Perdre un enfant semble alors normal. Un épouvantable tri de la nature, sans pitié des plus faibles, fait encore partie de la vie habituelle des familles.

Des années plus tard, j'ai cherché les tombes de mes frères au « Terrain Fleuri » du Tampon. Je savais qu'ils avaient été enterrés dans le carré musulman, à gauche de la grande croix qui se dresse en plein milieu du cimetière. Je n'ai trouvé aucune tombe, aucune trace de leurs existences. Ils ont été jetés dans une fosse commune. Comment expliquer que personne dans notre famille ne soit capable, depuis longtemps, de citer d'autres prénoms que celui d'Hamza ? Comment s'appelaient les trois autres garçons ? Quand ils sont morts, l'urgence commandait de conserver l'énergie pour sauver les vivants. Puis les années les ont ensevelis une deuxième fois dans nos mémoires.

Onze enfants. Quatre morts. Seuls les plus forts de notre famille ont pu continuer la route. Le voyage allait s'improviser chaque jour sans nous laisser le temps de reprendre notre souffle. Vivre comme l'oiseau sur la branche, rester constamment sur le qui-vive, comme les poulets de notre savane, et surtout, échapper au sort du caméléon martyrisé. Au fil du temps, chacun d'entre nous a appris à entamer une course contre la montre, contre un destin tout tracé, dès le matin, quand le soleil passait par les bardeaux ou que le vent faisait chavirer les margosiers* mauves au parfum poudré. Comme si vivre n'allait pas de soi. Petit à petit, notre système de survie s'est perfectionné. Sara, Bène, Mamode, Farouk, Tati, moi et plus tard Doudou-Marie-Renée, tous, nous apprendrons à marcher la tête haute, perchés sur une alliée splendide : la chance.

3.

Ma famille : un casting d'enfer

« Margose lé amer le grain lé doux[1] »

Plougastel sous les tropiques

En pensant à mes parents je suis partagée entre rires et larmes, imaginant leur erreur de casting, composé sur un coup de dés du hasard le plus ironique, deux têtes d'affiche d'un scénario catastrophe. D'emblée ils ont dû convoquer le destin et s'arranger pour perdre sur toute la ligne. Ils ont vu grand : onze enfants. Une vraie PME ! Avec un seul programme : vogue la galère. Nous avons ramé, ramé, ramé... à contre-courant.

Cassim Ismael Afféjee arrive de l'Inde au début des années quarante. Le voyage en paquebot a duré un bon mois, après un embarquement dans un port grouillant de miséreux affairés, sur les côtes de Bombay, mégapole la plus peuplée du sous-continent asiatique, après Cal-

1. Rien ne sert de lutter contre l'absurde.

cutta, lieu de naufrage de millions d'humains. Dans mon enfance, Bombay, la prospère, m'a transportée sur les ailes du rêve. Un nom rempli de mystères, destination délicatement calligraphiée à l'encre noire sur des malles vert pâle quand papa faisait ses allers-retours...

Qui l'a poussé à quitter sa famille ? Pas la nécessité : il est éduqué, cultivé, parle l'anglais aussi couramment que l'hindi et même des rudiments de français, vestiges culturels d'un attachement éphémère au comptoir de Pondichéry. Il pourrait tranquillement continuer à gagner de l'argent, dans le magasin de tissus avec son père et ses frères, comme des générations de commerçants aisés. Les foules indiennes, en haillons, traînant leurs misères dégoulinant de détresse crasse, ce n'est pas vraiment son monde. Peut-être veut-il fuir ces univers livrés à la déroute qui ignorent les livres, les accents sucrés de la cithare qu'il aime tant, ou peut-être veut-il tout simplement voler de ses propres ailes. Le sort de la planète intéresse ce candidat à l'exil : il aime lire les journaux et écouter la radio anglaise, pressentant peut-être que l'avenir est incertain dans son propre pays. Les Anglais en seront-ils chassés un jour ? Pour l'heure, le Mahatma Gandhi est encore un inconnu aux yeux de ses millions de compatriotes. Les hommes en chapeaux melon règnent toujours en maîtres sur les immensités de son pays qui s'étale des contreforts de l'Himalaya jusqu'au battant des lames de l'océan Indien. Quand celui qui sera un jour mon père quitte sa terre, l'Inde millénaire semble éternelle, fier royaume de maharadjas, parsemé de palais couverts de pierres précieuses, joyau de l'Empire de sa gracieuse Majesté.

Cassim aimerait bien que les hommes de sa génération aient davantage le droit à la parole, mais il n'a pas vraiment l'âme d'un militant de l'indépendance. Son père lui a raconté mille fois qu'un jour, une imposante et intimidante reine est apparue, au balcon du gouverneur, un immense éventail doré à la main. Victoria en personne ! À moins que le père n'ait simplement inventé l'événement pour faire plaisir au fils qui rêve tant de splendeur et de voyages. Le jeune Indien ambitieux aime la grande classe et les manières raffinées.

Pour vivre ses rêves, cap sur l'aventure. Cassim Afféjee a entendu parler d'un itinéraire, une route déjà balisée depuis quelques temps par d'autres jeunes entrepreneurs en quête de fortune. Direction le sud. Mais au lieu de continuer vers les côtes de l'Afrique, du côté du Cap de Bonne Espérance ou de s'arrêter plus haut, à Mombassa, comme des voisins de sa rue qui viennent de prendre la mer, il préfère poser le pied sur une île, une colonie française : la Réunion. Le commerce ne demande qu'à y prospérer. Tout est à faire. Sa bande de frères et de cousins, en businessmen avertis, se partagent la conquête commerciale de ce petit bijou volcanique de deux mille cinq cents kilomètres carrés.

Cassim est chargé d'aller prospecter le sud de l'île. En principe, c'est à Saint-Pierre – connue depuis longtemps, pour sa rade, par les navigateurs arabes – qu'il aurait dû déposer l'ancre. Au lieu de cela, le jeune expatrié choisit de monter vers le Tampon, bourgade de planteurs de cannes à sucre, pas vraiment un paradis du commerce avec ses deux seules routes goudronnées qui forment une croix. L'aventurier Cassim était-il déjà en mal d'inspiration pour planter ses ambitions dans ce coin perdu, à des années-lumière de Bombay ? Il aurait pu incarner une version tropicale de *Mort d'un commis voyageur* d'Arthur Miller.

Une photo montre un visage d'une trentaine d'années, l'air élégant, le regard songeur, presque triste. Cassim a belle allure.

Quand Marie-Claire se marie derrière la cuisine

Ce séducteur va attirer ma mère. Quand a lieu leur première rencontre ? À quelle date ? Un soir ? Un matin, ou plutôt vers midi quand les charrettes de cannes font halte pour le fameux « coup de tampon » qui permet d'aller décharger vers les usines à sucre du littoral ? Était-ce un jour où ma mère a eu le droit d'accompagner son père à la ville ? Jamais, ni Marie-Claire ni Cassim n'ont voulu parler du premier regard qui les a ensevelis. Pourquoi ? Ni l'un ni l'autre n'a jamais laissé un seul signe nous confirmer ce que la rumeur a raconté. Les mauvaises langues chuchotent qu'ils se sont aperçus dans un club de jeu clandestin, là où le rhum des frangourins* prohibés coule à flots, dans l'arrière-boutique d'un Chinois qui plume ces « couillons »* de petits propriétaires venus s'encanailler au poker, à la lueur du fanal. Confirmer une telle version aurait été terrible : ma mère serait sortie du droit chemin. Quelle faute lourde, inexpiable ! Pour une fille de créoles blancs, impossible de faire marche arrière après une telle rencontre ; les mains ligotées, privée de choix à vingt ans, elle se lance dans un concubinage teinté de honte, l'acte décisif qui enferme son destin et l'inscrit au registre du désastre, dès la première heure.

Tout les sépare. Il est musulman, beau garçon, couleur de cuir. Elle est catholique, blonde aux yeux bleus comme ces ancêtres bretons. Deux cercles totalement hermétiques en ce temps-là. Il vient de la ville, elle n'en a jamais vu. Marie-Claire Séry est née sur les hauteurs du Tampon, dans un minuscule hameau accroché à un flanc de montagne abrupt et sauvage, un de ces lieux que les Blancs ont choisis pour refuge lors de la suppression de l'esclavage en 1848, dans l'espoir d'être le moins possible au contact des Noirs. Les Séry, comme les Hoareau*, Payet*, Rivière* et tant d'autres descendants de Bretons, de Vendéens ou de Picards voulaient vivre entre eux.

L'acte de naissance de Marie-Claire, prénom qu'elle exècre – parce qu'il porte malheur, elle en est sûre –, ne mentionne pas ce que tout le monde sait. Une aïeule est fille naturelle, née De Kerveguen. Ce nom évoque une légende, celle d'un aristocrate puissant, le comte Denis de Kerveguen qui battit sa propre monnaie – des pièces de vingt kreutzers en argent. De Kerveguen, une sorte de seigneur du XIXe siècle à chapeau de paille de vétiver, régnant sur ces terres du sud de la Réunion. Sur ces minuscules parcelles de sol rouge, alanguies autour d'un cratère volcanique, pousse le géranium, le fixateur de parfum tant recherché par les meilleurs nez de Grasse, si loin d'ici.

De cette origine familiale, un seul bien a survécu : l'usage de mots, de proverbes appartenant au vieux français, surtout un vocabulaire marin. « Plus royaliste que le roi », aime dire maman pour nous dépeindre.

Les rois de France avaient appelé Bourbon notre superbe pastille insulaire. Depuis longtemps déjà, elle n'est plus l'île des senteurs délicates qui envoyait son inimitable café à la table de Louis XIV. L'autre trésor, la vanille, orchidée fécondée artificiellement en 1841, ne pousse pas sur les hauteurs à cause des températures qui chutent pendant l'hiver austral, entre juin et septembre. Marie-Claire est la quatrième fille d'une famille de huit enfants dont un seul garçon. Elle vient tout juste d'avoir neuf ans quand sa mère, Aline Lauret, meurt en couches. Adieu l'école communale. Le regret de sa vie. L'orpheline doit s'occuper des plus petits et vivre sous la coupe de deux belles-mères successives qui lui laissent des souvenirs de marâtres. Personne ne lui explique les choses de la vie, personne ne lui apprend le mot amour. Dans sa famille, on n'a ni le temps ni l'envie de la tendresse, sentiment réservé aux faibles.

La petite Marie-Claire est née comme la plupart de ses frères et sœurs au retour de mon grand-père de la Première Guerre mondiale. Jules Séry a vingt-trois ans quand les canons prussiens commencent à ravager la terre de ses ancêtres. Patriote français jusqu'aux os, il brûle de prendre le bateau, d'aller se battre, à douze mille kilomètres de son île, dans l'enfer de Verdun, enfoncé dans le froid et la boue des tranchées de Douaumont. Pour la France. Sa France, immuablement impériale dans son âme, avec ses immensités qui s'étalent en rose, autour du monde sur la carte de géographie accrochée au salon. Les monuments aux morts aligneront les noms de ses camarades qui ne reviendront jamais à la colonie, saignée, comme toutes les provinces françaises.

La copie conforme de mon grand-père Jules s'étale dans mon livre d'histoire au CM2. Jules, c'est le portrait craché du maréchal Foch, même port de tête, mais l'air plus sévère encore, avec sa moustache qui semble taillée au couteau. Blanc comme du lait, les yeux d'un bleu limpide, le genre de regard qui glace un enfant et n'invite pas du tout à sauter sur ses genoux. Ce qu'il ne me proposera jamais d'ailleurs. Agriculteur, comme tous ceux de sa lignée, il a rassemblé quelques milliers de gaulettes de terre – jusqu'à récemment, le sol était évalué en gaulettes* sous nos cieux. De même que chaque bazardier* mesure alors le maïs, les tomates ou le piment en pinte*, les notaires définissent les surfaces en gaulettes – cinq mètres – un instrument agraire légué par nos ancêtres charpentiers de marine arrivés dans les bateaux de La Rochelle pour peupler cette escale disputée des Mascareignes.

Après plus de deux siècles d'enracinement, un peu à la manière des Acadiens, les Blancs de la génération de Jules Séry se distinguent par leur parler : des mots venus des quatre vents, au gré des vagues d'immigration et des expressions disparues depuis longtemps ailleurs. Ma mère qui n'a jamais appris le français nous répétait des dictons tout droit venus de Plougastel ou d'ailleurs en Bretagne. Je me souviens qu'elle hochait la tête d'un air entendu face aux entourloupes d'un margoulin du village en affirmant : « Quand on bat le beurre, on se lèche les doigts ! » pour dire qu'il profitait de sa situation. Elle répétait aussi : « On n'attrape pas les mouches avec le vinaigre » pour souligner que si on veut obtenir quelque chose, il faut en mettre le prix.

Lorsqu'ils s'installent à la Réunion, ces immigrants durs à la tâche sont profondément attachés à cette terre tombée dans l'escarcelle des marins de la Royale en 1642, possession qu'ils défendront avec acharnement lors d'une nouvelle sanglante bataille contre les Anglais au début des années mil huit cent.

Fier de ses origines, mon grand-père l'est certainement. Il est aussi partagé entre un sentiment de supériorité et celui du devoir : les premiers habitants sont venus défricher les pentes de bois de tamarin* pour faire place à des cultures de subsistance lentilles, pommes de terre, pois, café. Pas riche, mais relativement aisée, jusqu'alors, la famille Séry est l'une des plus respectées sur les premiers lacets qui grimpent vers le parc du volcan du Piton de la Fournaise.

Jules Séry, homme de principe, élève sa petite troupe dans l'esprit des Bretons aventureux, partis de Cancale ou de Saint-Malo ou des terres de landes froides. Certes, parmi ceux qui ont pris la mer, plus d'un aurait dû rendre des comptes à la société. Arrivés ici, loin de leurs villages et de leurs coutumes bretonnes, un pacte a tissé les solidarités, protégé la loi du silence sur le passé de ces créoles blancs, engagés dans une nouvelle vie sous les tropiques. Pour chacun, une base commune et non négociable : le respect pur et dur du catholicisme.

Mon grand-père va à la messe de quatre heures du matin en semaine, et le dimanche il est inconcevable de ne pas communier. La respectabilité attachée à sa situation de cultivateur repose sur le lien invisible, mais essentiel entre la charrette à bœufs et le bénitier. Il possède un seul livre : un missel. Avant la terre, plus que l'amour des ancêtres ou le respect de la tradition, l'héritage catholique est hissé tout en haut du tableau de la vie quotidienne. Cet ordre-là vaut pour tous ceux qui portent son nom.

Dans cette famille étriquée mais bâtie sur un équilibre protecteur, Marie-Claire va tout bousculer. Comment peut-elle ignorer qu'elle enclenche un mécanisme irréversible ? Sa rencontre avec Cassim présente un risque terrible pour son avenir. Seule, sans moyens, sans profession, sans toit, sans argent, elle défie Jules Séry. Elle s'avance, la nuit peut-être, dans une minuscule ville du bout du monde. Avec son esprit rebelle, sa volonté d'autre chose que la vie d'une petite paysanne promise à un pauvre planteur de géranium, elle décide de prendre le large.

Maman est une belle jeune fille, la peau blanche et fine, les yeux pétillants, la chevelure blonde et lourde. Conquérir ce symbole de l'Europe représente peut-être un trophée pour Cassim. Elle n'a pas d'*a priori* sur les coutumes, la religion, la couleur de peau. Non, Jules Séry n'a pas réussi à lui imposer sa manière de voir le monde.

Quoi, est-ce interdit de vivre sa vie à vingt ans ? Interdit d'imaginer un instant, sous le vent, que d'autres peuples ont le droit de vivre différemment, ici, à côté de nous ? Comment les ignorer ? Ils sont bien là tous ces gaillards qui ne ressemblent pas vraiment à Jules Séry ! Noirs, marrons, chinois, indiens, rouges, verts, malgaches, ces voisins, papa Jules voudrait ne jamais les fréquenter, de près ou de loin. Pour rien au monde, il n'accepterait l'un d'eux dans sa famille : il ne sait pas ce que signifie l'expression « racisme », personne ne mentionne ce mot, mais l'idée d'avoir des enfants métis – on dit bâtards sous nos tropiques – lui fait horreur. Un insupportable déshonneur, une douleur tenace, jusqu'à la veille de son trépas.

Mais Marie-Claire a déjà rompu les amarres et contemple ce monde coloré qui l'entoure. Ces Angama, Apavou, Moutoussamy* viennent « du dehors », une autre planète. Ils sont les cafres et les malabars à qui des prêtres zélés en chasuble brodée veulent apprendre à grands coups d'encensoirs que l'immense Christ, là-bas à l'air rigolard sous les flamboyants* rouges, est venu jusqu'ici pour les sauver. Bien sûr, Jules lui aussi a déjà senti le frisson de l'aventure, un jour à Saint-André, dans la chaleur étouffante de janvier autour d'une frénétique marche sur le feu*, en apercevant les pénitents de Shiva et Vishnou « faire le carême » sur les feuilles de bananiers. Il a même bu le lait de coco en signe de partage. Mais le planteur de géranium a aussitôt regagné sa plantation* avec une idée définitive en tête : on peut se respecter et vivre côte à côte sans obligatoirement se mélanger.

Jacquot vient danser

Pourtant, comment éviter de plonger un jour dans le grand bain de « la créolité » ? Au premier de l'an, comme tout le monde, Marie-Claire se précipite dans la foule autour du Jacquot* qui sillonne les chemins de terre, depuis la Ravine des Cabris, en passant devant l'église, puis la mosquée. Jacquot le clown, descendant d'esclaves*, peint de mille couleurs, vient donner des leçons de civisme, ose crier sous les fenêtres des familles des « grands Blancs : « nous toutes lé pareils », quelque chose qui dit « liberté, égalité, fraternité ». Marie-Claire aussi, instinctivement, croit qu'il est temps de secouer l'ordre établi, secouer « grand Moune Jules ». « Grand Moune », le patriarche créole, celui qui décide pour toute sa descendance. Mais elle, qui n'a eu le temps d'apprendre ni à lire, ni à écrire, ne veut plus rien comprendre et se range du côté de Jacquot qui cette année encore, l'air de rien, répète à ces cafres, ces « z'arabes » – les Indiens de confession musulmane –, ces malabars et ces catholiques, des mots de subversion : sur cette terre où ils ont posé leurs sacs et leurs ballots, personne n'a le droit d'imposer à personne sa loi, ses coutumes, sa religion. Tous égaux. Pas besoin d'avoir chanté l'Internationale. Une simple affaire de bon sens pour vivre en harmonie. Le secret de ce coin du monde, pense sûrement Marie-Claire.

Pour vivre ce rêve, elle « vole chemin* ». Une faute irréparable. Elle quitte le toit familial. La liberté ! Finies les corvées. Elle a trouvé le grand monde, rencontré celui qui lui parle encore et encore de Bombay ! À des semaines de bateau, une ville immense dans un pays gigantesque. Pas une pastille jetée sur l'immense océan Indien comme ce petit truc qu'on appelle la Réunion, mais une immense contrée, avec des diamants, des princes, des éléphants, de l'or partout. Son prince, le beau Cassim, avec ses yeux de velours et ses promesses à dormir debout, va l'emmener au pays des merveilles. Elle partira là-bas, où tout est tellement grand et beau. On n'attend qu'elle, parée en princesse ! Elle est tellement jolie avec ses joues rouges.

Pauvre Marie-Claire ! Tu rêves. Personne ne t'a jamais dit : « Tu es belle », tu n'as jamais entendu dire « je t'aime ». Rêve vite. Quand tu ouvriras les yeux, un interminable cauchemar t'attend. Et nous aussi !

4.

La vie n'est pas une ravine tranquille

« Gouni vide y tient pas d'boute[1] »

Sprint à la chinoise

Derrière son comptoir, le gros garçon chinois se lève brusquement. Il devient gigantesque et menaçant. J'ai six ans. Il me fait peur. Il me fixe de ses yeux sans pupille, sa figure ronde comme la pleine lune va éclater de rage (il a soudain un petit air de ressemblance avec les caméléons qui fument), ses lèvres minces tremblent, ses doigts se raidissent sur son boulier multicolore : il a vu que je serrais quelque chose au creux de ma petite main, un bonbon enveloppé dans un papier rouge. J'entends déjà ses savates en plastique qui raclent le sol. Il hurle.

— Sale petite voleuse, petite jument, fous le camp !

Il bouscule son énorme silhouette et contourne la vitrine qui me sépare de lui. Pas de doute, Chan-ky fonce

1. Ventre affamé n'a pas d'oreille.

sur moi. Mes jambes m'ont donné le signal d'alarme, je m'élance vers la sortie, en bas des marches, à droite, direction la montée qui grimpe vers la route principale. Sur la gauche, je dépasse la belle maison de la tante Aline qui ne nous fréquente pas parce qu'elle a trop honte du destin de ma mère, sa sœur Marie-Claire.

Chan-ky saisit un coin de mon vêtement, avec horreur, j'entends un craquement. Il a déchiré ma robe à smocks, ma seule « bonne robe », ralenti mon élan, mais j'ai des ailes dans le dos et j'accélère. Ce gros maudit est trop lourd sur ses mollets en arc de cercle, il ne parvient pas à me coller à terre, sur l'asphalte. Je dois le battre, sinon il va m'arracher les cheveux et me conduire chez les gendarmes qui m'ont bien prévenue l'autre jour de ne pas recommencer à faire des bêtises pour manger. Sur la pente raide et interminable, je serre les poings, heureusement, dans l'obscurité, les voix de Tati et de Farouk m'encouragent :

— Momine, viens !

Ils me prennent chacun par une main, je m'envole avec eux. Mes pieds nus ne touchent presque plus terre. Je suis fière de mes frères de onze et neuf ans, jamais ils ne m'abandonneront. Le souffle de Chan-ky dans mon cou a disparu, je ne devine plus ses mains, larges comme deux pelles, qui tentaient de s'agripper à moi. Il a abandonné la course et ne pourra pas se venger. J'ai la tête qui tourne, je tremble, mais je suis sauvée.

Assis sur un tronc de champac*, les pieds tremblotant dans la poussière, nous examinons ma robe déchirée. Maman va me gronder, elle l'a réparée et encore allongée récemment parce que j'ai grandi. Je montre mon trésor, le bonbon. Nous avons faim, comme d'habitude. À tour de rôle, moi la première, nous suçons la merveille sucrée qui a un goût inconnu.

Mon rôle n'était pas de voler ce soir, mais je n'ai pas pu m'en empêcher, j'avais trop faim et c'est ma faute si notre plan a capoté.

La famille Chan-ky tient un commerce à l'angle du quartier de la Chatoire, loin de chez nous, mais là, au moins, personne ne nous connaît dans ce nouveau repère de notre mission quotidienne : le « programme nourriture contre aventure ». Dans nos têtes, nous ne faisons aucun mal, nous réparons une injustice flagrante : la famille Chan-ky possède une vraie caverne d'Ali Baba, remplie d'un bric à brac qui lui rapporte une fortune car les concurrents sont rares et les clients lui sont liés à cause du crédit sur carnet*. Sur les rayonnages poussiéreux du magasin s'alignent dans le désordre, biscuits, boîtes d'allumettes, pièces de tissu, fil de fer, tout, jusqu'aux ustensiles de cuisine et bien sûr le rêve des rêves : des sacs entiers de riz et de haricots secs. Des morceaux de boucanés* géants suspendus au plafond narguent mon ventre creux. On y trouve même des chewing-gums, un truc nouveau et amusant.

Ils sont si pingres dans cette famille qu'ils font leurs besoins dans le potager pour économiser le fumier. Je ne les ai pas vus faire, mais tout le monde le prétend. Je préférerais crever que déraciner une carotte de leur jardin. Ça, je me le jure.

Depuis quelque temps, chaque soir, à la nuit tombée, nous recommençons notre manège réglé comme du papier à musique. J'entre avec assurance dans la boutique, sourire aux lèvres mais sans un centime, prétendant vouloir acheter des bonbons ou des œufs chinois, ces boulettes de pain rassis frites dans l'huile. Je fais mine d'hésiter, sous le regard de plus en plus impatient et méfiant de l'épicier. Mon devoir est d'occuper son attention. Pendant que je gagne du temps avec mes emplettes imaginaires, mes deux frères remplissent des sacs entiers de bouteilles vides, stockées derrière le commerce. Ils sont devenus experts dans l'art d'éviter les cliquetis du verre qui nous trahiraient. Ce sont les consignes de Kiravi et de Kovino, ces litres de vin algérien avec leurs étiquettes étoilées qui font le bonheur des riches connaisseurs, une boisson plus chic que le rhum charrette qui arrache les tripes, comme dit papa.

Munis de leur butin, Tati et Farouk font le tour de l'immeuble en béton... et reviennent tout simplement le proposer à l'épicier vorace. Plus d'un soir, les Chan-ky nous ont racheté leurs propres consignes. Quelle jubilation ! Cinq francs CFA pièce, une vraie fortune. L'argent récolté finance une pinte de riz, et un morceau de morue sèche achetés sur place. Repas de gala assuré le lendemain. Notre association de malfaiteurs nous paraît diabolique et nous enchante avec son plan qui fonctionne à merveille. Une sorte d'assurance-vie qui ne demande qu'à être exploitée, puisque le tas de bouteilles se renouvelle chaque jour, une trouvaille impeccable : personne ne peut voir les deux petits voleurs quand ils entrent en action : les saoulards à la rac* ont déjà délaissé la buvette de la boutique ; impossible de nous dénoncer car il fait déjà très sombre au moment où le gros garçon reste seul maître à bord de l'épicerie tandis que ses parents sont partis écouter une radio qui grésille en chinois tout en préparant le poisson snook*.

Hélas, notre plan ingénieux s'est fracassé ce soir sous la colère du fils Chan-ky lancé à mes trousses comme si j'avais dévalisé Fort Knox.

« Force temps aller, calebasse y pète » – à force d'aller à l'eau, la cruche se casse. C'est tout ce que maman trouve à nous dire quand elle nous voit rentrer camus et honteux, les mains désespérément vides. Il faudra inventer autre chose. C'est la règle du jeu, il n'y a pas de quoi s'éterniser sur notre lamentable fiasco. Ai-je eu peur ? Le commerçant va-t-il alerter les gendarmes ? Pas le temps de perdre notre énergie avec ce genre de suppositions. Le plan B, nous allons l'imaginer demain, trouver une nouvelle astuce pour se nourrir. Au moment de nous enrouler dans nos chiffons pour dormir, côte à côte, Tati, Farouk et moi, ne sommes pas très fiers, et nous ne trouvons pas la force de nous chamailler pour rire.

Les possibilités de trouver de l'argent sont maigres, depuis que notre petit commerce habituel est à sec. La pharmacie Lallemand nous rachète pour ses préparations en laboratoire toutes les fioles et flacons vides, abandonnés sous les capucines qui poussent dans les fonds de cuvettes*. Mais nous avons tout ramassé, tout déterré dans un rayon de plusieurs kilomètres, ratissé chemins et sentiers, cours abandonnées et salles de classes inoccupées, marché aussi loin que nous avons pu nous aventurer à pied. Nous avons récupéré tout le verre vendable. Deux francs CFA la petite bouteille, il faut en dénicher une sacrée quantité pour toute une famille qui crie famine ; le filon est épuisé.

Un gibier nommé poulet

Survivre demande de l'organisation, beaucoup d'énergie et de l'imagination en permanence. Mais les idées viennent. Tiens, les voisins, les Duverger – des gens qui paieraient cher pour ne plus nous voir dans les parages – élèvent des poules. L'autre jour l'une d'elles, une rouge au cou déplumé, s'est aventurée dans notre savane. Sans dire un seul mot, maman, Sara, Farouk, Tati et moi, nous avons tous regardé comme des automates, dans la même direction, en même temps, avec une même idée. Toute une famille rassemblée dans une obsession commune et urgente : transformer ce maudit poulet qui nous nargue en cari*, un bon morceau pour chacun sur du riz bien chaud. Maman sait même préparer les intestins fins et transparents de volailles avec thym, poivre et piment salé, une spécialité fondante délicieuse. Mais comment attraper le bel oiseau méfiant sans faire de bruit à cette heure chaude où le voisinage est plongé dans le silence de la sieste ?

Farouk – le plus malin d'entre nous – regarde fixement le volatile. Et trouve l'idée de génie, l'astuce qui me met en joie. Nous n'avons pas l'habitude de nous embrasser, jamais même, mais à cet instant, j'aimerais lui sauter au cou, lui dire merci et bravo, tant son plan d'attaque me fait rire aux larmes. Dans ma tête de petite fille sauvage, j'admire le piège infernal qu'il prépare avec soin, doigté et sang-froid. Il court débusquer une caisse en carton qui devait servir à allumer du feu, la relie à une longue ficelle, accrochée à un morceau de branche en forme de Y. L'ensemble est maintenu en équilibre instable, prêt à capoter sous le moindre souffle de vent. Il ne resterait plus qu'à pleurer. Une telle chance de se régaler ne se gaspille pas. Toute cette responsabilité pèse sur mon grand frère qui tient, souplement, la ficelle à distance. Travail d'expert, motivé par l'argument le plus convaincant : la faim. Sous la caisse, une poignée de riz (quel sacrifice !) sert d'appât. Une véritable opération commando qui exige organisation, savoir-faire, discrétion et patience. Tout le monde se cache. Au bout d'un suspense long à faire craquer nos nerfs d'affamés, alors que Tati se plie en deux pour ne pas rire de nervosité, le poulet avance une patte avec une méfiance de snob, se dirige vers la caisse en carton, relève la tête, observe la cour, s'enhardit, picore avec calcul, plonge le bec plus près du sol. Farouk tire sur la ficelle d'un coup bref, sec. La caisse en carton s'affaisse sur l'animal trop surpris pour émettre le moindre cri. Il est prisonnier. Alléluia ! Que la fête commence ! Une joie indescriptible. Plus une minute à perdre.

Notre unique couteau ne coupe plus – à quand remonte le dernier cari de poulet ? – et maman court chercher une bonne roche piquée*, une pierre de volcan, pour aiguiser l'instrument du bonheur. Comment tenir en place en attendant le festin ? Ce soir, c'est Pâques, Noël, le Jour de l'an ! Comme l'assure maman « le roi l'est pas notre cousin », elle veut dire que ce soir nous n'avons besoin de personne. Le paradis sur terre.

Les Duverger n'auront aucune preuve de notre forfait. Les plumes, rassemblées dans deux feuilles de bananier pliées – sage précaution pour dérouter un chien ou un chat –, sont ensevelies dans un trou au fond de la cour, à l'abri des regards. L'odeur de la fumée qui s'échappe de notre cuisine aujourd'hui nous donne des sueurs froides, elle risque de nous trahir. Il suffirait aux voisins d'ouvrir les yeux et les oreilles pour s'apercevoir que la terre s'est arrêtée de tourner chez Marie-Claire Séry et sa troupe. Sara s'est mise à chanter avec des trémolos son refrain des beaux moments – « comme un torrent qui vient tout droit de la montagne » –, Farouk et Tati courent l'un derrière l'autre en riant aux éclats et moi, je reste à ma place, à côté du feu. J'aimerais le voir brûler avec de hautes flammes rouges et crépitantes, mais maman assure qu'il faut économiser les braises et qu'un bon cari exige d'être mijoté longuement. Mon Dieu, faites qu'il y ait assez de bois ; alors, je quitte des yeux le trépied en fonte pour m'activer avec elle dans la cour. Toutes les brindilles, tout ce qui brûle finit sous la grosse marmite noire. Personne ne regarde la pendule : nous n'en avons pas ! Aucune importance, le poulet est cuit, il n'est pas question d'attendre l'heure officielle du dîner. Le souvenir du dernier repas est oublié.

Le soleil est encore haut dans le ciel, quand l'instant tant rêvé arrive enfin. Plus un mot, plus un bruit. Assis sur les chaises en paille ou sur le muret de roches à côté de la cuisine, une assiette sur les genoux, chacun s'occupe de sa cuillère. Silence. Quel jour de chance ! Quel rêve !

Chacun est heureux et personne ne pense à demain. Bien sûr, après son exploit de l'après-midi, plus question d'en vouloir à Farouk pour sa trahison de l'autre après-midi, quand une boîte de sardines a atterri dans la cuisine, je ne sais plus grâce à qui. Une boîte toute dorée, avec des écritures noires dessus, les fameuses sardines Robert. Une seule boîte pour cinq personnes, ouverte devant nous. Un trésor. Ça fait combien de sardines pour chacun ? La faim permanente qui fait mal au ventre et ronge le moral fait craquer Farouk, si gentil et partageur d'ordinaire. Tout à coup, ce grand maigrichon saisit la boîte, la chaise tombe derrière lui, et prend la fuite.

Nous le poursuivons comme une meute de chiens en hurlant pêle-mêle « voleur, maudit, viens mon p'tit cœur, fais pas ça ». Arrivé au bout du chemin de terre, au croisement de la route goudronnée, il se retourne vers nous. Il a tout englouti en courant. Le bras levé, il ne bouge plus : il exhibe une boîte vide, totalement vide et luisante au soleil. Farouk baisse la tête, il a honte. Il pleure. Dans la rage, chacun de notre bande s'acharne sur lui. Il se laisse faire, mais à la fin, tout le monde est en larmes.

La pauvreté s'est installée pour de bon sous notre étoile. Depuis que nous avons déménagé de « la Case Lumière », peu de temps sans doute après l'enterrement de Hamza, papa ne vient plus chez nous. Notre nouvelle adresse ressemble à la précédente, en pire. Maman a emporté ses quelques affaires personnelles, sa table ovale qu'elle prend pour une merveille assortie à quatre chaises vernies, un grand lit et un autre plus petit. Nous possédons également deux malles en fer où sont rangés nos quelques vêtements, et surtout, à l'intérieur d'une taie d'oreiller, maman protège ce qui fait sa fierté : les nappes blanches qu'elle a brodées à la main, ornées des fameux jours de la Réunion, soigneusement pliées avec un brin de vétiver qui les parfume. Dans la plus grande des deux pièces, le sol est recouvert de planches qui craquent, l'autre est en terre battue.

In the ghetto

Les nuits de pleine lune, le sommeil vient lentement. Le bardeau est tellement disjoint qu'il fait aussi clair à l'intérieur de notre baraquement que si nous étions dehors. Pendant longtemps, une fois la bougie éteinte, je reste immobile de peur, en repensant à ce qui s'est passé à plusieurs reprises.

Cette nuit-là, sur mon coin de lit, je sens une odeur familière : une tige d'eucalyptus se promène sur mon visage, tout près de mes yeux, en chatouillant mes narines. Je hurle de frayeur, maman se dépêche d'allumer la bougie : à l'extérieur, un homme rit à gorge déployée et profère des insanités. Il nous voit sans aucun doute. Comment sinon aurait-il introduit la tige d'arbre, exactement sur moi qui dors à côté de Sara. Nous sommes toutes deux tête-bêche avec maman.

Une niche destinée à faire du mal à une femme sans mari qui dort avec ses enfants. Maman qui ne craint personne se met à annoncer des menaces pour faire déguerpir le malfaiteur, mais il ne se laisse pas intimider. Ce voyou, lâche, reviendra nous narguer, sans peur pour son identité, sans jamais être inquiété par la gendarmerie pourtant si déterminée à punir un vol de bonbons. Des années plus tard, parvenus à l'âge adulte, nous l'avons retrouvé. Ils nous avaient oubliés. Pas nous. Un jour ou l'autre, petits ou grands, les scélérats doivent payer.

Après cette expérience effrayante, maman accepte que papa qui ne vit pas avec nous revienne, au moins épisodiquement. Un choix entre la peste et le choléra. À part les cris de sa concubine quand il la frappe et lui tire les cheveux, pas de changement à l'horizon. Papa, lui-même en pleine chute, ravagé par l'alcool et le jeu, continue de nous rationner, nous affame comme on affame les prisonniers pour mieux forcer leur obéissance. Pourtant, même déjà sur le déclin, il possède toujours un petit magasin où il vend des tissus, toutes sortes de produits d'épicerie, quelques ballots de riz, des snooks – ce poisson séché qui pue comme l'enfer quand il n'est pas encore cuisiné –, du savon de Marseille...

Un après-midi, il dort en ronflant et en gémissant, totalement engourdi par le rhum. Par gestes, maman me conduit auprès de lui à pas de loup. Elle m'indique ma mission : avec mes doigts d'enfant de six ans, me voici en train de défaire le cordon solidement noué du caleçon à rayures bleues et blanches de papa. La clef de son magasin y est attachée. Aussitôt fait, plus une minute à perdre. Sara et moi, nous sommes déjà en train de dévaler, pieds nus, le chemin de terre. À gauche, sur la route principale, il reste encore un petit kilomètre à avaler jusqu'à hauteur de l'église du Tampon. À dix mètres de la grande croix, la large porte en bois rouge qui ressemble à celle d'un garage ouvre sur le pitoyable magasin de l'homme qui aurait pu être l'un des plus fortunés de l'île. Son désastre s'étale dans une cruauté sans masque.

Déconcertée à l'idée de dévaliser mon propre père, je récupère, comme ma sœur, des poignées de riz dans une soubique*, déchire à mains nues de grosses lamelles de morue séchée, et, délice des délices, je saisis une boîte jaune, avec, en lettres violettes sur le couvercle, une « royal custard ». La poudre de la crème anglaise, superflu consolateur de notre cambriolage, au vu et au su de toute la population qui passe. La crème aux œufs me rappellera toujours ce forfait ! On referme la baraque et la course reprend sous l'œil de ce salaud de Gora. Cet ancien commis de papa, du temps où ses affaires prospéraient, va certainement nous trahir. Il faut faire vite : je noue la clé au cordon du caleçon...

La misère que papa nous inflige n'empêche pas le clan familial de s'élargir encore. Bienvenue à une nouvelle petite sœur, bienvenue Doudou. Longtemps après, la chanson d'Elvis Presley *In the ghetto* m'a fait penser à ce que j'ai ressenti alors : « *If there is one thing she don't need is another hungry little mouth to feed...* » S'il y a quelque chose dont elle pouvait se passer, c'est une autre petite bouche à nourrir. « In the ghetto » a été écrite pour maman.

L'arrivée de la dernière m'arrange bien. Désormais, je suis encore plus libre de suivre Tati et Farouk dans leurs vagabondages. On s'amuse beaucoup, avec tout ce qui tombe sous la main. Jouer aide à ne pas penser, évite de sentir que le ventre se tord à force d'être vide, jouer, c'est tellement plus marrant que de devoir se creuser la tête à cause de l'avenir qui n'existe pas. L'avenir ? Mais personne n'en parle. Pourquoi vouloir l'imaginer puisque la minute qui arrive s'ouvre sur une seule et unique question : comment faire pour rester debout ? Avoir peur de l'avenir ? Un truc de riches.

À la façon d'un Dali ou d'un Magritte – que je découvrirai avec tant de joie un jour comme de vieux voisins, comme des intimes presque – il me suffisait de « re-mettre » en scène les couleurs, les sons, les sensations pour ressentir un étonnant élan, changer mon univers. Inverser la logique de tout ce qui bougeait dans les champs de cannes, dégageait une énergie bizarre, me transportait dans le rêve, pendant le souffle d'un instant, le temps d'être une petite fille aux allumettes sous les tropiques ! La poésie, bouée de sauvetage, à la rescousse d'un imaginaire sans limites.

Accroupie sous les feuilles longues et coupantes des « arbres à sucre », j'observe les coccinelles rouges à dos rayés de dorures. Elles sont énervantes, n'arrêtent pas de sauter et disparaissent sans prévenir. Comment jouer à p'tit bon dieu avec elles puisqu'elles s'envolent dès que je veux vérifier si les ailes transparentes qu'elles transportent sur le dos sont solidement accrochées ? Peut-on les démonter et les prêter ce soir aux cancrelats quand ils feront leur apparition dans la cuisine ? Les cancrelats aussi ont des ailes, transparentes, moins grandes que celles des libellules, mais ils ne sortent que le soir, quand la lumière du jour baisse. Les coccinelles préfèrent l'intensité ensoleillée, déboulent inondées par la rosée du matin. Jouer à cancrelats, depuis qu'il fait si chaud, a remplacé « jeu-buté ». « Jeu-buté » nécessite un matériel élémentaire : des capsules. Deux joueurs ou tout un groupe, genoux au sol, rivalisent d'habileté pour propulser un bouchon plat sur l'autre sans le renverser. Exercice de concentration garantie ! Ce matin, Tati et Farouk « sont allés marron » : aller marron, comme du temps de l'esclavage, signifie la fuite vers la liberté. Les esclaves, eux, se sauvaient du côté des crêtes isolées des montagnes ou des cirques inaccessibles. Depuis ce temps, aller marron veut dire sécher l'école ou s'abstenir de toute autre obligation, s'absenter, prendre le temps de vivre. Mes frères sont « allés marron » pour trouver toutes les capsules des bouteilles de limonade débouchées à la fête d'hier. Un trésor.

Aux armes citoyens !

La fête d'hier ! Jamais je ne l'oublierai, moi non plus ! D'abord j'ai chanté, debout sur une sorte de mur en bois, qu'ils ont appelé podium. Jamais entendu ce mot-là. De toute façon, j'ai gagné cent francs CFA – aujourd'hui, on dirait dix centimes d'euros. Cent francs seulement pour chanter en français, moi qui ne parle que créole ! Un énorme billet avec dessus la tête d'un gros monsieur rose qui avait l'air fâché. Maman était aux anges. Cent francs pour la Marseillaise !

À l'école, où je suis en CP, la maîtresse, Mme Défaut, une femme aigre qui tape sur nos doigts avec une longue règle en fer, nous l'a bien dit :

— Mes enfants, si vous ne savez pas chanter la Marseillaise vous êtes des moins que rien. Mes enfants, la Marseillaise, c'est plus important que le p'tit Jésus.

Bien sûr, moi le p'tit Jésus, je sais qui c'est. Mais maman m'a bien prévenue que je ne devais pas dire à papa qu'on le connaissait. Elle a bien répété :

— Il y aurait des problèmes.

— Pourquoi des problèmes ?

Elle ne veut rien dévoiler, mais je devine à son regard et à sa voix qu'il est plus sage de se taire.

Quand Mme Défaut nous a parlé à voix basse, j'ai bien compris que la Marseillaise devenait encore un secret, lourd à cacher. Le p'tit Jésus, plus la Marseillaise, je trouve que ça commence à faire beaucoup. Comment cacher les deux en même temps ? Est-ce qu'ils se connaissaient avant de débarquer dans notre école ? Du moment que Mme Défaut me donne des petits Lu parce que j'ai retenu « aux armes, citoyens,... marchons... »... Je marche, du matin au soir, alors, si ce n'est que ça, je suis un « citoyen » de première classe. C'est encore un mot nouveau, ça. J'ai demandé à maman ce que signifie

« un citoyen ». J'ai vu que ça ne lui faisait ni chaud, ni froid. Elle m'annonce seulement que je dois apprendre la Marseillaise par cœur !

— L'an prochain, au 14 Juillet, tu t'inscriras au concours... Le premier prix, tu obtiendras le premier prix : c'est deux cents francs que tu auras !

Deux cents francs la Marseillaise ? Facile. C'est encore loin la prochaine fête ?

Dommage que ce ne soit pas le 14 Juillet demain matin encore. Un 14 Juillet chaque semaine ! On pourrait, seulement en chantant la Marseillaise, être à l'aise, comme nos voisins les Duverger, avoir de l'eau qui coule chez nous, simplement en tournant le robinet. Pas comme ici, avec ce seau en fer-blanc que Sara transporte sur sa hanche, depuis tout là-haut. Quand elle arrive, le récipient est à moitié vide. Parfois, c'est encore pire : il n'y a pas d'eau du tout.

Au moins, comme ça, ma grande sœur Sara ne pourra pas nous plonger dans le bac vert coupé à mi-hauteur. Elle a la manie de nous laver en nous frottant de la tête aux pieds, avec du savon puant qui pique. Ensuite, elle nous oblige à rester sans bouger. Interdit de se lever pour aller jouer. Interdit de se salir. Interdit de ceci, interdit de cela. Quelle pénitence ! Farouk, Tati et moi, nous n'avons pourtant pas une minute à perdre. Dans un instant il fera nuit tout d'un coup, et alors il faudra vite se coucher tout habillés comme chaque soir. La dernière bougie a rendu l'âme. Et il n'y a plus de pétrole pour la lampe. Sans compter que maman a fait une belle bêtise avant-hier. Il faisait presque noir dans la cuisine, elle a confondu deux bouteilles : elle a ajouté du pétrole dans le rougail* de chouchou battu. Quelle horreur ! Le vinaigre était dans l'autre récipient. Du coup, on n'a eu ni chouchou, ni lumière pour la nuit. Quand le ventre est vraiment vide, c'est encore plus dur de trouver le sommeil. Faute de nourriture, maman a de la fantaisie.

Quand elle en a la force, elle nous raconte des histoires de « grand-mère Kal »* pour nous endormir. Le Chaperon Rouge, ce n'est rien comparé à « grand-mère Kal ». En tremblant de peur chacun redemande une nouvelle aventure de cette mauvaise fée qui vient danser sur les tas de fumier de géranium les nuits de pleine lune. Quand la disette s'installe pour de bon, maman prend les grands moyens dans l'espoir que notre sort s'arrange : elle nous fait réciter le « Notre Père ». Les mots glissent, car personne ne voit la nécessité de s'y attarder, quand il faut affirmer calmement : « Donnez-nous aujourd'hui notre pain... »

La planète pauvreté

La pauvreté, l'extrême pauvreté est un fardeau très lourd qui marque à jamais, mais aussi – même si cela peut paraître bizarre – un avantage sur les autres. Une fois arrivé tout en bas, on apprend à se battre, remonter si l'on veut survivre. On se réjouit des choses les plus minuscules : une poignée de riz, un verre d'eau sucrée, des jeux avec des morceaux de bois ou des fleurs. Joies intenses, que ceux qui s'amusent avec des constructions électriques ne connaîtront pas. Il est vrai que de notre côté nous n'avons jamais imaginé ce qu'aurait pu vouloir dire le mot « goûter » ou le cri maternel : « À table ! »

Cette pauvreté comme expérience fondamentale pour le reste de ma vie me lie profondément à mon mari, le journaliste allemand Lutz Krusche. Enfant dans l'Allemagne de l'après-guerre, il a rêvé d'une tranche de pain, d'un vrai pantalon au lieu de celui fagoté dans les oripeaux d'un uniforme militaire qui sentait la honte.

Dans l'Allemagne écrasée sous les bombes souffrant de faim et de froid, l'évêque de Cologne Monseigneur Joseph Frings exprimait en chaire sa compassion pour les petites gens qui volaient du charbon dans les wagons des chemins de fer pour se chauffer, ou bien ceux qui trafiquaient au marché noir pour se nourrir, toutes choses strictement interdites par les autorités d'occupation. Vivoter aux limites de la légalité a peu à peu signifié, en allemand, « *fringsen* », du nom de l'évêque resté dans les mémoires pour sa capacité à comprendre. S'il avait fait des leçons de morale interdisant le chapardage, il aurait été oublié.

Nous échangeons souvent nos expériences de « *fringsen* ». L'un et l'autre, nous sommes incapables de gaspiller de la nourriture, et avec incrédulité il nous arrive de voir des enfants jeter des restes de sandwichs à la poubelle. Comme des anciens combattants, sans amertume, sans auto-apitoiement, plutôt en rigolant et même avec tendresse, nous parlons de ces années qui nous ont donné de la force. L'un et l'autre, nous connaissons beaucoup de gens, obscurs ou célèbres, qui, gênés, cachent leurs origines modestes. Les pauvres.

En reportage, je me suis souvent accrochée à mes racines de pauvreté, en Europe, en Afrique, au Moyen-Orient, en Asie, Amérique du Sud. Partout, lorsque j'entre dans ces demeures en vrac, ces tentes misérables, ces camps de réfugiés, je me sens dans mon élément. Je reste membre d'honneur de l'Internationale des pauvres, avec devoir d'utilité ! Mais, dans mon enfance, parmi d'autres démunis, j'avais au moins la chance de vivre entourée de fleurs, de couleurs, et d'ignorer le froid. Les enfants que j'ai souvent croisés ailleurs sur la planète ne connaissent qu'un univers de rochers, de sable, la terreur de la guerre qui s'ajoute à la faim et l'hiver qui fait éclater la peau de leurs doigts.

Je comprends ces femmes, ces enfants, ces hommes à qui je m'adresse avec micros et caméra. Eux aussi me comprennent. Ils perçoivent intuitivement que je ne suis pas une journaliste occidentale larguée d'un autre monde, venue, le temps de quelques images, poser des questions puis disparaître vers Paris comme en direction d'une étoile. Pour cette famille de Serbes déracinés ou ces Kosovars chassés de chez eux, à des moments différents de leur tragédie commune, sur une terre remplie de sang, le thé ou le dernier petit gâteau qu'ils nous offrent sont signe d'orgueil de l'hôte. Il faut savoir les respecter.

Nous partageons de vrais moments de fraternité et souvent, j'en suis convaincue, ces gens qui ne me reverront jamais, sans doute, pour la plupart, m'acceptent. Je suis l'une des leurs. Qu'est-ce que cela a à voir avec mon travail ? Tout. C'est mon propre passé justement, qui m'aide à témoigner au plus près de leur malheur. Je refuse d'être une présence froide sur un événement-spectacle qui va faire de l'audience avant de passer à la trappe.

Comment oublier cette petite fille de deux ans rencontrée à Poulau Bidong, l'île aux Serpents, au large de la Malaisie ? Sa mère, une Vietnamienne, avait été violée puis jetée par-dessus bord, par des pirates, dans la mer de Chine. Elle avait saisi ma main, n'avait pas voulu la lâcher, toute la journée en me regardant avec ses grands yeux marron. Nous sommes restées toute la journée ensemble, le temps d'un reportage avec l'Organisation des Nations unies pour les Réfugiés. Le soir, il m'a bien fallu monter dans l'hélicoptère militaire. J'ai dû décrocher sa petite main. Elle pleurait. Je pleurais.

Et cette autre petite fille de Quito, capitale de l'Équateur, Place San Francisco, le temps d'une visite éclair de François Mitterrand. Sur un marché, devant l'église, elle était installée devant une montagne de fleurs qu'elle devait vendre. Elle s'était endormie, sa petite tête sur les bouquets. Elle devait avoir cinq ans. J'ai caressé ses cheveux, glissé sous son bras les quelques billets qui me restaient. À côté, des femmes m'ont fait un signe rassurant qui voulait dire : « Soyez sûre, elle trouvera votre cadeau quand elle se réveillera, nous sommes pauvres mais honnêtes et nous protégeons nos enfants. » Aucun doute.

J'ai vécu, sur ces chemins de traverse, des instants où j'ai cru que la fin arrivait face à une Kalachnikov. Mais, les moments les plus forts restent ces scènes peuplées d'enfants au bord d'une route dans le sable, encadrée de carcasses de chars et de véhicules en tout genre qui avaient brûlé lors de l'arrivée des Américains en Irak en avril 2003. Une foule de garçons et de filles, pieds nus, sales, en haillons, avec ce geste connu, de l'affamé, cette main, ouverte et vide, portée vers la bouche, pour dire : « Donne-moi quelque chose à manger, j'ai faim. » Moments intenses face à ces yeux brûlants d'urgence et de vérité.

Nous avons baissé la vitre du quatre-quatre (nous arrêter aurait été trop dangereux vu les circonstances, celles d'un pays en guerre) et jeté une part de nos réserves faites pour tenir dans le désert, six cents kilomètres avant Bagdad. Quelques paquets de biscuits achetés avant le départ de Koweit City, des boîtes de sardines, des bouteilles d'eau. Ils se sont précipités sur ces trésors. Dans mon cœur, je leur disais : « Tenez bon mes petits. Restez debout. Ne perdez pas l'espoir. »

5.

De Mahomet à Jésus

« Tortue y voit pas son queue[1] »

La communion au grand couteau

Il aurait suffi d'un minuscule hasard, d'un grain de sable, pour vivre un destin catastrophe autour d'une martyre – ma sœur aînée Sara – et d'un assassin par fanatisme religieux – notre propre père. La scène que j'ai vécue avec horreur à six ans a, rétrospectivement, quelque chose d'un film de Charlie Chaplin, mélange de scénario absurde et de bêtise humaine. Une pièce installée dans un décor religieux particulier sur une île où le meilleur se met en ménage avec le pire.

Notre ancienne île Bourbon est l'amusant pays des « p'tits bons dieux ». Les p'tits bons dieux sourient ou menacent d'un doigt vengeur partout, de préférence blottis dans les tournants de routes escarpées, à pic au

1. On ne voit pas ses propres défauts.

bord des falaises, ou au creux des ravines. Une statue, parfois plusieurs, sur une nappe brodée encombrée de bougies et de fleurs en plastique monte la garde, assure que tout est sous le contrôle du ciel. Pas un pas chez nous sans buter sur une divinité spécialisée dans les guérisons, les succès ou l'amour éternel. Un règne des rivages aux sommets avec une exception : les pieds de tamarins. Interdiction totale de passer sous ces arbres après six heures du soir : « Le diable y vient dormir. » Conseil d'expert : M. Macoum est un sorcier réputé dans l'art de « casse tit bois »* ! Si Satan prend son élan d'une haute branche pour atterrir sur vos épaules, votre malheur sera sans fin.

La religion a compliqué un peu plus nos tribulations. Entre mes parents, la course de vitesse pour imposer, chacun à sa façon, ses idées religieuses, a commencé assez vite après leur rencontre.

Les hostilités sont déclarées dès la naissance du premier enfant, Sara, née prématurément, de santé fragile. Maman la fait baptiser d'urgence de peur que sa fille ne meure sans le si précieux sacrement. Le baptême s'apparente à une opération clandestine. La sage-femme, ardente catholique, fait venir discrètement un prêtre à la maternité. « Au nom de Père, du Fils... »

Patatras ! La nouvelle arrive vite aux oreilles de papa, le musulman acharné, qui fait une scène mémorable avec menaces, injures et gifles à maman.

Les années passent. Marie-Claire va à l'église, en cachette, déposer un bouquet ou « assister à un bout de messe », triste de ne pouvoir communier chaque dimanche comme du temps de sa jeunesse. Comment assumer sa vie dans le péché ? Elle n'est pas mariée et ne peut ignorer les chuchotements des commères dans son dos : en évoquant son concubinage-longue durée, les créoles blancs ricanent de son « mariage arrangé derrière la cuisine », de son exclusion – elle et son bébé – de la famille Séry. Un soir, cette bataille ouverte entre le Coran et le Missel va nous faire frôler la tragédie.

— Claire, ouvre, ouvre tout de suite !

Les deux derniers mots accompagnent un ordre injurieux de papa, hurlé en hindi. Ça va barder. Personne ne l'a entendu arriver. Il s'est approché de la maison à pas de loup parce qu'il voulait nous surprendre. Un angoissant silence succède à ses hurlements et aux coups répétés sur la porte qui menace de sauter de ses gonds. Sara dégringole du lit où nous sommes allongés raides de frayeur, dans l'obscurité, sans articuler un seul mot. Elle l'a bien compris : sa vie est en danger. Pourquoi maman va-t-elle ouvrir cette maudite porte à bascule à l'arrière ? Pour sauver sa fille qui s'éclipse sans bruit, dans la nuit.

Le geste ralenti, comme si de rien n'était, elle se dirige vers la porte avant, qui s'ouvre dans un fracas infernal, alors que l'effrayant visiteur s'engouffre dans la chambre en agitant les bras, les yeux hors de la tête, la bouche ouverte dans la pénombre traversée de la flamme vacillante d'une bougie.

— Elle est où ? Elle est où, cette sale garce ?

Une lame énorme brille dans sa main. Une terrible lame d'acier de quarante centimètres, un sabre à cannes. Ne trouvant pas Sara au piège, il s'en prend à maman qui fait mine de vouloir l'aider :

— Je te le jure. Je l'ai cherchée toute la journée, assure-t-elle d'une voix presque sereine.

En un clin d'œil, toute la famille terrifiée est projetée dehors. Tohu-bohu général, les enfants courent dans toutes les directions, hurlent en pleurant, les voisins ouvrent leurs fenêtres, maman crie, papa prononce des mots qui ressemblent à des injures dans une langue que je ne comprends pas, course folle sous le ciel étoilé. Il tourne en rond jusqu'au fond de la cour, fouille les touffes de bananiers en brandissant son arme tranchante, prêt à frapper. S'impatiente. Dans ma tête d'enfant de six ans, je trouve la situation vraiment injuste et folle. Pourquoi nous infliger une si grande violence, tant de misère ? Notre père ne nous donne pas à manger, mais il est prêt à couper la tête de ma sœur de quinze ans au nom de son Dieu. Maman, Farouk, Tati et moi le supplions de ne pas tuer Sara s'il la débusque. Elle ne peut pas être loin.

Il passe et repasse à côté d'elle – nous ignorons également où elle a pu trouver refuge – mais elle est certainement là, tout près, sous des couches épaisses de lianes de chouchou*, aplatie, contre le petit mur en pierres de lave. Je ne me souviens plus comment toute cette danse infernale a pris fin, peut-être que le rhum a fini par vaincre les forces de l'agresseur. Ma sœur est une véritable miraculée qui a échappé aux coups de sabre à cannes, l'instrument favori des crimes de sang pendant longtemps à la Réunion.

Cassim voulait se venger, commettre ce qu'on appelle très abusivement un crime d'honneur, une expression pour camoufler l'horreur du geste. Il semblait prêt à tout pour prouver à sa communauté que lui, le joueur de poker ruiné, buveur de rhum jusqu'à l'ivresse totale, lui qui n'apporte aucun soin à ses enfants, refuse d'être un musulman « souillé » par sa fille qui croit à un autre Dieu. À ses yeux, son aînée a commis un crime impardonnable. Ce dimanche matin, dans la procession de jeunes filles en aube blanche, bougie à la main, Sara sort de l'église en chantant *Ave, Ave Maria* avec plus de conviction, encore plus fort que les autres. La communion solennelle, l'étape incontournable dans la vie de tout catholique qui se respecte, est un événement encore plus grand pour elle. C'est un défi. Elle, qui a déjà vécu et partagé tant de malheurs, perdu quatre frères, elle est sûre que sa vocation l'appelle à entrer dans les ordres pour sauver sa famille en perdition. Pour être présente ce dimanche de mai, parmi les premières communiantes, elle a tout organisé. Un exploit, même si son accoutrement semble étrange, elle est fagotée dans une tenue dépareillée récupérée on ne sait où.

De l'autre côté de la place, un observateur maigre, vraie pipelette avec sa gueule de traître, ne rate pas un instant de ce tableau alors que les cloches sonnent à toutes volées dans des parfums d'encensoir. C'est le fils D. Il a observé la procession, appuyé, comme toujours, à la porte de son magasin. Il a l'habitude de nous dénoncer pour un oui, pour un non, mais aujourd'hui il a vraiment quelque chose à raconter à son coreligionnaire Cassim. Sara n'est qu'une méprisable « catoua* », une approximation phonétique de certains musulmans pour parler d'une « catholique ».

« Catoua », un mot qui sonne comme « crapaud ». Il va la dénoncer, avec jubilation certainement. Lui, l'ancien commis, s'est enrichi alors que mon père, son patron d'hier dégringole chaque jour un peu plus en bas de l'échelle sociale ! Dans la boutique d'alimentation, il a systématiquement exploité les excès alcooliques du propriétaire jusqu'à s'enrichir et acheter sa propre affaire. Par son récit de l'humiliation religieuse, il poussera Cassim à entreprendre un baroud fondamentaliste.

Il faut la patience d'un joueur de puzzle pour saisir les méandres de notre vie religieuse, hésitant entre église, mosquée, sorcellerie parfois, animisme... Dans la course de vitesse pour faire enregistrer nos prénoms musulmans, papa a toujours gagné la première manche.

Avec retard, mais obstination, maman a fini par nous faire passer l'un après l'autre sur les fonts baptismaux, sauf Mamode Houssein, le seul musulman de la couvée. L'âge venant, ce frère semble motivé à remplir les obligations du parfait disciple de Mahomet, avec suppression du moindre verre d'alcool, y compris en respectant l'indispensable pèlerinage à La Mecque. Je n'ai jamais parlé de Jésus-Christ ou d'Allah avec lui. Nos différences n'empêchent pas le respect mutuel.

La fiancée du cousin s'est échappée

Ma sœur Bène Aïcha, la cadette de la famille, a grandi chez la femme légitime de Cassim, une Indienne épousée dans les règles de la tradition au cours d'un mariage arrangé par les deux familles à Bombay alors que... le marié vit depuis des années déjà avec maman. À l'île de la Réunion nos échafaudages familiaux semblent complexes, tant ils obéissent à des coutumes variées livrées par les multiples ethnies qui ont peuplé nos villes et villages. À l'époque, comme beaucoup d'hommes qui en ont les moyens – quelles que soient les religions – le compagnon de Marie-Claire a « un deuxième bureau » selon l'expression courante, c'est-à-dire, qu'il entretient un deuxième cercle familial, circulant de l'un à l'autre. Les femmes ne se fréquentent pas mais chacune sait que l'autre existe, sans se faire la guerre. Bène a grandi avec très peu de contacts avec sa fratrie, en parfaite musulmane, dans un milieu totalement musulman, jusqu'à l'âge de seize ans, interrompant précocement sa scolarité. Un jour, arrive un gros monsieur très souriant, court sur pattes, habillé en complet veston à rayures : un homme d'affaires, plus très jeune. Il débarque de l'île Maurice, voisine. Une visite programmée de longue date. Bota Afféjee, vient voir... sa fiancée. Le prétendant est notre cousin germain. Quand sa proie a été désignée, Bota était adulte depuis longtemps mais Bène jouait encore à la balançoire suspendue au gros manguier.

Bène est horrifiée, tremblante. Elle qui n'ose jamais contrarier papa, n'est pas du tout d'accord : Pas question, pas question.

Tétanisée, ne trouvant pas les mots pour exprimer son effroi, sa répulsion, sa détresse, elle manifeste son refus par des gestes désespérés de la tête et des mains, par un ruisseau de larmes. Trop tard. Son opinion ne compte pas.

— Tu es une ingrate, une fille stupide. Bota est un parti en or ! Tu ne le mérites pas. Il possède un grand magasin à Port-Louis, c'est là-bas que la vie t'attend.

Papa est furieux. Sa fille chérie ne mesure pas sa chance. Il l'a préparée pour son clan, cette branche familiale qui gagne bien sa vie dans l'import-export. Le moment est venu de sceller le destin de la jolie et jeune Bène avec le fils de son propre frère. Celui-ci a fait le voyage en l'honneur de la fête de famille organisée aujourd'hui pour les fiançailles. Affaire conclue. Bène est fiancée à son cousin qui roucoule de bonheur en la dévorant du regard. Fiancée, mais pas mariée. Avec cet inconnu bedonnant ? Jamais se jure-t-elle, plutôt mourir. Mais elle veut vivre, et le temps presse. Attention aux imprudences. Il ne faut surtout pas éveiller la méfiance de l'organisateur des prochaines épousailles, qui pourrait évacuer la récalcitrante vers Saint-Pierre. Dans la capitale du sud, il compte une armée de cousines, de belles-sœurs, enfermées dans leurs maisons entourées de hauts murs, prêtes à mettre la fiancée rebelle « en sécurité », en attendant le jour où son gros mari reviendra de Port-Louis lui passer la bague au doigt. La promise remue ciel et terre, alerte discrètement ses vieilles voisines, les filles Picard, deux couturières qui font passer un message à maman. Comment la sauver d'un mariage forcé, alors qu'elle n'a aucune formation, aucun moyen de subsistance, comment la sortir des griffes d'un futur mari bientôt prêt à prendre livraison du cadeau promis par son oncle ? Maman, en Bretonne résolue, prend les choses en mains, va frapper aux portes. Une famille d'instituteurs qui vient passer la saison chaude à l'air pur du Tampon accepte, ravie, de prendre Bène sous son aile. La fiancée malgré elle, qui a appris à tenir un ménage, s'occupera donc des enfants du couple au grand cœur. En l'espace de quelques mois, Bène troque le Coran et les larges pantalons brodés dans le bas, sous des robes bouffantes, pour un catéchisme et des jupes courtes. Elle est baptisée en grandes pompes à la cathédrale de Saint-Denis : Bène Aïcha s'appelle désormais Anne-Marie Nicole. Sa famille d'adoption a tout arrangé.

De la madrassa à l'autel

Les choses spirituelles suivent un tracé tout aussi chaotique pour les plus jeunes. Toute petite, je partage avec maman le secret de brèves visites à l'église du Tampon. J'aime les chants, les grands tableaux peints, l'odeur de l'encens, la foule habillée, l'allure des femmes en mantilles de tulle recouvrant les visages comme au temps des apôtres. Mais la faim me pousse souvent de l'autre côté de la ville, chez papa. Bibiment, sa femme indienne, qui n'a pas d'enfants, me nourrit de crèmes à la rose et de gâteaux pansus. Je sens qu'elle aimerait bien me garder. La tentation est grande de rester dans sa jolie maison éclairée par des ampoules électriques, accroupie comme elle dans la cuisine où elle passe des heures à rôtir des choses exquises en chantonnant de sa voix douce, une maison équipée d'une salle de bains où il suffit de tourner des robinets pour avoir de l'eau, et tout autour, des planchers vernis qui brillent.

Combien de fois maman est revenue me récupérer comme une poule qui cherche ses petits ! Je le sens quand elle reprend les choses en main, quand elle arrive devant la maison bleue de papa, d'un pas ferme, m'appelle et me saisit par le bras sans explication. En tournant la tête, j'ai parfois vu dissimulé derrière le rideau en organdi le visage triste de la gentille Indienne. Maman sait que durant ces séjours loin d'elle je passe des heures entières à la madrassa, l'école coranique, qui jouxte la mosquée au bout de la ville. Je déteste devoir m'y rendre, emballée dans un grand voile, totalement noyée dans de larges pantalons sous ma robe. Assise sur un grand tapis, je répète les sourates du Coran sans comprendre un seul mot des psaumes lancinants. Je dois apprendre par cœur sans savoir ce que je dis. Forcément, je récite, comme mes petites camarades, des textes en arabe et je ne comprends que le créole. Que nous comprenions ou pas n'intéresse pas l'imam. Il nous tient par un bourrage de crâne, comme si nous étions des ânes répétant, en nous balançant d'avant en arrière, hihan ! Hihan ! Ça lui suffit ! À part la prière précédant les repas, « *Bismellah, el aman, el ahim* », j'ai tout oublié.

Un dimanche, jour de vote, le curé du Tampon organise une cérémonie que j'attends avec impatience, dans un grand secret, depuis des semaines. À l'abri discret d'une petite maison paroissiale, au fond d'une allée de palmiers, le Père Payet a installé un petit bassin en fer-blanc, plein à ras bord d'eau bénite, sur une table ovale à trois pieds, jamais évacuée de mes souvenirs.

« Marmaille, Jordu, ma tire le diable zot tête ! » (Les enfants aujourd'hui, je vais vous enlever le diable de la tête) Tati a douze ans et moi huit.

Le curé au visage rouge nous baptise. Maman n'a pas voulu compliquer les choses. Le même parrain, la même marraine pour mon frère et pour moi. Lui c'est Gabriel, vieux et fier facteur des « Postes et Télécommunications de France », comme il aime à le souligner pour dire son importance. Je l'ai souvent aperçu sur son vélo, un pied en suspens, mais il ne s'arrête jamais chez nous, vu que personne ne nous écrit. Gabriel a beau être un homme important, il transporte une vieille odeur d'huile rance sur son éternelle chemise blanche aux manches retroussées.

La marraine au visage desséché qui veut rendre service, c'est Germaine, qui connaît tout le monde dans nos parages, une « sage-femme-pays » : elle n'a aucun diplôme légal pour exercer son art, mais cela ne l'empêche pas de couper, depuis des lustres, le cordon ombilical de centaines de bébés de toutes les couleurs.

Je suis vraiment heureuse de devenir chrétienne comme mes copines de classe, un peu contrariée cependant. Comme Tati j'ai le droit de choisir moi-même mon prénom de convertie. Lui, officiellement Ahmed à l'état civil, fait simple. Dorénavant, il s'appellera Jean-François. La classe ! Quand arrive mon tour de faire inscrire ma nouvelle identité religieuse, les visages blêmissent en m'entendant annoncer mon prénom :

— Chantal. Je veux m'appeler Chantal.

— Non. Prends autre chose ! m'ordonnent en chœur la marraine et maman.

Chantal sent visiblement le soufre, ne semble pas... catholique ! Mais j'insiste :

— Pourquoi ? Chantal ça fait luxueux ! Un jour, je veux être riche.

Le curé, stylo en l'air, attend de remplir son gros cahier, il n'a pas du tout envie de négocier et la nouvelle petite catho que je suis doit obéissance. Adieu Chantal.

Il faut « autre chose » ? Je ne me rate pas, je mets vraiment le paquet :

— Alors, je m'appellerai Marie-Andrée Colette !

Ouf ! D'où vient cette collection ?

Le père Payet est pressé, sachant qu'il ne sera pas invité à un vin d'honneur – absent du programme – récite en bougonnant mécaniquement quelques mots en latin, probablement, formalités décevantes de brièveté conclues par « Au nom du Père... Amen » !

En cinq minutes, je suis passée de l'islam au catholicisme. Sur les registres paroissiaux de l'église du Tampon, il existe une Marie Andrée Colette Afféjee, baptisée un dimanche après-midi de janvier écrasé de chaleur. Jamais je n'ai utilisé mon invraisemblable collection de prénoms chrétiens qui ne m'ont jamais ressemblé. (Chantal non plus d'ailleurs !) De toute façon la cérémonie de baptême n'a rien changé. Tout le monde continue de nous appeler Tati et Momine. Momine est le nom que mon père m'a donné à la naissance, mais il a oublié de le faire enregistrer. Il a dû fêter mon arrivée avec une bonne dose de raque* et déclaré ma naissance un 19 janvier alors que je suis née le 18. Merci papa ! Tu as fait au moins ça pour moi. Un jour de gagné !

Mon père ne s'est pas estimé définitivement battu, malgré ma nouvelle affectation religieuse assez vite parvenue à ses oreilles. L'année de mes quinze ans, alors que je ne vis plus sous son toit depuis bien longtemps, il m'invite à commémorer l'Aid-El-Kébir, l'une des plus grandes fêtes musulmanes. Je suis ravie à l'idée d'une grande cérémonie avec toute ma smala indienne. J'adore les parfums de gingembre, de safran et de cardamome. À peine arrivée chez lui cependant, un manège m'intrigue. Toutes ces femmes en sari de soie avec sautoirs de perles multicolores et savates dorées semblent m'attendre... Je reconnais des visages de tantes, de cousines, de connaissances que je n'ai pas vus depuis des années. Des inconnus me sourient et me traitent avec déférence.

Je subodore ce qui se trame, convaincue que papa est devenu définitivement aliéné. Il a organisé ce festin pour que je puisse rencontrer l'homme de ma vie. Ce partenaire de rêve est là, le voici dans toute sa splendeur, l'homme qu'il a sélectionné à mon attention ! Le soupirant parade à deux pas, dans une danse de séduction qu'il croit capable de me faire chavirer. Erreur. J'ai quinze ans, bientôt en classe de seconde, je rêve d'être indépendante, de travailler et on veut me marier à un étranger que je n'ai jamais vu... jusqu'à cet instant ! Le même cinéma ridicule et insultant recommence. Quelle misère ! Réveille-toi papa, le monde a changé ! Ton entreprise de mariages arrangés – forcés – ressemble à une scène du dix-septième siècle racontée par Molière. Elle ne me donne pas du tout envie de rire.

Quelle chance que mes parents se soient déchirés, séparés, quel bonheur que notre famille ait volé en éclats ! Si Marie-Claire et Cassim étaient restés sur la même longueur d'ondes, mes sœurs et moi serions restées enfermées dans des vies sans issue, sans la liberté de choisir.

Il ne peut plus me forcer. Je vis chez ma mère, elle pourrait appeler au secours. Il essaie donc de me raisonner.

— Yacoub est médecin au Canada. Il est riche et veut t'épouser !

— Je ne veux épouser personne. Je veux faire des études.

Silence de mort autour des samoussas*. Les convives ont éteint leurs sourires. Je les énerve franchement, soudain réduite à l'image d'une misérable petite prétentieuse, qui doit certainement avoir des projets impurs. Encore un coup des « catouas* ».

Yacoub me dévisage avec des yeux de merlan frit, à la manière des comédiens des films sentimentaux indiens, en bougeant sans arrêt la tête à droite, puis à gauche. Il ne désespère sans doute pas me séduire ce petit rondouillard qui a déjà, certainement, roulé sa bosse. Il est vieux. Près de quarante ans certainement. L'âge, pense-t-il, de faire une nombreuse nichée avec sa jeune cousine réservée, spécialement pour lui, depuis que j'ai quatre ans peut-être. De telles pratiques ne le gênent pas alors qu'il vit dans un pays moderne, le Canada, où les droits des femmes font partie intégrante des principes fondamentaux. Le candidat aux fiançailles fait crépiter son appareil photo. À qui voudrait-il montrer la preuve de son trophée des îles ? Je m'approche de lui, en le regardant bien droit dans les yeux, pour le dégoûter à jamais de telles manigances familiales.

— Tu crois vraiment que j'accepterais une idée aussi farfelue ? Me marier avec quelqu'un que je n'ai pas choisi ? Tu crois au Père Noël ou quoi ? Non, mais tu t'es vu récemment dans la glace mon pauvre ?

Papa est liquéfié, mortifié par mon insolence et bat en retraite en se posant en victime.

— Momine, tu as la tête dure. Un jour, tu regretteras.

Il ne manquerait plus qu'il me dise : « Fais-le pour moi. Épouse ton cousin pour me faire plaisir. »

Je comprendrais plus tard. Marier ses filles à de bons musulmans était tout ce qui lui restait pour prouver que sa vie n'avait pas été un fiasco total. Les cousines, tantes et apparentés me fusillent du regard, en silence. L'une d'elles, Balibou, qui pourrait être ma mère, s'approche, se veut confidente :

— Écoute Momine : une bonne fille ne fait pas ça. Sois une bonne fille ! Réfléchis. Prends ton temps.

Si mon attitude désespère mon pauvre père, la pression de la famille élargie ne cède pas si facilement, n'admet pas que je brise les projets, les habitudes, la culture dominante depuis des générations. Comment puis-je parler avec insolence au cousin qui fait honneur à toute la famille, cet homme important en costume rayé avec pochette de soie et chevalière bleue au doigt ? Un vrai Monsieur riche qui a fait un si long voyage pour être apostrophé par une fille de pauvres ? Des dizaines d'yeux disent le même couplet : « Momine, petite ingrate affamée, pour qui te prends-tu ? »

Yacoub ne s'attendait certainement pas à une telle réception. Pauvre amoureux transi ! Il esquisse un sourire timide sans répondre à ma mise au point. Sûrement pas un mauvais bougre. Mais mon cousin est prisonnier d'un système de pensée et de vie d'un autre âge. Malgré ses diplômes, malgré son immersion en Amérique du Nord, sa tête est restée quelque part, loin dans le temps. Encore un échec pour la branche des Afféjee de l'île Maurice. Le candidat au mariage n'est autre que le frère cadet de Botha, celui qui a essuyé un cuisant échec auprès de ma sœur Bène. Dans notre galaxie religieuse, le cas de mon frère Farouk n'est pas anodin non plus. Lui aussi a fait le grand saut dans le catholicisme, mais plus tard que tous les autres. Baptisé à vingt ans passés il devient Henry. Personne, bien sûr, ne l'a jamais appelé Henry. Quelle idée ! Mais l'eau bénite tardivement répandue sur son front révèle un mysticisme insoupçonné. Sa plus grande fierté : Nathalie, sa fille cadette, est devenue religieuse, membre d'un ordre particulièrement reclus près de Marseille. Les deux autres, Christine et Manuella, sont pratiquantes comme peu de Français.

Quant à mon co-baptisé, Tati, il s'est mis en tête de remercier Dieu en priant matin et soir dans la chapelle privée construite de ses propres mains, à l'entrée de sa petite propriété perdue dans les bois. Son invité vedette est une statue à toge rouge et marron, un visage familier, bien particulier à notre île : le très fameux saint Expédit, notre marque de fabrique. Un saint non reconnu officiellement par l'Église catholique romaine, mais présent dans certaines églises de l'hexagone. Chez nous, s'il fallait garder un seul saint sur plus de trois cent soixante-cinq exemplaires siégeant, tous au ciel – bien sûr – ce serait celui-là. Saint Expédit est célèbre pour sa sévérité, punissant les ingrats qui oublient de le remercier, mais il est réputé sans concurrent pour son incomparable talent à réaliser les neuvaines les plus désespérées. Or, dans ce domaine des supplications, nous, les Créoles de la Réunion, sommes vraiment imbattables : prières en chapelet pour réussir aux examens, faire revenir un mari volage, retrouver le chat perdu, punir des voisins qu'on voudrait anéantir, sans oublier les demandes de soulagement en faveur des estomacs décapés par les rhums arrangés. La liste est illimitée... En matière de religion, peu de gens sur terre sont aussi incollables que nous ! Cette expérience déborde le cadre de la foi – domaine de l'intime – pour toucher les frontières de l'ethnologie, du politique. Un sésame précieux !

6.

La route de Kaboul à Bagdad passe en Virginie

« Dans mon café na point d'triage[1] »

Un défilé à Peshawar

— De quelle religion êtes-vous ?

La question à un million d'euros, on me l'a posée mille fois. C'est l'une des toutes premières choses que l'on me demande dans certaines régions du monde, dès l'arrivée, dans le taxi déjà quand le chauffeur, au lieu de regarder devant lui, me fixe dans le rétroviseur pour sonder si je vais oser le rouler. Grand reporter à la rédaction nationale de France 3, je sillonne des pays troublés par les guerres et les querelles politico-religieuses depuis des années.

— Miss, vous portez aussi le voile à Paris ? Quelle religion ?

1. Je fais feu de tout bois.

J'ai été soumise à cette interrogation insistante avec une véhémence particulière dans l'une des villes les plus intolérantes du monde : Peshawar, au Pakistan, au milieu d'une foule d'hommes, exclusivement, immergée dans une marée humaine qui avance comme une onde électrique. Cernée de fondamentalistes qui hurlent contre la guerre en Afghanistan – les yeux exorbités par les vociférations d'amour pour Ben Laden –, voilée de la tête aux pieds, j'ai souvent repensé à mon itinéraire personnel.

Au lendemain de la chute des talibans, de l'autre côté de la frontière, en Afghanistan, même examen de passage.

— De quelle religion êtes-vous ?

Le refrain grinçant revient le plus souvent en anglais pour aller droit au but. À Kaboul, Jalalabad, sur les collines pelées où les télévisions du monde ont dressé leurs paraboles satellitaires face à Tora Bora sous le feu des bombardiers américains, partout, les destructions encore fumantes laissent imaginer que les bombes ont définitivement chassé les fondamentalistes du pouvoir. L'illusion est brève. Il suffit d'ouvrir les yeux : les Talibans, ces fous du Coran, sont toujours là, tapis au coin des chemins poussiéreux, ou accrochés aux parois rocheuses, mais surtout, leurs idées religieuses demeurent largement ancrées dans les esprits. En novembre 2001, l'image des Afghanes déambulant comme des ombres, enveloppées des yeux aux talons dans des burka bleues, ocre ou noires, alors que le régime nouveau a promis la liberté, a étonné le monde.

Des téléspectateurs occidentaux ne comprennent pas. Ils s'attendent à voir le retour de la minijupe, comme sur des clichés datant des années soixante-dix, à Kaboul et même Hérat, la vieille ville qui porte toujours les traces d'Alexandre le Grand à cent kilomètres de la frontière avec l'Iran. Ils inondent nos rédactions de lettres. Les idéalistes naïfs n'admettent pas que, nous, femmes journalistes occidentales, devions porter le voile intégral comme n'importe quelle villageoise. La réponse est simple. Nos « fixeurs » – les accompagnateurs traducteurs – nous ont prévenues : nous serons exposées à la colère et à l'incompréhension si nous ne respectons pas à la lettre le code vestimentaire strict de la musulmane soumise. Et, même ensevelies sous un immense tissu, nous, les voyageuses venues d'autres planètes, sommes de toute façon, considérées comme des dépravées.

À l'ombre des Talibans

Rien n'a changé dans les têtes. Un jour, interrogeant une famille pour réaliser un portrait, le mari me sonde, l'air sévère et défiant, devant sa femme qui sourit avec complicité. Sa question fuse dans ma direction :

— Lequel des deux hommes qui vous accompagnent est votre mari ?

Pourquoi mentir ? Je le regarde sans défi, mais assumant les conditions de mon métier de reporter :

— Aucun n'est mon mari, ni mon frère. L'un va monter techniquement le reportage, l'autre c'est celui qui vous filme. Ce sont des collègues et des amis. Nous sommes tous les trois dépendants les uns des autres et... égaux.

Stupeur. Le petit fonctionnaire qui me scrute, méfiant, sous son béret aux bords retournés, est plus que scandalisé. Je lui fais horreur. Comment une femme honnête peut-elle travailler avec des hommes et, de surcroît, aussi loin de son foyer ? Comment est-il acceptable qu'un « grand frère » ne soit pas là pour surveiller la femelle lâchée dans un hôtel avec d'autres hommes, des hommes certainement assoiffés de sexe et de fange ? Je lui demande si ça le choque qu'une femme se déplace pour travailler sans être dans l'orbite d'une tutelle sévère. Il pince sa barbe, bégaie, se racle la gorge, murmure quelques mots. Le traducteur devient écarlate. Il n'ose pas répondre, avant de lâcher, gêné :

— Il a dit que les femmes comme vous sont... des prostituées.

Un tel anathème ne me surprend pas vraiment. Cependant, cet interlocuteur aux exigences moyenâgeuses, qui méprise tant l'autre moitié de l'humanité, devrait au moins être habitué à la vue d'étrangères sur son sol, notamment des femmes qui viennent porter secours, souvent des médecins, des humanitaires. Cet homme, qui nous prend pour des chiennes méritant la corde pour les pendre est... employé par une agence des Nations unies.

Attitude extrême d'un illuminé intolérant égaré au XXIe siècle ? Hélas ! Une mentalité représentant largement le pays. Au début du printemps 2006, un jeune Afghan converti à la chrétienté à l'étranger a été jugé pour trahison religieuse par des procureurs et des juges censés respecter un nouveau code du respect des droits de la personne, depuis l'arrivée des troupes américaines ! Sans les pressions internationales, le condamné allait être exécuté.

Connaissant le poids des coutumes, j'essaie, comme la plupart de mes collègues, de tout faire pour éviter de choquer les regards. Le port de la tenue islamique ne me pose aucun problème : je suis chez eux, je respecte leur mode de vie et leur morale. Pour être efficace, autant être le plus passe-partout possible. C'est la règle du jeu. J'en ai fait l'expérience, il y a des années, sous les fourches caudines des Pasdarans, les gardiens de la révolution, dans l'Iran de l'ayatollah Khomeiny quand il n'était pas question de laisser dépasser un seul cheveu, et plus tard, par plus de quarante-cinq degrés, en plein soleil, dans les villes saintes du chiisme, Nadjaf et Karbala en Irak. Le « hijab », la tenue islamique intégrale, c'est un peu mon bleu de travail ! C'est leur pays, pas le mien, et puisqu'il est impératif de s'accoutrer ainsi, pas de discussion. On ne négocie pas la culture des autres. Respecter les codes et les lois est indispensable à ma sécurité et à celle de l'équipe qui m'accompagne. Je ne suis pas chez moi.

De quelle religion êtes-vous ? Le plus difficile, le plus dangereux, c'est lorsqu'il faut y donner une réponse urgente, d'un mot, sans explication. Quand, autour, des hommes en colère en font un visa pour la vie. L'interlocuteur vous dévisage avec la certitude de votre lâcheté de garce mécréante. Tout son visage se remplit d'une certitude : vous avez peur. Les regards sur vous font monter la tension comme s'il s'agissait d'une course décisive. Peut-être allez-vous dire que bien sûr, vous aussi, un jour ou l'autre, vous choisirez Allah.

Même dans des circonstances banales, la question n'est pas formulée de façon détachée, par simple curiosité. Non, l'interrogation est aussi fondamentale que celle de savoir si vous respirez ou pas. Cette immiscion dans les convictions les plus intimes de l'être humain, sa philosophie spirituelle, sa religion, son choix de vie, grandit de jour en jour, partout. Les hommes ne sont pas seuls à mener l'enquête. Les femmes sont aussi intrusives dans ce terrorisme mental permanent. Croisade à l'envers.

Une caméra chez des illuminés

La question de Dieu m'a été posée de façon beaucoup plus sournoise par des responsables fondamentalistes chrétiens aux États-Unis. Les yeux dans les yeux, une brochette de religieux en jeans et polo – avocats, ingénieurs, hommes d'affaires dans le civil – a d'abord cherché à savoir qui habitait mon crâne, avant de me donner l'autorisation de filmer dans leur « méga Church » de Virginie. Nous avions obtenu le feu vert pour assister à l'office dans une de ces églises américaines immenses, capables de recevoir des milliers de fidèles. Ils sont partisans acharnés du président américain George W. Bush, membres des gros bataillons qui montent à l'attaque dans chaque campagne électorale. Pour nous Français, citoyens d'un pays jugé par eux, comme si nous étions fâchés définitivement avec le Christ, l'examen de passage était détourné et très hypocrite. Subrepticement lors d'un repérage, le révérend Michael, responsable d'un de ces supermarchés de la pensée radicale chrétienne – qui poussent comme des champignons – avec son air si hypocrite, s'est assuré que le « Notre Père » faisait bien partie de ma connaissance. J'ai récité la prière, les yeux fermés, à haute et intelligible voix. Le révérend Michael s'est laissé convaincre par ma piété sur commande, un cinéma indispensable pour arracher son quitus et tourner un reportage dans son univers qui rappelle davantage une PME rapace que Notre Dame de Paris. En partant, ce jeune curé m'a littéralement forcée d'accepter une Bible nouvelle version comportant quantités de commentaires fondamentalistes :

— Emportez-la, montrez-la aux chrétiens de France. Ils se sont tant éloignés de la vérité. Rejoignez-nous dans la joie du Christ retrouvé !

— Bien sûr mon Père, les Français regardent trop les films pornos !

Le révérend Michael a failli s'étrangler. Il n'a pas compris que je me moquais de ses bondieuseries.

La religion ! Voilà un point sur lequel j'ai rarement

menti. Je me suis souvent exposée en sachant que ma réponse pouvait fâcher l'inquisiteur. Mon culot en a aussi désarçonné plus d'un. À chaque fois, j'ai répondu, droit dans les yeux, sans défier, mais sans détour. Souvent, même s'il s'agissait de prendre des gants, j'ai dû plonger dans mon passé, faire resurgir le souvenir des coups, des menaces, de la peur de mon enfance. Ce serait bête de s'en priver. Au contraire, cette expérience acquise au prix fort m'aide à respecter ceux qui ne pensent pas comme moi, et à préserver ma tranquillité, sans naïveté, sans angélisme.

À Peshawar, Kaboul, et ailleurs, un argumentaire immuable, rarement convaincant, me sert à surfer sur les doutes, les accusations, le prosélytisme : je répète que je connais l'islam, la religion de mon père, je respecte les musulmans et leurs convictions parce que j'attends d'eux un respect égal, mais j'ai choisi la religion de ma mère. Je connais par cœur les mimiques de dédain. Elles précèdent immanquablement ce conseil qui ressemble à une exhortation :

— Vous aussi, vous devez prendre la religion de votre père !

J'ai été surprise par le toupet et l'intolérance de certains, comme cet élégant avocat de Saddam Hussein, un Irakien cultivé, interviewé à Amman, en Jordanie, qui venait de me vanter les vertus du système laïc du temps de l'ex-dictateur. Ayant remarqué sans se gêner que je porte une alliance, il m'interroge comme un procureur sévère :

— Et votre mari, c'est un musulman ou pas ? Et il ajoute, sans rire : Vous devriez épouser un musulman. L'islam est la meilleure religion.

L'homme de loi n'avait pas du tout envie de plaisanter.

Je suis chrétienne et j'espère, avant tout, respectueuse des autres. Je le sais, j'entends à distance des collègues donneurs de leçons ricaner. Dans notre monde du paraître il est de bon ton de se dire athée. C'est chic et intelligent. J'en ai même observé, certains, dire à des musulmans qu'ils avaient renoncé à l'héritage chrétien, pensant faire plaisir à leurs interlocuteurs. Chers collègues, vous êtes encore plus méprisés que moi...

En même temps, j'ai horreur des bigots. Je ne comprends pas pourquoi le Vatican refuse l'emploi du préservatif face à l'épidémie de sida. Je ne me reconnais pas dans l'attitude de l'Église catholique à l'égard des juifs pendant des siècles, de son manque d'engagement pendant longtemps pour mettre fin à l'esclavage, ou, plus simplement, de son ardeur bien limitée à imposer la justice en faveur des plus faibles, au cours de l'histoire. Le reste me regarde. J'assume mes convictions. Elles font partie de ma liberté. Cela n'allait pas vraiment de soi lorsque j'ai choisi entre le Coran et le missel. J'ai payé cher cette liberté.

Tout ce que nous avons vécu, mes sœurs et moi, ne se passait pas sur une étoile, dans une lointaine galaxie. C'était hier, dans le cadre de la République française, donc laïque, sur un territoire sous drapeau français depuis plus de trois cent cinquante ans. Mariages blancs, mariages forcés... La France a eu tout le temps d'y penser. Si seulement elle avait voulu regarder ce qui se passait chez nous, à la Réunion – ce qui s'y passe encore ? Et quand elle a intégré l'île de Mayotte, pas loin de la Réunion, de l'archipel des Comores, a-t-elle cherché à imposer le respect des lois de la République sur cette délicate question du droit de la famille ? Qu'en est-il là-bas des mariages arrangés sous la protection bleu-blanc-rouge ?

Sous le feu de l'actualité, sous la pression, dans la précipitation les hommes politiques de l'hexagone tentent de trouver des solutions rapiécées pour sauver leur peau, gagner des élections. Ils ont eu des dizaines d'années pour faire le point, dire clairement ce qui est inacceptable. Imposer le Droit. Ils ont fermé les yeux. C'était plus facile. Aujourd'hui, ils sont tétanisés à l'idée d'être accusés de racisme, donc ils laissent faire.

Hirsi et Wafa : la force de dire non

Face à eux, des victimes courageuses osent informer, remuer l'opinion, dire qu'il ne faut pas avoir peur. Des femmes mettent les points sur les « i », sonnent le tocsin au risque d'être assassinées. Ayaan Hirsi Ali, députée néerlandaise, née en Somalie, éduquée dans la plus stricte obéissance de l'islam en Arabie saoudite, doit se déplacer entourée de gardes du corps, mais elle ne se tait pas. Au contraire, en février 2006, à Berlin, lors de la publication des caricatures de Mahomet, elle a publiquement constaté : « Il existe un sentiment de peur parmi les écrivains, les cinéastes, les dessinateurs, les journalistes qui souhaitent décrire, analyser ou critiquer les aspects intolérants de l'islam à travers l'Europe. » Or, selon elle, qui se définit comme « une dissidente de l'islam », il y a urgence : « Au sein de l'islam, il existe un mouvement islamiste pur et dur qui rejette les libertés démocratiques et fait tout pour les détruire... Je ne peux me soumettre à la tyrannie[1]. »

Comment ne pas entendre aussi Wafa Sultan, psychiatre américaine, d'origine syrienne, quand elle s'écria : « Le conflit auquel nous assistons [...] est un

1. Traduction parue dans *le Monde* le 9 février 2006.

conflit entre la barbarie et la raison. C'est un conflit entre une mentalité qui relève du Moyen-Âge et une autre qui appartient au XXIe siècle[1]. »

En France, il y a des discours sur l'islam, mais pas de débat d'idées. Terrain miné. L'intolérance du « politiquement correct » règne en maître alors qu'il « serait utile de briser les tabous afin de pouvoir débattre librement » selon un collègue de *Volskrant*. Ce quotidien d'Amsterdam de centre gauche, comme d'autres commentateurs internationaux, a dénoncé l'anathème jeté sur Alain Finkielkraut menacé de procès par une organisation antiraciste : le philosophe a osé dire que les émeutes de l'automne 2005 dans les banlieues françaises avaient un caractère « ethnico-religieux ». Interdit de discuter publiquement d'un sujet qui dérange au risque de se retrouver devant un tribunal. « Climat étouffant » remarquent à juste titre les observateurs étrangers.

Une vaste majorité de fidèles vivent leur religion dans le respect des convictions d'autrui. Mon frère Mamode, sa femme Leïla et leurs enfants pratiquent l'islam sans complexe et sans s'imposer aux autres membres de notre famille dont les choix sont différents. L'expérience du brassage parfois rugueux des origines ethniques et religieuses nous a enseigné qu'il peut être mortel d'attiser l'hostilité sur tel ou tel, et de nourrir les stéréotypes, car notre attachement à la coexistence pacifique nous unit. Dans notre cercle, chacun a conscience qu'il pourrait être victime des extrémistes abuseurs du Coran ou... de la Bible.

Sous prétexte que le sentiment d'ostracisme contre les musulmans grandit en France et en Europe, doit-on se taire en apprenant que près de deux cents islamistes durs font du prosélytisme en prison ? Que des djiha-

1. Interview sur la chaîne Al-Jesira le 21 février 2006.

distes visaient des avions en France ? Le projet d'attentat contre un fleuron de notre patrimoine, la cathédrale de Strasbourg, n'a pas servi de leçon. A-t-on le droit de soulever ces questions sans être accusé de nourrir la haine religieuse et menacer l'ordre public ? Pourquoi baisser la tête devant les fanatiques au lieu de relever le défi ? Pourquoi cette politique de l'autruche ? Tôt ou tard, chacun le sait, il faudra trouver les moyens de faire face à cette violence annoncée à visage découvert. On devrait pouvoir soumettre les attitudes extrêmes de la perversité religieuse à la critique. En Grande-Bretagne, aux Pays-Bas, en Allemagne, ailleurs en Europe, il est permis d'ouvrir la discussion sans être diffamé. Pas en France. Pourquoi ce silence ? Peur ? Lâcheté ? Les deux.

Dans notre vieux pays de sensibilité chrétienne, on peut critiquer la religion, mais toujours la même : le catholicisme. Non seulement critiquer – une démarche démocratique normale – mais surtout ridiculiser. Des publicitaires oseraient-ils présenter des mollahs comme des abrutis qui font de la réclame pour un couscous ? Ils n'hésitent pourtant pas à mettre en image des curés pour la promotion d'une marque de nouille ou de fromage, sans parler de la Cène où Jésus et ses disciples défendent avec un clin d'œil sexy les couleurs d'une enseigne de mode.

Chez nous, confier qu'on est croyant signifie que vous êtes un demeuré, fermé à la science et aux lumières de la connaissance en général. Un tel anathème n'intimide pas Sharon Stone. L'héroïne de *Basic Instinct* ose avouer : « Je suis une bouddhiste qui croit en Dieu. » En écho, Maurice Béjart, précise : « Je suis très religieux. J'ai besoin de la présence de la divinité, j'ai besoin de prier plusieurs fois par jour. » Le grand danseur et la star d'Hollywood sont des exceptions.

En 2005, quand le cardinal allemand Joseph Ratzinger est élu pape, on lui reproche d'avoir été membre des Jeunesses hitlériennes. La vérité est différente, et ses explications n'intéressent pas grand monde : en 1941, tous les mouvements de jeunes sont intégrés de force dans les organisations nazies. Le jeune séminariste bavarois en fait automatiquement partie, ce qui conditionne aussi ses frais d'études. Le futur Benoît XVI raconte : « En 1941, grâce à Dieu, un professeur de mathématiques était prêt à m'aider. Il m'a dit : "Participe à une réunion au moins une fois pour la forme." Quand il a vu que je refusais catégoriquement, il a affirmé : "Bon je règle ça pour toi." Je suis resté libre. » Cette information est facilement accessible, pourvu qu'on cherche à savoir... En France, on l'a dénoncé comme le « Pape nazi » !

À chacun ses choix. Mais je pose une question honnête : comment ceux qui prônent la compréhension pour l'islam, peuvent-ils, en même temps, manifester un mépris aussi grand à l'égard de la chrétienté, une dimension aussi essentielle de notre patrimoine culturel, humaniste et spirituel, que l'on soit croyant ou agnostique ? C'est un pitoyable manque de respect pour notre histoire.

7.

Les pt'it Lu de Mme Défaut

« Force aller, calebasse y casse[1] »

Un camion pour Momine

Un matin, j'arrive en courant à la mairie du Tampon, une vieille bâtisse en bardeaux bleus tout au bout d'une allée fleurie. Je grimpe les marches en bois quatre à quatre, au point de perdre mon chapeau de paille. Il y a urgence. Heureusement que je connais des gens importants ici. Je ne suis pas inconnue d'eux non plus. Même si j'ai sept ans à peine, j'accompagne Sara assez souvent pour demander « du secours » ; nous obtenons des bons pour deux kilos de maïs « sosso » avec une livre de graisse, ou encore mieux, deux cents francs CFA – quelques euros d'aujourd'hui.

Le maire, Paul Badré – Dieu ait son âme, il nous a souvent sauvés de la famine –, ses principaux adjoints

1. Tant va la cruche à l'eau qu'à la fin elle se casse.

dont le bon M. Sauveur sont au courant depuis des années des malheurs de Marie-Claire, et font un geste de temps en temps en l'absence d'un service social organisé. Ma sœur Sara et moi sommes déléguées d'office dans les missions humanitaires, sans doute pour nos talents de négociation au nom du clan, mais surtout parce que maman a des restes d'orgueil comme descendante de la grande famille Séry. Elle a honte de venir faire la manche devant les employés municipaux et préférerait mourir plutôt que demander un emploi, par exemple nettoyer l'école... Mais elle a certainement raison de garder son rang, et aucun de nous ne songe à la critiquer. Au contraire, intuitivement, nous la protégeons. Tous nos frères et sœurs, grands et petits, n'ont que cette priorité en tête : comment aider maman à moins souffrir, à ne pas avoir honte. Cette préoccupation constante nous fait prendre des initiatives saugrenues, inimaginables, mais souvent efficaces.

Ce matin-là, je viens seule pour une démarche inhabituelle et je veux produire mon petit effet. Je frappe deux grands coups – j'ai lu ça dans *Le petit chaperon rouge* –, je n'attends pas qu'on me réponde « Ouvrez la bobinette et la chevillette cherrera » pour entrer dans le grand bureau ouvert sur un jardin splendide. Cette scène improvisée me donne un aplomb inimaginable qui impressionne même M. Beauval, personnage considérable de notre minuscule univers. Tout le monde le craint. Il semble vraiment estomaqué de voir une petite fille de sept ans, pieds nus, maigre mais déterminée, faire irruption devant lui. Il choisit le ton de la plaisanterie :

— Ah, mademoiselle Afféjee qu'est-ce qui se passe ? Qu'est-ce qui est encore arrivé chez toi Momine, il y a le feu, à la concession Hamerer ?

Je prends une respiration et exactement comme si je demandais une goyave* :

— Monsieur, excusez-moi de vous déranger : j'ai besoin d'un camion !

Son visage reste immobile, vaguement attendri, sous ses lunettes posées sur son front.

— Un camion ? Tu as ton permis au moins ou tu as besoin d'un chauffeur ? Raconte Momine, qu'est-ce qu'elle veut Marie-Claire ?

Je suis contente. Ça marche. Autour de lui, soupirs, rires étouffés, mais tout le monde comprend : il faut nous aider. Nous sommes expulsés de notre masure.

« Faites-les déménager » ordonne le secrétaire de mairie au camionneur à moustache. Une énorme patte me prend gentiment par la main, je descends fièrement l'escalier avec lui.

À sept ans, je suis venue négocier un déménagement pour ma famille. Le gros Maurice me soulève comme une paille. Je suis assise à côté de lui dans le « Berliet » bleu de la commune, à côté du volant. Un gros camion qui sent bon comme l'odeur de la lampe à pétrole. Quand le gros Maurice appuie sur un bouton on a l'impression que le véhicule a du mal à garder son souffle, qu'il va éternuer. Je suis transportée : je n'ai jamais vu la rue, les arbres, les bazardiers*, les maisons d'aussi haut. Je paierais cher pour que ma copine Estelle soit sous sa varangue*, qu'elle me voie, elle qui n'est jamais montée dans une voiture hormis une charrette à bœufs. Elle ne me croira pas quand je lui raconterai mon exploit et mon expédition. Je suis aussi fière qu'une reine dans sa calèche. Pendant un bon moment je rêve, j'imagine des conversations, j'oublie presque ma mission catastrophe. Le « Berliet » mugit en grimpant la pente, frôle les jambes du vieux Dumesnil qui a installé sa chaise, comme tous les matins, contre son mur, sur le chemin de terre pour observer ce qui se passe. À part les coccinelles qui volent autour de lui, d'ordinaire il ne voit rien.

Ce matin, le spectacle sous ses yeux lui fait hocher la tête de réprobation. Encore une histoire chez Claire.

« Chez Claire » en effet, l'atmosphère est à l'orage. M. Robert est là, devant elle, il fait des grands gestes, il appelle à la rescousse nos voisins, les Duverger, qui n'ont jamais digéré le vol de leur poule et d'autres chapardages dans leur jardin. Rires, quolibets, gros mots. Pendant ma mission à la mairie, Sara et mes frères ont soulevé les deux lits, la table, les trois malles vertes et « charroyent » (on ne dit pas « charroient » en créole) le reste de notre ménage, bout par bout jusque sur le petit mur où les caméléons font la course sous le soleil. La case est vide mais on ne peut pas partir car M. Robert, alerté par on ne sait qui, est venu contrarier notre plan d'évacuation rapide. Il exige d'être payé :

— Claire, tu n'es qu'une menteuse, tu as toujours été menteuse ! Combien de fois tu m'as dit que Jules Séry allait te donner de l'argent ? Menteuse !

— Mais Robert, il faut être patient. En plus, c'est trop petit ici et le toit coule quand il pleut.

Maman sait mentir comme personne, tenir tête, instiller le doute. Elle ne cède pas facilement. Du grand art, même quand tout s'écroule autour d'elle, elle semble écarter une poussière, altière et détachée. « On lui donnerait le bon Dieu sans confession », dit admirativement la tante Lise. Marie-Claire Séry est une combattante, elle calme le jeu, tente de gagner du temps, rassure l'ennemi jusqu'à l'endormir. Mais le propriétaire la connaît, il est au bord de la syncope, et promet une guerre nucléaire :

— L'huissier est en route, hurle, à bout de forces, le pauvre M. Robert.

Il a gagné son argent durement en travaillant dans les champs de cannes comme « râleur d'pioches* » – ouvrier à la pioche – pour acheter quelques cabanes, et les louer pour vivre. Mais je le déteste car il essaye d'impressionner maman en brandissant un doigt sous son nez. Il joue au grand possédant avec son chapeau noir posé en équilibre sur son crâne chauve qui pue l'herbe folle.

Cela fait des mois qu'il ne reçoit plus un sou de loyer. Il a patienté, croyant maman quand elle lui disait : « un héritage va arriver ». Elle a pensé pouvoir le prendre de court, déguerpir en douce pour « couler une dalle », c'est-à-dire enterrer nos dettes. Le propriétaire tempête, elle prend le ciel à témoin. Le temps passe, tout le monde est épuisé. Plus tard, je dirai que nous jouons un théâtre à l'italienne, plutôt à la sicilienne. En un clin d'œil, pendant une embellie miraculeuse, chacun de nous ramasse ses affaires comme des naufragés et les empile dans le camion. Le chauffeur observe la scène, bouche bée. Comme le vieux Dumesnil entouré de ses coccinelles, lui aussi aura quelque chose à raconter ce soir à son entourage. Heureusement que la prochaine destination est loin d'ici.

J'exulte de bonheur. La remorque bruyante nous emmène par une longue route que je n'ai jamais vue : c'est mon tout premier long voyage, j'aimerais bien qu'il continue encore longtemps, mais le camion ralentit, ses roues sautent sur de grosses roches d'un chemin étroit entre un champ de cannes et les sapans* pleins d'épines, hauts comme des murailles, on entend le moteur souffrir, comme s'il allait rendre un dernier soupir. Terminus : tout le monde descend. L'endroit de notre nouveau logis s'appelle « Les Trois Mares ». Très vite, sans le dire, chacun d'entre nous a un vague sentiment d'être descendu encore plus bas, parce que l'éloignement nous demandera encore plus de temps et de fatigue pour aller quémander à la mairie.

Nous sommes l'une des quatre familles de l'arrondissement*. Au début, les voisins nous traitent presque comme des bourgeois égarés parmi des demeurés. Mais nous cachons bien notre jeu. S'ils savaient ! Ils se réuniraient pour nous faire expulser tout de suite. En tout cas, une chose est écrite d'avance, voilà encore un propriétaire qui ne va pas tarder à déchanter et à hurler. Il nous a loué une case en terre, avec cuisine en tôle, ouverte aux courants d'air. Dans un coin, on peut faire du feu à condition de trouver du bois, des chicots de géranium, qui brûlent bien. Si les champs ont été ratissés, il suffira d'aller chercher un fagot dans la ravine, juste derrière chez nous. Nous avons assez de place pour faire un potager, même si la terre est aride, mais il manque l'argent pour acheter les semences. Maman plantera des boutures de tomates sauvages et de brèdes*.

Comme nos voisins, nous n'avons pas l'eau courante, et encore moins l'électricité. Les toilettes sont aussi rudimentaires que les précédentes. Quatre bouts de tôle ondulée, qui tremblent quand le vent souffle, reliés avec un fil de fer, et un morceau de contreplaqué attaché à une ficelle en guise de porte. Le tout autour d'une sorte de chaise sans siège. Pour s'essuyer : des feuilles de poc-poc de préférence, parce que ça ne pique pas ou, au pire, des pierres, en évitant de saisir des morceaux de lave coupante.

Mais la vraie nouveauté, c'est cette sensation que j'éprouve pour la première fois de ma vie : la paix. Plus de bagarre, plus de cris, je n'ai plus peur. Mes parents se sont séparés pour de bon. Mon Dieu, je vous en supplie, pourvu qu'ils ne vivent plus ensemble. Plus jamais. Pour le reste, nous continuons à survivre aux marges de la civilisation. Mais toujours propres. Là-dessus, maman ne transige pas. Elle répare nos vêtements avec les moyens du bord. Brodeuse hors pair, elle fait des merveilles avec deux bouts de chiffon et du fil de n'importe quelle couleur, récupéré au petit bonheur la chance. C'est vrai qu'à bien nous examiner, nous devons ressembler à des perroquets des tropiques, habillés de pièces uniques, d'authentiques œuvres d'art cousues main, mais un peu trop originales pour passer inaperçu...

Tati et Farouk ont maintenant douze et quatorze ans. Tati a été embauché chez les Isautier, une famille de « grands Blancs » qui ont la réputation de gens charitables et généreux avec leurs ouvriers agricoles. L'outil de mon frère, le seul qu'il sache manier, c'est une pioche. Il travaille dur dans les champs. Parfois, il rapporte des restes de repas : une fête. Le soir, quand il rentre, il est si épuisé que ses yeux se ferment. Il n'a plus la force de jouer avec moi. Chaque samedi, c'est jour de paye. C'est moi qui vais chercher l'argent. Aussitôt, je passe à la boutique Tang Chee Fong : riz, huile, sucre, pois. Il faut économiser pour ne pas être à sec dans la semaine. Farouk trouve lui aussi des petits boulots à droite, à gauche. L'autre jour, il a voulu vendre une poule à Mme Issop. Pour que l'animal soit plus lourd, il avait attaché une pierre sous chaque aile. Faute de pouvoir rouler l'acheteuse sur le poids, il lui a fait du chantage. À plusieurs reprises il a observé « une scène peu catholique », comme disent les voisins : il a vu le garde-champêtre... entrer chez la belle Mme Issop, en l'absence de son mari. Donc... il a pu obtenir un bon prix pour sa poule. Pour déguster le triomphe sur l'acheteuse, Tati et Farouk entonnent un refrain sulfureux du répertoire réunionnais :

« Dans tit case en paille na ti fomme bien complaisant,
Quand son mari la pas là, li fait l'amour avec son z'amant. »

Ils éclatent de rire avant la suite :

« Ah l'amour lé doux, ah l'amour lé doux
Dans la case en paille avec ti-fomme-là. »

Cette histoire de la « petite femme complaisante » ne plaît pas à maman. « C'est insolent » selon elle, c'est-à-dire pas convenable.

Sara a pris son envol. Elle vient de passer en classe de quatrième à presque seize ans. Malgré son intelligence, reconnue par les enseignants, son retard s'est aggravé quand elle a dû abandonner l'école pour travailler dans une famille qui ne payait jamais de salaire. Aujourd'hui, ces abuseurs passeraient devant un tribunal et seraient condamnés pour esclavage. Un jour, ma sœur a abandonné son travail de misère, est revenue s'asseoir dans la classe, comme si elle ne s'était jamais absentée. La sévère Mlle Gerbith, la directrice du primaire, a fermé les yeux, et l'a préparée personnellement au certificat d'études primaires. Reçue brillamment, ma grande sœur est propulsée au collège, directement en classe de quatrième, et perd pied très vite. Ses camarades apprennent l'anglais depuis deux ans. Elle, elle a raté l'apprentissage des bases élémentaires de la langue de Shakespeare alors que le français lui-même n'est pas encore assimilé. Réaliste, la mort dans l'âme, elle quitte l'école définitivement pour apprendre un métier. Au programme, deux ans de préparation pour devenir aide-soignante et se consacrer à son rêve : s'occuper d'enfants malades.

Consciencieuse, le dernier jour, avant de quitter le giron familial, l'aînée de la famille règle quelques problèmes urgents. Premier devoir : s'occuper de mes cheveux beaucoup trop longs à son goût. Munie de ciseaux à moitié rouillés, Sara entreprend une coupe radicale, modèle... années vingt, à la garçonne. Elle taille, rectifie parce que c'est « trop long d'un côté », s'acharne tant sur ma longue tignasse que la tresse finit par tomber et je hurle à l'assassin. À la fin, je me retrouve avec « un chemin de rat sur la tête », constate, effrayée, Mme Honoré, la voisine venue réparer les dégâts.

Nano, le gourmand nu

Mme Honoré est une bonne âme, avec un gros ventre permanent. Chaque fois, elle annonce l'arrivée d'un nouvel enfant comme si elle venait de recevoir un colis par la poste : une formalité. Elle a déjà une troupe de Jean ceci et Marie cela, continue courageusement à élever ses seize marmailles et répète les yeux levés au ciel, les mains sur la tête : « Bon Dieu l'a donne à moins ! » (Dieu me les a donnés.) Plus fataliste qu'elle... Pauvre Mme Honoré. Une femme-épave ravagée par les naissances en série et une pauvreté mordante. Un jour de Noël bien arrosé, dans une crise de grande jalousie, son mari l'accuse de le tromper. Costaud comme un bœuf, sous un soleil de plomb, il la jette par terre, soulève sa robe, descend sa culotte et devant le voisinage accouru par les cris, remplit le sexe de sa femme de piment confit. Une terrible torture. Même en petite portion, notre piment arrache la bouche. La malheureuse prend une course de sorcière vers la ravine, se roule dans la poussière, implore le ciel. Malgré son supplice, à la nuit tombée, elle revient, en boitant, voir ses enfants. L'un d'eux, toujours nu, les cheveux totalement blancs, est toujours sale comme un cochon, avec une fontaine qui ruisselle sous son nez. Quand, certains jours, il sent l'odeur d'un rougail saucisses passer en direct de notre tôle noircie, il grimpe les deux pierres énormes qui servent de borne entre sa case et la nôtre. Il nous fixe du regard pendant le repas. À chaque fois, l'un de nous tente de le décourager :

— Nano, pars ! Va-t'en Nano ! On n'a pas assez pour nous, on a trop faim, allez, ouste, du balai, va voir ta maman, on n'a rien pour toi !

Mais le petit garçon, hypnotisé devant nos boules de riz chaud, reste figé comme devant un prodigieux événement, jusqu'à ce qu'il nous entende avec désespoir racler les dernières miettes de nos assiettes vides. Tout le monde répète en chœur, et sans pitié : « Nano est gourmand ! »

Il n'est pas gourmand. Il crève de faim, comme nous tous. « Je veux manger », articule-t-il en ouvrant de grands yeux de poupée en celluloïd, un doigt dans la bouche, comme pour s'excuser.

Pauvre petit Nano. Comme beaucoup d'enfants et d'adultes, trouver quelque chose à manger dépasse toute autre ambition. Offrir quelque chose à manger est le plus beau cadeau qu'un voisin puisse vous faire. Mais on ne demande pas avec des mots. On le fait avec les yeux ou par simple allusion. Quémander comme un clochard, c'est dégradant, il vaut mieux dire :

— Ah, y sent que zot lé pas faye jordu (on sent que vous êtes joyeux aujourd'hui).

Bien sûr, c'est un prêté pour un rendu comme dit ironiquement maman. Gare à celui ou celle qui oubliera de partager à son tour « quand Bon Dieu va pisse su sa tête », c'est-à-dire un jour de chance. Et rendre la politesse se fait « avec des manières ». Pauvres, oui, mais pas « mal tournés » – mal élevés – et surtout, en toutes occasions, prouver qu'on a un cœur grand et doux comme un « jacques mur »*.

Par exemple, depuis quelques temps, à la fin de l'après-midi, à l'école, la maîtresse distribue à chacune trois petits Lu craquants, délicieux. Quand Mme Défaut veut distinguer une petite fille qui a bien travaillé, ou montré du zèle, un quatrième biscuit doré atterrit dans la main de l'élue. C'était mon cas il n'y a pas longtemps. Depuis, je guette l'instant magique, ce moment auquel j'ai pensé toute la journée, quand le grincement du couvercle en fer-blanc puis le froissement du papier annoncent la distribution du goûter. Silence de mort dans la classe. Celle qui oserait grignoter avant de sortir dans la cour se ferait massacrer par notre redoutable institutrice.

— Les enfants n'oubliez pas. Soyez reconnaissants. Qui a offert les biscuits ? Qui faut-il remercier ?

— La Fraaaannnce, madame.

— Qui ? Je n'ai pas entendu...

Comme si elle était sourde, elle tourne la tête, place une main derrière l'oreille gauche.

— La Fraaaannnce, notre Mère Patrie, madame !

Presque chacune garde un petit Lu pour un petit frère, une petite sœur. Mais, souvent, cette bonne intention ne résiste pas longtemps au chemin du retour. En rentrant chez nous, petit morceau après petit morceau, il ne reste plus rien du biscuit précieusement gardé pour offrir. Chaque soir, mes bonnes résolutions sont vaincues. De plus, Estelle et moi nous avons tout le temps de céder à la tentation, car nous mettons des heures à rentrer. Parfois même la nuit nous surprend. Après la classe, le temps passe vite à chercher des « ptits cocos » le long du chemin. Ces toutes petites graines de cocotiers, vertes à l'extérieur, orange à l'intérieur sont un peu âcres. Il n'y a pas grand-chose à croquer, mais ça coupe la faim.

Toutes les deux, nous faisons aussi la course pour trouver, mêlés aux graviers, des lanières collantes qui ressemblent à du plastique rose. Il suffit de les débarrasser des saletés qui se sont accrochées et voilà, Estelle et moi, nous nous délectons de ce goût nouveau, le goût des chewing-gums, déjà mâchés et jetés par terre. Certains morceaux sont encore sucrés et de toute façon, ce qui nous intéresse le plus, c'est juste mâcher à notre tour, et souffler dedans pour faire des ballons qui éclatent avec un bruit sec. L'endroit où on en trouve le plus c'est dans le tournant, près du garage Bichey. Avoir dégoût de mettre ces chewing-gums dans la bouche, penser qu'ils puissent nous rendre malades, ne nous effleure pas l'esprit.

Marie-Claire et les gendarmes

À la maison, de temps à autre, pour faire la soudure entre ce que Tati et Farouk nous rapportent, reste le système D. Le système D fonctionne comme une caisse à double tiroir. Une voisine nous prête une pinte de riz, deux oignons, voire un peu de cari* ou si elle aussi est en dèche, il ne nous reste plus qu'à chiper chez l'épicier chinois, à condition d'avoir la patience de déjouer sa méfiance et sa pingrerie. Une simple boîte de sardines un dimanche matin vaut à maman un tour dans la Jeep des gendarmes du Tampon. Ils se sont déplacés à deux pour embarquer la voleuse et l'emmener à la gendarmerie pour interrogatoire. Incroyable ? Vrai pourtant. Vrai mais pas si efficace, car il a bien fallu recommencer, très vite, s'occuper de ce coupon de toile verte parcourue de grands dessins dorés et roses que maman a « pris ». On dit « prendre » et pas « voler ». Ce soir-là, quand « la Loi » arrive, après le premier claquement de portière, nous comprenons sans tarder qu'il faut se débarrasser de l'objet du délit et hop, les cinq mètres de toile enroulée se retrouvent de l'autre côté du mur, chez les voisins qui n'ont le temps de rien voir car il fait déjà très sombre. Les deux militaires nous menacent en se courbant au-dessus de nos têtes :

— Rendez tout de suite ce que vous avez volé ou on vous met les « bracelets » ! hurle celui que nous appelons « le gendarme noir », que nous connaissons assez bien.

— Quels bracelets ? répond maman comme si elle était à la cour de Louis XIV.

— Les menottes. Ça fait un moment que vous méritez de les porter, vous avez besoin d'un petit séjour rue du Four à chaux à Saint-Pierre[1], assure l'un.

1. L'adresse célèbre d'une terrible prison.

— Et on va s'occuper de vos enfants, leur place, c'est l'Apeca... répond l'autre.

L'homme en short kaki et képi haut comme un pot de fleurs n'a pas l'air de plaisanter. L'Apeca ! Ce mot terrorise ceux qu'on appelle « z'enfants perdus » – les voyous. L'Apeca est une institution de redressement isolée dans les landes froides de la Plaine des Cafres, en montant vers le volcan. Un endroit synonyme de passerelle vers le malheur, le plus droit chemin vers la « maison des condamnés » – la prison.

Mais Marie-Claire Séry ne se laisse pas du tout terroriser. Elle regarde droit dans les yeux les deux visiteurs qui portent, sur leurs épaulettes dorées, les mots « Gendarmerie Nationale ». Elle leur fait face et répond du tac au tac :

— Vous n'avez pas honte de venir mettre le désordre chez nous ? Vous êtes aux ordres de qui ? Ils vous ont bien graissé la patte* pour nous menacer comme ça ? Fichez le camp d'ici ! Allez, partez !

Les gendarmes fouillent tout de fond en comble, mais leur besogne est rapide, vu l'état de notre mobilier. Heureusement, ils n'ont pas l'idée de nous sonder, nous les enfants. J'aurais certainement craqué si on m'avait dit que maman irait en prison. J'aurais raconté n'importe quoi pour la sauver... Maintenant, il fait nuit noire. Les deux cerbères en short et képi ridicules repartent bredouilles. Ils ont perdu au jeu, et désormais, nous méritons la pièce de tissu. La marchandise sera revendue bout par bout à Mme Dijoux, la couturière, bien contente de faire une affaire. Ce petit commerce frauduleux nous arrange bien : un précieux financement pour quelques repas. Cependant, au fond de soi, chacun sait que ce n'est pas bien de vivre ainsi. Un jour, c'est promis, cette gymnastique ennuyeuse s'arrêtera. Il faut qu'elle s'arrête. Comment être heureux à ce rythme ? Un cirque épuisant et désastreux pour l'estime de nous-mêmes. Je le ressens profondément. En attendant, voler pour manger, est-ce vraiment un crime ?

À la première occasion, d'ailleurs, dès que ma copine Annick Tang Chee Fong est appelée au tableau, je ne résiste pas à la tentation de plonger ma main dans son cartable posé sur notre banc en bois. Hier, elle m'a bien mortifiée. En rentrant de l'école, elle a sorti un grand pain farci de tranches de papaye confite. Puis, elle a hâté le pas. Quand je suis arrivée à hauteur de la boutique de ses parents, Annick était déjà dehors, devant la porte avec, à la main, une petite bouteille arrondie et une paille à la bouche. Elle m'a regardée passer, sans un signe, sans un mot, rayonnante de contentement. Ma camarade dégustait un Orangina. Je n'en ai jamais eu un pour moi toute seule. Mais grâce à Farouk, je connais le goût de cette boisson arrivée depuis peu de temps ici. Ma copine de classe me donne des crampes à l'estomac. Alors, ce matin, je n'ai aucun scrupule à faire basculer sa merveille à la papaye jusque sous ma robe, puis je la glisse entre mes jambes, tout en regardant vers la maîtresse qui a appelé Annick au tableau, pour chanter « Ma petite est comme l'eau ». J'entonne, comme tout le monde, le refrain de Guy Béart. Dans un instant, avant l'heure de la récréation, je demande à sortir pour aller aux toilettes, en déambulant avec précaution pour ne pas laisser tomber le pain coincé entre mes cuisses. Dehors, à une vitesse phénoménale, j'engloutis le sandwich sucré. Annick ne tarde pas à découvrir que je lui ai subtilisé son goûter. Mais en a-t-elle la preuve ? La maîtresse a beau examiner mes affaires : pas de trace de papaye confite.

8.

L'École : ma bouée de sauvetage

« Coup pié ziment tié pas z'étalon[1] »

Vous irez au bal à Versailles

— Levez le doigt, ceux qui ont l'équerre, le compas, la gomme, les cahiers et leurs capuchons rouge et bleu, les...

Je regarde les mouches voler, comme si je n'avais rien entendu, une tactique comme une autre pour éviter de se sentir visée par le regard de la maîtresse et garder mon moral d'acier en ce début de rentrée scolaire, à la mi-août. Finalement, nous répondons tous à peu près le même bobard :

— Madame, maman a dit que j'aurais les cahiers bientôt.

— Ma grand-mère doit vendre un coq et après, elle achète mon fourbi.

1. Tout ce qui ne me tue pas me rend plus fort.

— Papa a dit après la saison de la canne on aura de l'argent.

Cela fait plus de trois ans que je vais à l'école, ma nouvelle vie. Je sais lire, compter, aider maman et Farouk à déchiffrer les lettres. Nous n'avons jamais vu la couleur d'un journal, nous ne possédons pas de radio. La photo, dans un livre de « lecture expliquée » montrant un meuble avec des images qui bougent, ressemble à un mystère. La télévision n'a pas encore franchi les océans pour s'immiscer dans nos imaginations, peupler nos innocences. Notre monde est défini mais intense : quelques chemins, des champs de cannes, les oiseaux, le vent, la pluie qui fait gonfler les ravines en un clin d'œil, le ciel immense et maintenant, l'école et sa discipline.

L'école me plaît beaucoup, j'avale les nouveautés – poésie, géographie, mots, contes et fables – comme une assoiffée. « Mémona, rigolait déjà Mme Défaut – celle qui m'a appris la Marseillaise – est comme une éponge sèche jetée dans l'eau. »

Dans la classe, quarante-deux garçons et filles, en exemplaires uniques : visages européens, chinois, africains, mélanésiens, indiens et toutes les nuances possibles du métissage. L'ONU à la sauce réunionnaise. Madame répète sa question.

Elle fait son devoir, mais elle a l'habitude des réponses gênées, évasives, à peine murmurées. Elle ne peut pas mettre dehors tous ceux qui arrivent non seulement le ventre creux le matin mais aussi les mains complètement vides. En ce qui me concerne, je sais où j'en suis. Nous ne possédons rien, à part l'air que nous respirons et une bonne santé. Pas la peine d'inventer des mensonges. Je suis habituée à jongler. Il me manque en permanence le matériel de base pour apprendre à lire, écrire, dessiner – dessiner ! quel luxe, quelle perte de temps –, étudier les matières inscrites au programme.

Quand je réussis l'exploit d'apporter un cahier, je trouve que la maîtresse exagère.

— Mémona, tu dois sauter une ligne pour que ça soit plus lisible !

Elle veut aussi agrémenter les devoirs de frises coloriées de chaque côté des paragraphes d'écriture. Elle ne se rend vraiment pas compte du sacrifice. Un cahier, c'est un investissement, un choix difficile : il a fallu se priver de café à la maison. Pour ceux qui ont un minimum d'entrées régulières d'argent, cela paraît simple, anodin, programmable. Pour les autres, acheter un cahier suppose une mise de fond impossible à improviser. Inutile de dire que consacrer du papier propre vierge à du brouillon correspond à un vrai sacrilège. J'essaie même d'écrire petit alors que ma tendance naturelle me rattrape : dès que je suis moins concentrée, je commence aussitôt à m'étaler, si bien qu'une même page de devoir oscille entre le « maigre » et le « gras ».

— Ménage, ma fille, ménage ! m'a prévenue maman, c'est-à-dire économise le papier.

Mais il suffit d'une tache d'encre !

L'institutrice ne semble pas comprendre à quel point je dois éviter tout gaspillage. Je ne me vois pas rentrer chez nous et réclamer encore un cahier à maman, elle va croire que je les mange ou que je les échange contre des bonbons. Ça me tracasse de voir l'espace disponible pour les leçons se réduire à vue d'œil. De plus les cahiers à ressorts sont très chers, et donc plus rares entre mes mains. Les autres sont plus fragiles et leurs pages, retenues par un simple fil au milieu, se détachent au moindre aléa. Je suis allée demander à la mairie si une aide était prévue pour les élèves sans moyens qui rêvent néanmoins de voler, un jour, de leurs propres ailes. Mais, Zozor, l'employé municipal, m'a regardée comme si j'étais un moustique :

— Ah, vous les enfants de Cassim, déjà qu'il faut vous nourrir tout le temps ! Si en plus, il faut vous trouver de l'argent pour l'école, on n'est pas sorti d'affaire. Tout le monde n'est pas obligé d'avoir ses deux bacs !

Et pourquoi pas ? Qui a dit que les enfants pauvres n'iront pas à l'école ? Qui en a le plus besoin ? Eux ou les rejetons de sucriers* ? Les réflexions de l'illettré qui se croit tout permis parce qu'il a un boulot à la mairie ne passent pas comme ça. C'est une agression contre mon espérance. S'il croit que j'ai peur d'aller chiper un cahier, un livre, un stylo pour pouvoir continuer à suivre le programme du cours moyen première année, il se trompe. J'ai bien retenu ce que nous a dit Mlle Dambelle : « Si tu donnes un poisson à un homme,... si tu lui apprends à pêcher... » Je ne demande qu'à apprendre à pêcher, et pour moi, réussir à l'école est devenu une obsession. J'y pense même la nuit, quand la bougie rend l'âme, je continue à échafauder des plans démesurés les yeux largement ouverts.

Oui, je rêve que maman se promène en capeline de vétiver tressé, dans un grand jardin peuplé de manguiers, de caféiers avec, en plus, au fond de la cour, un grand poulailler où les coqs chantent à tue-tête. C'est comme ça que les gens des « Trois Mares » voient le bonheur. Je croise les doigts jusqu'à me pincer la peau pour que ces maudits* gendarmes oublient notre adresse. J'ai bientôt neuf ans. Un jour, la réalité changera de couleur. Si tout va bien, dans moins de deux ans je passerai en classe de sixième, peu de filles du voisinage sont arrivées jusque-là, et pourtant, c'est le chemin de la liberté. À la fin de la classe de troisième, je me présenterai au brevet élémentaire, le passeport pour devenir institutrice. LE métier par excellence, celui qui symbolise l'arrivée parmi les « gens bien ». D'ailleurs nous ne disons pas instituteur, institutrice, mais « pied de riz ».

Maman fait son possible pour que j'aille tous les jours à l'école même si je dois arriver dans la classe « mouillée en canard » puisque nous ne possédons pas de parapluie. Quand on réussit à en récupérer un il ne fait jamais de vieux os à cause des vents violents les mois de cyclones. Pas question de rater une seule journée d'instruction sous quelque prétexte que ce soit. L'autre jour, elle était tellement fière, en frappant à la porte de notre classe. Elle m'a fait une surprise et un cadeau superbes, en m'apportant le livre qui me manquait le plus. Dix kilomètres aller-retour vers le centre du Tampon pour l'acheter, dans l'unique librairie, puis elle a marché vers notre école, à l'autre bout des « Trois Mares » ; elle voulait que je dispose immédiatement du précieux ouvrage. Un grand livre rouge avec un titre jaune : *Livre de Calcul au Cours Moyen.* Maman, j'ai tellement eu envie de t'embrasser même si ça ne se fait pas chez nous ce genre de sensiblerie ! Comment as-tu fait ce miracle ? Combien de repas as-tu sacrifiés pour pouvoir me soutenir ?

Le livre de Gilbert

Moi aussi, je mets la main à la pâte pour m'équiper, même s'il faut pactiser avec le diable, quitte à me mortifier quand je suis dans le confessionnal au moment où le père Payet tend l'oreille sur les détails de mes forfaits. Il va finir par me dénoncer à la police. Pour l'instant, je paie mes dettes à la société avec des collections de « Je vous salue Marie... ». Le curé me demande si maman est au courant de ma façon de chaparder à droite, à gauche, comme une version tropicale de Robin des Bois. Je réponds non pour épargner ma pauvre mère. Encore un péché. Un « acte de contrition de plus ». Notre chef de famille me lâche la bride sur le cou parce qu'elle sait bien que je dois me débrouiller, elle s'épargne de fouiller dans mes maigres affaires d'école, un sac souple – confectionné en tissu mendiant* et goni* en guise de cartable, beau mais trempé comme une soupe dès qu'il pleut. Elle ignore donc que je me suis « arrangée » pour les leçons d'histoire. Cela date de la semaine dernière. Je suis assise à côté de Gilbert, celui qui n'apprend jamais rien. Ses parents lui ont pourtant acheté toutes ses fournitures. Mais, à chaque fois que Mlle Dambelle l'appelle au tableau pour réciter un simple petit paragraphe, une broutille de trois lignes que nous avons répétée comme des ânes depuis des jours, tout son visage couvert de taches de rousseur se met à ruisseler, il geint et se tord les mains.

— J'ai pas pu retenir la leçon madame, j'ai eu mal au ventre.

Rire général pendant que la maîtresse tourne dans tous les sens les oreilles du garçon devenu le souffre-douleur parce qu'il est le portrait robot du cancre. Il hurle à l'assassin quand elle lui tape sur les doigts avec sa règle en fer. Il se roule par terre, implore de le laisser fuir chez lui à travers les champs de cannes, derrière la fenêtre. Pourquoi ne pas profiter de l'occasion ? Le cœur battant, mais la conscience tranquille, pendant que mon voisin de pupitre raconte une nouvelle version de son ignorance, alors qu'il est expédié au piquet, j'exécute un mouvement d'adresse qui justifie mon surnom dans la famille : « Momine-main longue. » J'allonge mon bras gauche vers le cartable de Gilbert, tout en riant de lui avec la classe, je pince son « Monge et Guichand » entre les doigts, le soulève et l'évacue prestement vers mon sac en toile. « Le Monge et Guichant ! » Une institution, l'objet de ma convoitise depuis la rentrée. À moi les bonnes notes en histoire ! Jusqu'à présent, il m'a fallu recopier chaque leçon à apprendre, quand quelqu'un veut bien me prêter son ouvrage. C'est long et angoissant de toujours compter sur les autres pour m'acquitter de cette corvée de scribe, pendant que mes camarades vont en récréation.

Mlle Dambelle ne dit jamais : « Ouvrez maintenant votre livre d'histoire » mais : « Mes enfants, page 12 du. .. » et elle cite les noms des deux auteurs, en baissant la voix comme si elle nous invitait tous à faire une génuflexion, sur le ton de « Amen » ! Sa mise en scène accroît l'aura, le mystère autour des événements au programme, elle fait de nous des invités à la Cour de Louis XIV ou des témoins au milieu des soldats des guerres napoléoniennes transis de froid. Une telle invitation ne se refuse pas. Les nobles et les grognards me prennent par la main dans mon imagination, même si le livre offre peu de gravures ou photos. L'institutrice me fait partir dans les délires les plus grandioses, en ajoutant :

— Plus tard, mes enfants, quand vous irez à Versailles, quand vous franchirez le grand portail doré, là où passait le carrosse du roi, vous verrez...

La classe pouffe à l'unisson oubliant la peur des coups de règle sur les doigts. Elle est complètement folle Mlle Dambelle ! Elle a dû boire une bonne dose de « rhum charrette » pour nous promettre de partir un jour pour la France. Et où ? Carrément chez le Roi Soleil ! Comment ? Par quel moyen ? Pour y faire quoi ? Ils nous attendent là-bas, tous ces gens de classe ? Parmi les élèves dont les yeux se mettent à briller, et même à pleurer, avec l'espoir qui donne des frissons sur la peau des bras, il y a moi. J'y crois dur comme fer. Pourquoi pas ? « Il ne faut jamais baisser la tête », répète maman, et même papa, dans de rares moments lucides et affectueux, a martelé : « Tu peux si tu veux Momine. »

Je ne suis pas assez toquée pour aller le crier sur les toits, faire rire de moi si je parle du fabuleux voyage à Versailles aussi loin de chez moi que la distance entre la terre et la lune, mais, l'aventure que nous fait miroiter l'institutrice commence. C'est ici qu'il faut s'inscrire sur la liste et grimper dans le carrosse ? En avant ! Je n'ai vraiment rien à perdre. Je parie que ce rêve démesuré est possible. La plupart d'entre nous, autour de Mlle Dambelle-la magicienne, ne sont jamais allés au delà des quelques chemins alentour. Quand quelqu'un mentionne Saint-Denis, la capitale de notre île – aujourd'hui à une heure de voiture – nous ouvrons les yeux, bouche bée, comme devant un extraterrestre. Mais rien n'empêche de voyager dans la tête.

Pendant ce temps, Gilbert Hoareau, débarrassé – à son insu – de son encombrant livre d'histoire, grimace dans le dos de la vieille femme qui continue à nous parler de voyages, de châteaux, de la neige, d'un pays qui s'appelle la France. Me voilà motivée pour utiliser l'ouvrage dérobé sans états d'âme. Avec ses petites vignettes colorées en mauve, en haut, à gauche, et en bas son résumé en caractères gras, il est resté des années au programme des Cours Moyen Un et Deux. Une fois arrivée en sixième, je l'ai revendu pour acheter un manuel de français. Mais le fameux « Monge et Guichand » volé est resté définitivement gravé dans ma mémoire. Ce sont bien les deux seuls co-auteurs d'un titre scolaire dont je me souvienne, avec le « Lagarde et Michard ». Mais je garde aussi une part de culpabilité : avoir privé un camarade de son outil pour apprendre. Heureusement que tu étais paresseux Gilbert, ça m'a aidée à trouver un prétexte pour soulager ma mauvaise conscience pendant tant d'années ! Bien sûr, tu as dû deviner que c'est moi qui t'ai aidé à trouver de vraies raisons de ne pas savoir tes leçons. Mais tu ne m'as jamais posé de questions. Merci !

J'aurais bien aimé continuer à me balancer aux promesses de Mlle Dambelle, à Versailles ou n'importe où. Mais en pleine année scolaire, au mois d'octobre, une nouvelle effrayante tombe un soir comme un couperet : il faut encore déménager. Malgré le labeur épuisant de Tati et la contribution de Farouk, maman n'arrive toujours pas à joindre les deux bouts... Même cause, même conséquence : loyer non payé, expulsion. On recommence. Cette fois, la tante Julie réussi à persuader un petit planteur de géraniums de nous louer une minuscule case au Bras de Pontho, très loin, dans un endroit totalement isolé.

Radiation : un mot qui tue

Il faut donc trouver une nouvelle école. Pendant que maman prépare seule notre paquetage – Sara est recluse dans son lieu de formation professionnelle et n'a aucun moyen de venir à notre secours – je vais chercher, la mort dans l'âme, un papier pour m'inscrire ailleurs, chez la directrice Mme Gonthier. Une démarche administrative indispensable. En lisant le formulaire, mes larmes jaillissent. Je suis anéantie : « École primaire des Trois Mares, certificat de radiation. »

C'est la première fois que je vois ce mot : radiation. Un mot qui sonne comme un acte d'exécution. On sait ce qu'est une guillotine, chez nous. L'autre jour encore un condamné est passé dessous. Chlac ! Un grand déchirement avec du sang partout. Radiation, un mot bureaucratique, cruel, en tête d'un papier. Il signe mon départ de l'école qui me servait de refuge.

Mais, quelque chose me dit : « Ne lâche pas, continue. Si tu lâches, tu meurs. Souviens-toi de ton frère Hamza. » Je ne veux pas mourir. Je regarde devant, je continue.

Pour l'instant la réalité n'est pas rose. Je suis en CM1, j'ai déjà changé d'école deux fois. Une troisième fois s'annonce. Pour me retrouver où ? Avec qui ? Mais je n'ai pas le choix. Avec ou sans cette merveilleuse Mlle Dambelle, je vais continuer ma route si je veux aller... où ? À Versailles ? Comme c'est loin tout à coup Versailles, c'est loin la France ! Tout est loin. J'ai le moral en berne.

Ni le temps de dire au revoir à Nano toujours en quête de nourriture sur le chemin de poussière, ni à sa maman qui m'a sauvé du ridicule en rectifiant le « chemin de rat » dans mes cheveux, ni l'envie de regarder derrière nous une dernière fois. Une impression bizarre. Adieu mon enfance.

Chargée à mort, la petite camionnette que les patrons de Tati ont généreusement mise à notre disposition démarre avec peine, cahotant sur les roches, crachant la fumée, chargée de toute notre richesse. Difficile de décrocher mon regard des yeux bleus si tristes de maman. Assise à côté du chauffeur, avec des paquets béants sur les genoux, elle ne parvient pas à cacher sa tête d'enterrement. Pour la rejoindre, Tati, Farouk et moi, nous sautons dans le car « courant d'air » rouge qui passe « par les Plaines ». Il nous dépose à six bons kilomètres de notre nouveau logis, notre cinquième logis, depuis que je suis sur terre. Six kilomètres, presque deux fois plus qu'avant, c'est la distance que je devrai désormais parcourir matin et soir pour aller à l'école.

Au bout du chemin caillouteux de la forêt d'Adèle, avec ses immenses nattes légendaires, voici notre case, accrochée au flanc d'une mince bande de terre, cachée par une belle végétation. Deux pièces collées à un mur en béton sans peinture qui suinte à cause du temps pluvieux. La marche pour y accéder est si haute que je dois presque m'accrocher à elle en grimpant. Pour redescendre, je prends de l'élan en faisant bien attention de ne pas m'étendre sur le limon vert et luisant. À côté de ce baraquement qui semble être fait pour des animaux, une minuscule maisonnette, la cuisine, et les toilettes... n'en parlons pas : même modèle que la précédente adresse.

Dans ce qui nous sert de cuisine-salle-à-manger-salon, on peut faire un grand feu sur le trépied en fonte. Le sol est en terre battue, le toit en paille. J'ai la frousse de voir tomber dans mon assiette de bouillon de brèdes* une chenille velue comme celle qui a fait bondir Tati d'effroi et de dégoût.

Mais autour du misérable logis, quelle merveille ! Des acacias en fleurs avec vue sur la mer – de haut –, la mer, c'est la toute première fois que je la contemple, elle est toute bleue ! Lorsqu'on tourne la tête vers la droite, une muraille gigantesque, verte et mauve, différente si le soleil se lève ou disparaît : « Ce sont les montagnes du Cirque de Cilaos », dit maman avec fierté, comme pour se donner du courage. Elle n'y a jamais mis les pieds. Nos seuls voisins sont à des centaines de mètres. Tati prétend que nous ressemblons à Robinson Crusoé. Le hameau compte deux belles maisons, deux anciennes habitations, l'expression qui désigne une plantation, un peu comme en Louisiane, à une différence près – et de taille – à cette altitude, ce sont les petits Blancs, pas les descendants d'esclaves qui composent le personnel de service. L'une de ces maisons d'autrefois se distingue par son élégance, la grâce d'un auvent tellement ouvragé qu'il ressemble à une dentelle étalée sur une varangue* vaste comme un salon. Le maître des lieux, Anaclée Hoareau, est un vieil oncle de maman, frère de son père.

Même visage austère, même port de tête, avec une touche aristocratique. Les gènes De Kerveguen ont franchi les générations. Quand oncle Anaclée nous aperçoit mes frères et moi, il nous observe au-dessus de ses lunettes posées sur le nez, les lèvres pincées, il prend appui sur sa canne, boucle le portail, ferme ses portes, comme si nous avions une maladie contagieuse. Et sa fille, « La vieille Rose », celle qui porte des poils au menton, quand elle me voit pour la première fois, me dévisage et me frôle à peine quand je lui tends la joue. Elle s'exclame :

— Mais, lé jolie z'enfants d'Claire !

Quelle découverte ! Eh oui, Tantine Rose, les « enfants bâtards z'arabes », comme elle le répète à voix basse, ont un nez, deux bras ; ils marchent. Ils ont l'air normaux ! En plus, ils vont grandir ! Donnez-leur du temps. Dommage que votre horizon se concentre sur le passé. Nous, c'est plutôt demain, l'avenir qui nous donne l'envie de vivre et par moments, ces regards effrontés. Nous répétons sans cesse « un jour », « un jour » pour dire « plus tard ». Chacun d'entre nous, à sa façon, a bien l'intention de ne pas moisir ici, dans ce trou perdu, parmi les « créoles des bois » comme disent avec moquerie les gens du Tampon.

L'oncle Anaclée et la tantine Rose avec leurs petits yeux bleus qui ressemblent à des boutonnières ne nous ont jamais invités, ni maman, ni encore moins sa marmaille. Ils ne nous aiment pas, par principe, parce que nous sommes pauvres peut-être, mais plus sûrement parce que Marie-Claire nous a enfantés hors mariage avec un Indien qu'ils méprisent. C'est notre ADN, notre carte de visite estampillée non conforme qui nous colle à la peau. Il n'y a rien à faire. Peu à peu, je les trouve fatigants. Ils radotent, ces gens-là. Le temps passe, ils n'oublient rien, ils ne nous acceptent pas dans leur clan. C'est entendu, fichez-nous la paix. De toute façon, nous avons assez d'orgueil pour ne pas leur laisser le plaisir de croire qu'ils nous blessent. Au contraire, leur suffisance de « petits Blancs » pingres, égoïstes et bornés est un aiguillon qui fortifie la rage de nous venger. Un jour. Et pour commencer, bientôt, ils vont apprendre par ma cousine Marlène que je ne perds pas mon temps à l'école.

— Marlène, tu n'es vraiment pas une lumière, réfléchis un peu voyons !

Mme Lauret, l'enseignante de CM1 où je viens de m'inscrire au lieu dit « quatorzième kilomètre », ne cache pas son mépris à l'égard de Marlène, fille d'une sœur de maman, tante Simone. Elle est redoublante et aussi ignare que l'an dernier. Depuis mon arrivée dans la classe, l'institutrice prend un malin plaisir à nous comparer à haute voix, pensant peut-être stimuler ma cousine. Résultat, un beau dégât. Marlène me déteste, se moque de mes pieds nus et raconte en détails nos tribulations familiales à tous les élèves. Inutile de dire que je me venge de son manque de solidarité. Elle me donne envie de la tuer. Coups de pieds, coups de poings, je suis une sauvage. Elle a de la chance que je n'aie pas le sabre à cannes de papa. Elle a cherché à m'humilier, je ne la lâche plus.

Je n'hésite pas à la démolir avec cruauté, la surnomme à haute voix le « rat blanc », pour dénigrer sa peau laiteuse, ses cheveux rouges et sa bouche mince comme un fil, la ridiculise quand elle pleure en couinant. Elle nous traite, ma famille et moi, de « z'arabes voleurs d'poules ». Pas de cadeau à lui faire, elle symbolise trop cette famille Séry qui nous prend pour des sous-êtres. Marlène, ses frères, ses sœurs, comme les autres cousins, cousines sont souvent invités à la table de grand-père. Elle s'en vante en racontant les agapes. Marlène paye pour eux. Dès qu'elle m'égratigne, je réagis sans nuance. Dans la cour de récréation, dans les parties de balle au prisonnier, elle est mon unique ennemie. Objectif : la « toucher » avec le ballon pour qu'elle soit exclue du jeu et au passage, je tire bien fort sur ses cheveux, en lui souriant.

« Mais ma meilleure arme pour lui damer le pion reste la compétition scolaire. Bonnes notes, bonnes appréciations sur mon travail, bien qu'« élève bavarde », bon classement : je la bats à plates coutures. Quand, par hasard maman en trouve l'occasion, elle n'hésite pas à répandre ces bonnes nouvelles pour que sa famille prenne bien note d'une évidence : nous ne sommes pas condamnés, nous les enfants de Marie-Claire, à un *statu quo* privé d'évolution. « La roue tourne », dit maman en les narguant. Elle est fière de mes résultats, elle veut que cela se sache.

Le passage dans la classe supérieure se fait sans problème. Une belle récompense pour mon arrivée pénible, incertaine en cours d'année et pour mes douze kilomètres quotidiens sans même une simple paire de savates en plastique. C'est aussi un joli pied de nez à la faim qui s'obstine à me torturer encore, et un petit signe sans rancune à la pluie qui me trempe plus souvent car les hauteurs où nous habitons sont plus fréquemment arrosées.

En dehors de l'école, j'ai de quoi bien remplir mes journées. J'ai succédé à mes frères dans deux occupations : chercher du bois pour cuisiner et apporter l'eau. Notre cochon noir, Dédé, nous suit partout. Le jour venu, il sera vendu pour financer ma robe de première communiante à l'église du Pont d'Yves. L'ami sacrifié à la boucherie sans état d'âme ! Doudou, ma petite sœur, a maintenant près de cinq ans. Elle m'aide à trouver des branches mortes, des chicots de géranium après la saison de distillation de l'essence qui servent de bois de combustion ou, même, de gros morceaux de bois traînés par les trombes d'eau des cyclones. La corvée quotidienne exige de nous déplacer loin de chez nous.

Deux petites filles seules, dans des paysages grandioses mais totalement isolés, sans que notre mère sache exactement dans quelle direction notre inspiration a guidé nos pas à la recherche d'un fagot. Sur le chemin, framboises des bois au parfum sublime, goyaves rouges et bibasses* charnues, miel vert* nous enchantent, sans parler des fleurs sauvages. Le paradis terrestre. Il nous arrive aussi d'avancer la peur au ventre en prenant soudain conscience du danger de gambader dans les ravines ou quand le jour s'achève. Chez nous, certains mois d'hiver surtout, la nuit noire tombe d'un coup, sans le préalable du crépuscule. Au fond d'un cratère, bordé de lave pétrifiée, rempli à ras bord de scories rouges qui crissent sous les pas, aucun risque de rencontrer un loup comme le petit chaperon rouge, mais si la mauvaise fée « Grand-Mère Kal » avait l'idée de nous surprendre, nous serions prises au piège. Retenant notre respiration, combien de fois, Doudou et moi, nous sommes-nous parlé par gestes. Pas de bruit, pour ne pas réveiller les esprits.

Mais les jours d'école, impossible de s'aventurer aussi loin et pourtant il faut trouver de quoi faire du feu. Pas d'hésitation, un soir, quand nous décidons de détacher des pièces d'un enclos – là où le paysan attache ses bœufs – et de les tirer sur des kilomètres. Sans être débité à la hache – nous n'en avons pas – le tronc d'arbre a brûlé pour faire bouillir plusieurs marmites de chouchou, une cuisson longue qui nécessite de bons moyens de chauffage. Quand le paysan vient récupérer son bien, il a un tas de cendres sous les yeux.

Chercher l'eau est aussi compliqué et ressemble à une loterie. Pendant les mois de sécheresse, de juin à octobre, l'eau est si rare, réellement précieuse, presque aussi difficile à trouver que la nourriture. Je ne comprends pas pourquoi, mais c'est en pleine nuit que la commune fait ravitailler la grosse citerne, l'unique source d'approvisionnement pour tout un ensemble de villages dispersés. Personne n'attend que le soleil se lève : tout le monde est dehors, piétine jusqu'à la livraison à deux, trois heures du matin, chacun faisant la queue avec deux seaux, un arrosoir, n'importe quel récipient. On remplit tout ce qu'on peut, multipliant les allers-retours, puisque personne n'a de voiture. Une nuit, tombant de sommeil, je marche à côté de maman, sur un sentier escarpé, semé d'embûches. Il fait froid et le vent souffle. Soudain, je distingue une forme stupéfiante, vibrante qui danse en s'avançant dans les hautes herbes :

— Maman, le diable !

Je hurle de terreur, je tremble de tout mon corps, je trébuche. Quelle horreur ! Ma main lâche le seau. Il se renverse.

— Mon enfant, mais non, il n'y a pas de diable. C'est la brise qui fait bouger les pieds de benjoins. Il ne faut pas avoir peur. Le diable n'existe pas.

Cette nuit-là, maman m'épargne le supplice du retour vers la citerne. J'en serais incapable. Je n'ai plus de jambes. Elle me prépare une tisane avec du sel :

— C'est contre le saisissement.

Je me rendors. Demain matin, elle me réveillera pour aller à l'école. Elle se lèvera bien avant moi, le temps d'allumer un feu. Quand il fait humide, obtenir une étincelle pour que le « bois prenne » est un travail de patience qui tient du miracle, le premier événement du jour suivi de la préparation dans la grègue* en ferblanc d'une goutte de café fort dilué dans un verre d'eau. C'est mon petit déjeuner. Certains jours, j'ai la chance de manger une chouchou bouillie, et luxe suprême, de temps en temps, une songe* cuite. J'emporterai à l'école une gamelle avec du riz mélangé à des tomates parsemées de piments confits. Ce sera mon déjeuner, sans frais de cantine. Je ne perds rien car l'odeur qui flotte autour de la cuisine de l'école me fait vomir. À la mi-journée, j'aime me retrouver en liberté, dans un endroit isolé pour être un peu seule, assise sur les marches couvertes de mousse d'un ancien garage automobile. Autour des carcasses de véhicules bosselés mais toujours ornés de chromes brillants, les arbres ont pris possession des lieux, prêts à offrir un dessert succulent : papaye, goyave, mangue sauvages. Pur bio garanti. Gourmandise chèrement payée quand l'écorce dure et piquante d'un ananas vert m'envahit d'aphtes paralysants.

Les subjonctifs de Sonia

Je ne sais pas encore lire l'heure sur les ombres au sol, comme maman, alors, je ne m'attarde pas trop à l'air libre : si je séchais un seul cours, Mme Prugnières n'hésiterait pas à me trahir lors de la visite que lui rend maman chaque mois. C'est devenu une habitude bien installée, Marie-Claire vient se renseigner directement à l'école, s'assurer que je travaille avec ardeur. C'est la dernière ligne droite avant un bond décisif : l'entrée en classe de sixième. Elle n'imagine pas une seconde que je puisse faire partie des cancres obligés de se soumettre à un examen pour franchir cette étape. Mes notes doivent être excellentes et me permettre une admission d'office au collège.

Le mois dernier j'ai trompé sa confiance en raturant le classement mensuel soumis à sa signature. Le carnet de notes représente un rituel, une attente, un espoir. Je lui ai fait croire que j'étais la première de la classe. Elle est allée se vanter auprès de la tante Simone... devant

Marlène. Patatras, ma chère cousine s'est fait une joie de me dénoncer. Démasquée, j'ai dû avouer que j'étais classée... onzième. Falsification du tableau, par honte de mes résultats, par peur de décevoir maman, qui découvrirait que son cheval de course n'est pas à la hauteur des performances espérées. Car toute ma famille croit en mon étoile et parie sur mon avenir. Je n'ai vraiment pas le droit de casser cet espoir.

Peu à peu, grâce à ce soutien, j'acquiers le mental d'un sportif préparé comme pour une lointaine compétition, un athlète dopé par la confiance qu'on place en lui, capital exigeant et indispensable pour croire en soi et avancer. De plus, je bénéficie d'une chance inouïe car je suis entre de très bonnes mains : celles d'une petite femme au chignon serré, avec son bec de lièvre mal recousu et un peu trop fardé, une créature minuscule perchée en permanence sur de hauts talons aiguilles.

Sonia Prugnières est une institutrice à l'ancienne, vrai « hussard noir de la République » qui consacre son existence à une ambition : instruire des générations de petits créoles. Une autorité admirée, respectée, crainte et... soutenue par les parents, pour la plupart analphabètes, mais qui rêvent d'avoir un enfant sachant lire, écrire et s'exprimer correctement. Il ne viendrait à l'esprit de personne de venir lui chercher des poux dans la tête parce qu'elle a réprimandé trop sévèrement un paresseux. C'est la règle du jeu, la base du consensus. Les enfants qui oseraient se plaindre se feraient gronder chez eux avec invariablement les mêmes mots : « Si la maîtresse t'a puni, c'est que tu l'as bien mérité ! » Madame l'institutrice a carte blanche pour nous pousser. Sa feuille de route : rigueur, exigence, récompense. Je ne retrouverai jamais une enseignante aussi convaincue de sa vocation. Son credo tient en quelques mots : École Républicaine, Gratuite, Laïque, Obligatoire. Elle est sans pitié pour les élèves sans ambition, mais dévouée comme une mère à ceux qui espèrent faire de l'école leur bouée de sauvetage. Obligation numéro un : l'apprentissage méthodique de la langue française. Il est hors de question de cultiver le « créolisme » par paresse ou comme refuge. Bien sûr, elle n'invite pas au reniement de soi, à mépriser les « mots-pays », mais, lorsqu'elle nous entend bavarder dans notre patois, sa mise en garde sonne sans réserve :

— Allez à Paris et demandez votre chemin en gros créole de yab*. Je vous donne un merle blanc si on vous comprend !

Mme Prugnières est infatigable. Si la leçon n'est pas apprise, non assimilée correctement, il faudra rester, après la sonnerie, une heure au moins à réviser sous sa surveillance. Elle travaille sans compter ses heures car elle vise des résultats. Les élèves qui s'accrochent, ceux qui montrent de l'enthousiasme sont soumis à un dur régime. Recopier des listes de verbes, adverbes, locutions, expressions, proverbes, citations, exceptions, homonymes, synonymes, tableaux de conjugaison, règles d'accord, tout, vous apprendrez tout ! Chaque semaine interrogation écrite. Elle nous épuise. Mais petit à petit, le français, cette langue parlée, pratiquée, explorée seulement sur les bancs de la classe, devient nôtre. Un jour... ce sera la langue de tous les jours, même en rêve.

Quand quelqu'un se distingue par son travail, la maîtresse lui prête un livre. Un livre de contes se mérite ! Les ouvrages sont rares, l'école ne dispose pas de bibliothèque. Chez nous, un bon livre d'aventures se déguste en famille. Les soirs où je fais la lecture, silence dans la cuisine en paille autour d'un feu de bois. *François le Bossu*, *Les petites filles modèles*, *Mémoires d'un âne* : la comtesse de Ségur nous fait passer des heures de distraction heureuse. Parfois, Tati, les yeux marron brillants, ouvre la bouche, incrédule, ébahi, parce qu'un personnage l'épate, celui qui s'écrie soudain dans une langue inconnue : « Good my dear. » Mes premiers mots d'anglais articulés : « G-od-mi-dé-éare. » Mon frère, hilare, oublie un instant son dur labeur dans les champs et s'exclame :

— G-od-mi-d-éare ? Quel nom de fous !

Mme Prugnières croit en l'effort individuel. Sa boussole. Si elle le pouvait, elle nous inscrirait aux travaux forcés... pour apprendre !

— Apprenez à penser par vous-même. Pourquoi copier ceux qui regardent toujours vers le bas ? Soyez original, contemplez le sommet de la montagne, montrez que vous avez une tête !

Exhortation quotidienne, invitation à se dépasser pour être soi-même, elle veut nous inculquer rien de moins que le goût de la liberté. Sans bourrage de crâne idéologique : elle ne nous a jamais dit pour qui elle votait, ni si elle allait à la messe. Une républicaine respectueuse de l'univers mental des enfants des autres !

Tant de perspectives ouvertes enivrent un peu, rendent dérisoire le quotidien, donnent des ailes, relativisent l'accessoire, même si l'orgueil d'une petite fille de onze ans trouve parfois la potion de l'existence amère, surtout en certaines circonstances, comme l'entrée en sixième qu'elle verrait plutôt habillée de solennité. Ce jour-là, maman me réveille au cri des coqs du voisinage. Le collège est au Tampon. Presque dix kilomètres à l'aller, bien sûr autant le soir – le camion scolaire est aléatoire – et toujours pas de chaussures. La barre est haut. Un jour, je m'achèterai des chaussures en pagaille !

Pour le moment, afin d'éviter des remarques fielleuses de mes nouvelles camarades, en une occasion aussi exceptionnelle, j'invente une raison imparable, noble, qui suscite l'admiration de mes nouveaux condisciples, pour justifier mon accoutrement et mes pieds nus.

Je trouve un motif religieux : pour faire exaucer une neuvaine, j'ai promis à la Vierge de ne pas porter de chaussures ! Je suis fière de mon mensonge. Quand on n'a pas d'argent, il faut avoir des idées !

Pas rancunier après ce mensonge qui m'aide à garder la face, le ciel va venir à mon secours. Courage ! Dans quelques temps, je ne devrais plus faire presque vingt kilomètres par jour pour aller au collège, un rythme insoutenable. Une bonne nouvelle est en route. Depuis quelques temps, en effet, Sara ne nous a pas écrit. Elle a dû se concentrer sur quelque chose d'important.

— Alléluia ! Margose l'est amère, le grain l'est doux, jubile maman, pourtant rarement optimiste.

Elle vient de dire que nous sortons du tunnel. C'est bien la première fois de ma vie que je vois un sourire si lumineux éclairer son beau visage. La raison d'un éclat de bonheur si soudain ? Ma sœur Sara vient de réussir son examen d'aide-soignante, après deux ans de formation. Elle est reçue première dans sa promotion et travaille depuis quelques jours déjà à l'hôpital d'enfants de Saint-Louis. Première au concours ! Quel honneur ! Dans notre si petit pays où tout se sait à la vitesse du son, elle nous comble de joie, rachète notre droit de marcher avec fierté sur le chemin qui va chez l'oncle Anaclée et la cousine Rose. À l'affût, derrière leurs petits rideaux brodés, ils vont apprendre la nouvelle eux aussi. Car Paul Badré, le maire du Tampon en personne, a envoyé le garde champêtre nous annoncer la nouvelle.

Premier salaire de ma sœur, première décision : déménager pour nous rapprocher de l'école. Il ne reste plus que trois kilomètres à faire matin et soir... mocassins roses aux pieds ! La vie est belle !

9.

Le système D à la sauce créole

« Cabri y mange salade, Bon dié y dort[1] »

La kermesse du Père Grondin

Le carrousel en bois, complètement surchargé, virevolte en grinçant avec un bruit d'enfer dans la poussière. Un grand garçon noir, comme nos marmites, torse nu et suant à grosses gouttes dans la chaleur humide pousse à bout de bras l'antique manège sans moteur. Pêle-mêle, enfants et grands-mères grimpent sur le plateau pour un tour dans le vacarme des ségas et des maloyas, sur des airs coquins qui enchantent tout le monde. La kermesse annuelle de l'église du Tampon est un désordre rempli de gaieté. Quand la nuit tombe, s'il y a de belles bagarres avec coups de poings et insultes entre voisins, c'est la réussite totale. Ambiance !

1. En attendant, l'eau coule sous les ponts.

Pour les notables de la ville, c'est l'occasion de se retrouver et de se montrer. Le maire et son conseil municipal au complet, les commerçants, les deux pharmaciens, les trois médecins, le dentiste, la directrice de l'école entourée des enseignants répondent, dans un élan républicain commun, à l'invitation du curé.

La buvette dressée sous un toit de feuilles de palmiers, la fameuse salle verte des grands jours, sert de point de ralliement, autour d'un verre de rhum, des « bonbon patate* » et des rires qui montent au fil des heures. Plus les convives ont un bon « coup d'sec* dans le nez », plus ils sont généreux, moins ils osent être pingres en public.

— Nous sommes tous là dans une bonne intention, a dit le Père Grondin l'autre dimanche du haut de sa chaire : remplir la cagnotte de l'église.

Mais, comme répète souvent maman, « chacun voit midi à sa porte », vieux proverbe pour dire, chacun voit sa cause là où se trouvent ses intérêts. Justement, je ne suis pas là pour m'amuser, et si je ris, c'est pour plaire et endormir l'attention, sans perdre une minute. La kermesse, c'est mon « business », l'occasion en or, guettée de longue date car elle fait gagner pas mal d'argent en une seule journée, à condition de se lever tôt, d'être patient comme un ange face à des acheteurs réticents, et d'être rapide, très rapide, comme dans un jeu de chat et de souris. Le chat, c'est le curé.

Mon outil de travail est vraiment rudimentaire : un plateau de cuisine recouvert d'une petite nappe brodée. Dessus, une marchandise qui existe à profusion. Il suffit de se pencher pour la cueillir. *A priori*, je ressemble à un marchand de sable dans le désert : je vends des fleurs. Pas en bouquets, ce serait trop banal, pas assez élégant. Qui va acheter des orchidées, œillets, roses en boutons alors que tout le monde en fait pousser, que les haies débordent de senteurs sauvages ? Au Tampon, du temps de mon enfance, personne n'aurait imaginé vendre une fleur. Une gerbe s'offre, ne s'échange pas contre de l'argent. J'invente un « marketing » pour dorer la pilule : des fleurs oui, mais coupées court et proposées à l'unité, juste pour la force du symbole, celui du geste de charité.

Vendre ! Un art, un don, un plaisir. Il faut s'adapter à la clientèle, flatter la vanité des notables, surtout lorsqu'ils s'observent entre eux, susciter leur générosité envers l'église... Je prends donc une petite rose, m'approche du pharmacien qui passe pour l'un des plus riches de la ville. Il est flanqué de sa femme, maquillée comme une geisha. Je baisse la tête humblement, comme je l'ai vu sur une peinture près de l'autel dans l'église ; après tout c'est une invitation du curé, j'attache la fleur au revers de la veste du mari et je murmure :

— C'est pour le bien de notre église monsieur. Dieu vous regarde.

Madame, qui passe pour ultra catho, m'observe, attendrie :

— Mais, c'est la fille de Marie-Claire ?

— Oui, madame.

Je chuchote comme une adolescente très bien élevée.

— Quel âge as-tu ?

— Treize ans, madame.

— Tu travailles bien à l'école ?

— Oui, madame, parce que ça fait plaisir à ma maîtresse, à maman et à Notre Seigneur !

— C'est très bien ma grande fille, dit la mégère, en me caressant la joue, tu es une fille sage, et en plus très jolie, je suis sûre que le Seigneur va te bénir !

— Je l'espère, moi aussi madame !

Son mari, le pharmacien bedonnant, me donne quelques sous pour la rose, mais son épouse l'épingle du regard :

— Gaston !!!

Je soupire. Il sort un gros billet de sa poche. C'est vrai, le Seigneur m'a bénie !

Je continue mon boulot. Le gros commerçant, là-bas, est connu pour pincer les fesses des jeunes filles. On dit qu'il a des enfants un peu partout. J'attache un beau gerbera rouge à sa chemise blanche, avec un sourire de séductrice comme dans le *Nous deux*, une revue d'amoureux, qui traîne depuis des siècles sur la table du docteur Fontaine.

— Ah ! Ma p'tite, on se reverra dans deux, trois ans. Pas vrai ? Tu verras ce que je vais te faire ! Tu n'oublieras jamais !

Le gros porc ricane avec son verre de punch à la main, le museau rouge. Ses copains hurlent de rire. Sacré Jeannot ! J'évite, d'un mouvement brusque, qu'il me tape sur le bas du dos. Vieux cochon ! Après tout, on est ici à l'ombre de l'église. Mais il a bien payé.

Ça marche. Cinquante, cent francs CFA la grappe fleurie. Une jolie somme. Dès que le plateau est dégarni, direction la réserve. Le stock se trouve derrière la sacristie. Une femme attend, elle protège les bouquets du soleil et coupe les tiges au fur et à mesure, pour qu'elles ne flétrissent pas à cause de la température. C'est mon associée en quelque sorte. Maman. Elle garde aussi notre trésor qui grossit, tournée après tournée.

Tous ces gens importants croient que leur générosité aboutira dans la poche du Père Grondin. Le gratin social salue mon initiative, n'imagine pas une seconde que je suis ici à mon compte.

S'ils savaient ! Mon zèle est un paravent protégeant la ruse de mon système D, ma débrouillardise nécessite un joli stratagème, disons un minuscule mensonge bien innocent. L'argent récolté à la sueur de mon front va en effet directement au budget... familial, nous permettant de vivre quelques jours. Honnêtement. Je ne sais plus comment l'idée m'en est venue, en tout cas, elle fonctionne bien, avec la contribution de ceux qui ont un grand jardin. Il suffit qu'ils m'autorisent à cueillir des fleurs… au bénéfice de la kermesse. Pour les convaincre de me laisser piller leurs parterres, j'explique mon dévouement, ma reconnaissance à l'église et le tour est joué.

Mais mon œuvre caritative imaginaire n'est pas passée inaperçue. Le curé s'est abstenu d'intervenir, devant tout l'aréopage de la buvette. Après ce splendide dimanche, il m'interpelle sur le chemin du lycée : il veut des comptes. Il ne manque plus qu'il m'oblige à faire un serment pour respecter ma promesse !

— Tu as fait des collectes pour l'église, tu dois les remettre à l'église ! sermonne-t-il, les mains pliées sur son gros ventre.

J'ai bien failli lui dire « Merde » mais je me retiens à temps.

— Oui mon Père. La prochaine fois, c'est à vous personnellement que je remettrai l'argent !

Et j'anticipe :

— Mon Père, c'est très peu d'argent, les gens sont si pingres !

Le représentant de Dieu me dévisage avec méfiance, comme s'il se doutait que j'allais imaginer un plan de sauvetage de mon entreprise familiale. Comment éviter de donner tout le produit de mon labeur à ce prêtre soupçonneux qui me semble assez gras sous son imposante soutane et ses joues rouges ?

— Momine, il faut t'équiper d'une tirelire ni vue, ni connue, réfléchit maman à haute voix, en pensant à une issue de secours.

Si cette belle petite source d'argent se tarit, la vie va redevenir un enfer. Il faudra recommencer à se serrer la ceinture pour acheter un cahier, comme le jour où nous avons croisé les doigts dans l'espoir que la poule ponde un œuf. Nous l'avons aussitôt échangé chez le Chinois Maxime contre du papier à carreaux. Si le curé compte sur moi pour l'enrichir, il attendra longtemps. Je fais confiance à maman qui invente quelque chose tous les jours pour adoucir notre vie. Elle trouvera bien la solution.

Il lui vient une idée efficace et diabolique à la fois. Dorénavant, les dimanches de kermesses, je porterai mon habituelle jupe plissée à carreaux rouges et bleus, mais j'utiliserai la fente, sur le côté droit de mon vêtement, comme moyen d'évacuation rapide et discrète de mes gains. En glissant ma main sur le pli, elle atterrit directement dans la poche de mon short. Le short rouge à poches obliques caché sous une jupe : il suffisait d'y penser ! C'est mon équipement secret muni de la « tirelire ni vue, ni connue », ma caisse noire pour sauver les gros billets, le plus vite possible, dès leur atterrissage sur le plateau. Un jeu d'enfant. Le curé méfiant récupérera les pièces du butin qui disparaît à vue d'œil. Quand il essaie de me surprendre, je joue l'innocente qui ouvre de grands yeux désespérés :

— Je vous avais prévenu, mon Père, les gens sont pingres.

Il ne me croit pas et aimerait bien m'entraîner au confessionnal. S'il se fâche et m'interdit de rôder autour de la salle verte, adieu la dolce vita ! Alors, je tente d'endormir sa vigilance avec les grands arguments :

— Mon Père, les gens se plaignent de la crise de la canne à sucre. Tout le monde économise.

C'est fort ! Peut-être que le curé n'a aucune idée de l'économie, il va gober mon bobard. Mais il ne se laisse pas convaincre. Il se cache, m'observe, ramasse finalement la misérable mise étalée sur le napperon, laissant planer son regard de rapace déçu et fâché sur le plateau vide :

— Marie-Andrée Colette (beurk ! Il est bien le seul à m'appeler par ce chapelet de prénoms ridicules que j'ai choisis lors de mon baptême), tu as fait quoi des billets de cent ?

J'ouvre des yeux ronds d'honnêteté :

— Quels billets de cent, mon père ?

Suis-je un voyou mécréant ? Non. Je travaille. Je refuse d'être exploitée par le curé qui entretient clandestinement une femme et des enfants de lui, selon les mauvaises langues. En outre, il sait que mon père ne possède pas l'usine de cannes à sucre de Pierrefonds. Finies les visites au confessionnal ! Il veut me rouler ? Je le roule pour gagner notre pinte de riz, ne plus compter exclusivement sur mes frères, ou sur Sara qui a déserté pour faire sa vie à Clermont-Ferrand, et ne peut plus financer mon existence.

Dimanche après dimanche, pendant la saison des tombolas, je continue à ratisser villes et campagnes, en bus ou même en taxi, avec l'aide de maman et de ma petite sœur Doudou qui participe au business en ramassant les fleurs. Un petit mensonge de temps en temps sur le bénéficiaire de notre commerce, de longues journées – demain matin, j'irai au lycée à l'heure, comme d'habitude – parfois un peu d'inquiétude quand la pluie menace de ruiner nos plans mais, en fin de compte, nous gagnons de quoi vivre.

Même les gendarmes de Saint-Pierre m'acceptent dans leur fête annuelle avec mon plateau d'œillets. Avec eux je ne raconte pas d'histoire, ils ferment les yeux sur mon travail au noir. Ma rancune à l'égard de leur profession, du temps où ils débarquaient à n'importe quelle heure chez nous, se dissipe tant leur accueil est chaleureux. Ils vont jusqu'à me prendre en photo ! C'est dire si je grimpe à vue d'œil dans le grand monde !

— T'es mignonne, m'assure l'un d'eux, un jour on te trouvera un beau gendarme comme mari !

L'école sous les manguiers

Parallèlement à mon activité de vendeuse saisonnière, j'ouvre... ma propre école dès les premières semaines de vacances. Les enfants, lâchés dans la nature de Noël jusqu'au 3 mars, finissent par taper sur les nerfs de leurs parents, pendant que « leurs têtes rouillent ».

J'ai la solution pour occuper les « z'enfants ravageurs* ». Envoyez-moi toute votre marmaille pour trois francs six sous. Je les installe autour de notre table en tamarin, sur deux grands bancs et en avant les révisions, dictées, calculs, histoire, géographie... J'enseigne toutes les matières, pour tous niveaux. Les pauvres ! « Pas de triage dans mon café* », je donne même des cours... de langue étrangère. Ils sont quand même fiers de s'essayer à la langue de la reine d'Angleterre.

— Hello. How are you ? Good Morning.

Sous le gros manguier, quarante enfants et une prof – pas beaucoup plus vieille qu'eux, en train de massacrer l'anglais, sans aucun complexe ! Notre répertoire est limité et approximatif ? Et alors ? Je les encourage !

— Zis ize vairi goud ! Encore une fois ! Tout le monde ensemble.

À la fin de l'après-midi, je n'ai plus de voix. Pour asseoir mon autorité je manie un grand bâton que mon frère Tati a taillé dans une touffe d'eucalyptus, avec un bout biseauté, bien utile, pour indiquer les chiffres et les lettres tracés sur le morceau de carton qui sert de tableau noir. Il est accroché à une ficelle suspendue à une branche basse de l'arbre qui nous protège du soleil.

— Maîtresse Momine, quand tu seras grande, tu iras en France ?

Ils m'appellent sérieusement maîtresse. J'ai quatorze ans !

« Aller en France ! » LE sujet de toutes les conversations. Les enfants, les parents, les jeunes, les vieux, tout le monde a ces mots à la bouche : « Aller en France. » On les prononce avec délectation, avec l'idée de rentrer au bercail. Personne ne dirait : immigrer. Quelle horreur ! Marie-Jeanne, Josette, Michel et Fetnat – celui-là est né le 14 Juillet, jour de la fête nationale – tous caressent secrètement ce rêve. Enfants de toutes couleurs, nous partageons le même espoir. Un jour, on partira sans tourner le dos à la terre natale, mais on ira voir ce pays de géants : la France. La France, notre Mecque à nous, petits créoles des hauts qui imaginent ce pays comme le plus grand, le plus courageux, le plus merveilleux de la planète.

En attendant ce grand bond, je garde les gosses de tout le voisinage et au-delà pour pas cher. À leur contact, j'apprends les ressorts de l'échange : comment parler à chacun, sur quels rouages fonctionne une communauté, l'art et la manière de vivre ensemble, la façon d'obtenir une concession... À la fin de la saison, au moment de rentrer au lycée, je suis épuisée et fière. Chaque famille verse une misère, mais, avec quarante enfants, j'obtiens une précieuse contribution pour mes fournitures scolaires et celles de ma petite sœur. Il m'en reste même assez pour acheter un sac de riz, du sucre, de l'huile, une jupe, un corsage et... des chaussures. Le bonheur.

Z'enfants naturels

Maman trouve un autre avantage à me voir si occupée : voilà qui m'éloigne des voisines, des filles de mon âge qui se laissent piéger. Ma meilleure copine Guilaine par exemple, et aussi notre camarade Marie-Thérèse. L'une et l'autre sont enceintes. Un enfant à quinze, seize ans à peine ! Un prédateur les a entraînées dans un champ de cannes. Elles n'ont pas dit non. C'est tellement fréquent ici que personne ne leur jette la pierre !

À l'époque de mon adolescence, un enfant sur quatre naît dans ces conditions. « Z'enfants naturels » disent les commères. Avec pour horizon, le nid d'amour d'une case en paille sans eau courante, sans électricité, sans rien, rien que la pauvreté. Au secours ! Aucun risque de déraper en ce qui me concerne. Si cela m'arrivait, je préférerais me suicider. L'histoire ne peut pas toujours se répéter.

Mon garde-fou face à pareille chute n'a rien à voir avec ce qu'on appelle la vertu : notre scénario familial me protège contre les tentations de la séduction masculine. L'exemple de maman m'a vaccinée pour la vie, laissant un gros écriteau dans ma tête : « N'oublie jamais, le mâle, c'est le mal ! » Combien de filles de ma génération séduites par le coupeur de cannes, ont enfanté une deuxième fois avec le distillateur de géranium, puis se sont liées au mari volage qui viole les filles dans les toilettes du jardin. J'ai pourtant échappé de justesse aux griffes d'un instituteur qui n'en était pas à un essai.

J'avais une douzaine d'années. Je n'ai jamais oublié Monsieur K. et sa grimace lubrique. Utilisant son autorité d'enseignant, il m'a demandé de porter un seau d'eau dans une cabane au fond de la cour. Tout à coup, il s'est trouvé derrière mon dos en fermant doucement la porte en tôle avec le loquet avant de se plaquer contre moi le pantalon ouvert. Je me suis mise à hurler en griffant sa gueule. Il m'a lâchée. Sa femme et ses enfants se trouvaient à dix mètres à peine, dans le jardin. Monsieur K. n'a pas réagi.

L'enseignant avait l'habitude. Évidemment. Je suis partie en courant et je n'en ai jamais parlé à personne : la honte m'aurait accablée. Une autre fille de mon entourage, un peu plus âgée, a vécu la même agression commise par le même Monsieur K. Nous avons gardé le silence, pendant plus de trente ans, jusqu'au jour, où, devant une émission de télévision, nous nous sommes regardées, les yeux remplis de larmes. Nous nous sommes confiées.

Un viol n'était pas considéré comme un crime. C'était un droit de cuissage des « vrais mecs ». Certains s'en vantaient. Heureusement, la loi française est aujourd'hui appliquée à la lettre.

Quel cinéma !

La comtesse de Hong Kong, *Paris brûle-t-il*, *Le lauréat*, combien d'autres ? J'ai dû voir toutes les productions à l'affiche, pendant les trois dernières années de lycée.

Mon frère Farouk ne pouvait pas trouver meilleur emploi : projectionniste de l'unique cinéma du Tampon. Trois films chaque soir, jusqu'à deux, trois heures du matin. L'Indien qui exploite la salle, exploite aussi son employé, mon frère qui me laisse donc entrer clandestinement. Cinéma à volonté, films à gogo. Je n'avais jamais vu un grand écran ; émerveillée, je dévore les comédies, les tragédies, les navets, les chefs-d'œuvre.

Les fictions sont précédées de séquences encore plus fascinantes, celles de Pathé-Films. En noir et blanc, le monde en train de se détruire, de se recomposer, de bouger, sous le titre : *Les Actualités cinématographiques*. Scènes d'horreur de la guerre au Vietnam, enfants squelettiques avec des yeux énormes entourés de mouches devant des cabanes misérables en Afrique, villages totalement détruits par un tremblement de terre en Amérique du Sud, femmes creusant à mains nues dans la boue. Images et sons à couper le souffle. Mais qui sont ces femmes, ces hommes, sans peur, qui rapportent de tels événements ? Quelle audace ? Comment font-ils ? J'aimerais faire comme eux ! La nuit, en regardant le plafond en tôle, tout défile à nouveau.

Comment imaginer qu'un jour je les rejoindrai ? Que je ferai des reportages, avec cameraman, preneur de son et monteur ? Que je verrai tant de civils fuyant la guerre en Afrique, dans les Balkans, en Irak, Afghanistan et ailleurs au Moyen-Orient ? Que j'assisterai à l'émergence des mouvements de liberté en Union soviétique, dans toute l'Europe centrale et orientale ? Que j'interviewerai Bernadette Develin, l'héroïne d'Irlande du Nord, oui, elle, ce petit bout de femme en minijupe et bottes blanches, là, sous mes yeux au Ciné Eden, celle qui a lancé trente ans de désobéissance civile ? Plus de trente ans après, je la reconnaîtrai à son incroyable regard bleu pâle, même devenue énorme et amère... dans sa petite ville sans âme. Comment imaginer qu'un jour, ce ne seront pas seulement les images enregistrées qui feront mon quotidien mais les « directs » des endroits les plus isolés, Bagdad, Kaboul, Gaza, ou des lieux de pouvoir, Washington, Londres, Moscou ?

Dans le danger, j'entendrai la voix de ma mère répéter calmement :

— Va où tu veux, meurs où tu dois !

Une certitude qui résonne comme un air de fatalité,

alors qu'elle est fondée sur son acceptation de la prière chrétienne : « Que ta volonté soit faite. »

Plus tard, j'ai compris que mon rêve de devenir journaliste était né d'un choc. Un grand choc chez le Chinois Henry. Ce soir-là, l'épicier a installé dans sa cour, à côté de son commerce, sur une sorte de piédestal, un appareil bizarre, carré, et lumineux. Tous les gens de l'arrondissement* sont au coude à coude. Ceux qui sont arrivés en retard s'agrippent au gros portail en fer forgé. Il y en a même qui sont assis sur le toit de la buvette, légèrement sur le côté. On entend des : « hein ! » qui montent comme des gémissements, des « Seigneur, aidez-nous ! », des femmes pleurent, pendant que d'autres font le signe de la croix. Notre île vit un drame : le car scolaire de Saint-Paul a fini sa course dans la Ravine à Malheur. Douze élèves ont été tués sur le coup. Notre petit pays est en deuil, autour de quelques téléviseurs. L'épicier est seul à posséder un poste, en noir et blanc bien sûr. À seize ans, je viens de voir la télévision pour la première fois de ma vie.

Ce qui se trame « dans » le petit écran renvoie à un paysage familier qui me touche intimement : la réalité du voisinage, un drame à domicile, des lycéens de mon âge morts sur la route d'une excursion. À tel point que je dis à haute voix :

— Un jour, je travaillerai dans la télévision.

Pas « à » la télévision. Comme si l'étonnante boîte à images comportait une usine en profondeur, et représentait plus que la surface du « paraître ».

10.

Une Yab à la télé

« Mi fait z'oreille canard[1] »

Rendez-vous au Barachois

Ces images sur le grand et le petit écran, les drames filmés loin d'ici, le travail des reporters que j'admire tant, ne sortent plus de ma tête. Mais comment faire pour entrer dans cet univers ? Comme presque tout le monde, nous n'avons pas de poste de télévision, mais nous possédons un transistor, cadeau inestimable légué par Sara avant son départ. Un petit appareil en plastique marron qui ne diffuse qu'une seule station : ORTF. Office de Radiodiffusion Télévision Française de la Réunion. Au moment du « journal parlé », chacun essaie d'être le plus proche possible du haut-parleur qui crache beaucoup de grésillements. Il faut aussi économiser les piles, car elles valent de l'or.

1. Peut me chaut !

Un soir, signe du ciel, après les informations sur des habitants du cirque sauvage de Mafate secourus en hélicoptère, et l'histoire d'un mari jaloux qui a coupé sa femme en deux, avec un sabre à cannes, une annonce me fait sauter de ma chaise :

« Une opération portes ouvertes est organisée à destination des jeunes à la station ORTF de Saint-Denis le 3 juillet. Elle sera accompagnée d'une compétition. Les dix meilleurs journalistes en herbe seront invités à effectuer un stage d'un mois à la radio et à la télévision. »

Je suis électrisée. Le 3 juillet, c'est exactement dans trois semaines, dès le début des grandes vacances. Il faut absolument que je sois au rendez-vous. Comment faire concrètement ? Saint-Denis, c'est à l'autre bout du monde. Le billet de car pour ces soixante-dix kilomètres coûte une fortune. Il faudra y vivre un mois, mais aux frais de qui ? Ne pensons pas aux vêtements pour être à la hauteur. C'est vraiment une question accessoire, mais surtout, je n'ai aucune idée de ce qu'on va me demander pour réussir la compétition.

Maman constate mon état de tension et m'encourage au cas où j'aurais le vertige devant le saut d'obstacle.

— Qu'est-ce que je t'ai toujours dit Momine ? Il ne faut pas baisser la tête, sauf devant Dieu, et il t'aidera.

Baisser la tête alors que le rêve semble à portée de main ? Il faudrait être fou. Pour rien au monde, je ne laisserai tomber une telle chance. La nervosité que j'éprouve ne vient pas de la peur, mais de l'énergie dépensée pour organiser mon plan. J'ignore comment je ferai, mais je serai là-bas le 3 juillet, une porte va s'ouvrir, je mettrai le pied à l'intérieur du monde de la télé, la porte ne pourra plus jamais se refermer. Ce but coûtera ce qu'il coûtera, mais j'irai au bout et personne ne m'arrêtera. Cette assurance teintée de la méthode Coué vacille par moments. Je suis frappée de doute les premiers jours après l'annonce, en raison des difficultés à réunir les moyens nécessaires pour être présente le jour J. Moins de quinze jours avant la date magique : toujours rien. Les semaines ne peuvent pas continuer à défiler sans une idée à l'horizon. Et si j'écrivais à ma sœur Bène ? Elle habite dans un quartier excentré de la capitale mais il doit y avoir des bus dans cette grande ville ?

C'est mon défi. Je ne suis pas seule, ma famille va me donner la main, une fois de plus l'union fera notre force. La misère, le combat pour la survie nous a soudés pour toujours. Frères et sœurs répondent présents, pas seulement pour l'encouragement moral. Le compte à rebours commence.

Farouk paie le billet avec son minuscule salaire de projectionniste. Jamais je ne pourrai l'oublier. Sans ce frère qui s'épuise à travailler debout, la nuit, dans un cagibi sans air à passer d'énormes bobines de films sur les machines du cinoche de l'Eden, ce premier pas aurait été difficile. Cinq cents francs CFA. C'est énorme. À peu près un euro cinquante aujourd'hui.

Tati, avec la paye de sa quinzaine* comme ouvrier agricole, va se priver un peu plus. Il m'achète une robe de rêve en crépon, bleue, avec un volant bordé de dentelle. Superbe. Je me suis regardée dans notre miroir de cinq centimètres sur dix. Je suis vraiment splendide pour aller à la ville. Maman a lustré mon unique paire de chaussures et vérifié que mes affaires sont propres et sans trous. Nous sommes le 2 juillet.

Dès le chant du coq, je suis au départ, devant la boutique du Chinois. Comme je m'élance vers l'inconnu, maman m'embrasse. Notre tendresse est immense, mais sans larmes. Elle me regarde, je la regarde. Pas un mot. Ce n'est pas la peine. Nous nous comprenons.

Le voyage dans le car courant d'air dure quatre heures à travers les genêts de la Plaine des Cafres quand on laisse, à droite, l'enclos qui annonce le parc du volcan de la Fournaise. Les frissons me secouent dans la descente vertigineuse vers la Plaine des Palmistes, avant de plonger sur les côtes de Saint-Benoît, traverser les champs de cannes en direction de Saint-André, puis, soudain, la belle plaine de Sainte-Marie, avec au loin, en bord de mer, l'aéroport de Gillot. Cap sur Saint-Denis. Une autre planète.

Gîte et couvert sont assurés chez ma sœur Bène que je connais peu, car elle a grandi chez notre père qui, depuis des années maintenant, a coupé les ponts avec nous. Bène-Aïcha à l'état civil, mais Anne-Marie Nicole à l'église, a trouvé un très gentil mari d'origine malgache, Max, enquêteur aux services sociaux de Saint-Denis. Ils ont déjà trois enfants mais m'offrent un coin de lit dans leur HLM du quartier du Chaudron, réputé pour ses manifestants qui lancent des pierres sur les CRS. J'ai une base pour la grande aventure.

Sur la piste aux étoiles

Mercredi 3 juillet. Je n'ai pas fermé l'œil de la nuit. Vers neuf heures, Max me conduit fièrement dans sa Fiat 600 jusqu'au Barachois, la place la plus célèbre de Saint-Denis, en bord de mer, là où les vieux canons rouillés rappellent la victoire de la France sur les Anglais au début des années 1800. À l'ombre d'un énorme badamier*, une foule de filles et de garçons de mon âge, décontractés, observent ceux qui arrivent. Ils sont habillés du dernier chic, certains ont l'air blasés. Ils sont jeunes, mais beaucoup savent déjà qui fait partie de leur classe, l'œil entraîné pour déterminer qui est « in », qui est « out ». Le rendez-vous prévu dans les locaux de la radio-télévision, juste à côté, doit finalement se faire ici, à l'extérieur, car nous sommes vraiment trop nombreux à tenter notre chance. Silence. Il est dix heures. Un géant, souriant, en chemise bleue retroussée jusqu'aux coudes se présente.

— Je suis Irénée Colonne, le directeur de l'ORTF-Saint-Denis. Je suis arrivé dans votre île depuis peu. En prenant mes fonctions une chose m'a étonné : à une ou deux exceptions près, tous les animateurs de la radio, tous les journalistes, sauf Jean Vincent Dolors, ici à mes côtés, viennent de la métropole. Je ne comprends pas. Il faut que cela change. Il y a certainement ici des gens capables de parler de ce qui se passe chez eux. Vous n'avez peut-être pas besoin uniquement des « z'oreilles* » pour tout. Dans l'avenir, des places seront à prendre. Seulement cela se mérite. Alors si cela vous tente...

Applaudissements. Un tel discours est révolutionnaire. Plus tard, je comprendrai mieux ses motivations. Cet homme, envoyé ici avec la bénédiction de Michel Debré, l'ancien Premier ministre du général de Gaulle et député du département, sait très bien de quoi il parle : pied noir né à Oran, Irénée Colonne a pleuré la fin de l'Algérie française. Dans son esprit, si une nouvelle génération de Réunionnais ne prend pas son destin en mains, si les responsables politiques de l'île et ceux de Paris ne font rien pour activer la promotion d'une nouvelle classe de gens éduqués, ce département pourrait à son tour basculer dans le rejet de la France.

Dans les années soixante-dix, avec l'énergie et le talent de Paul Vergès à sa tête, le puissant parti communiste réunionnais bataille dur pour l'indépendance de l'île. À Paris, le programme commun de l'Union de la gauche, avec la signature de François Mitterrand, dans son article 6, laisse la porte grande ouverte à une telle perspective. Pour moi, c'est l'horreur : ils veulent nous séparer de la France. Vergès et les communistes font habilement leur lit sur les injustices, le chômage, toutes les anomalies vécues plutôt silencieusement par une population qui ne cultive pas le racisme à rebours à l'égard des métropolitains. Ce département des tropiques ressemble à une cocotte minute. La marmite explosera tôt ou tard si rien n'est entrepris pour offrir un peu d'espoir aux milliers de jeunes qui arrivent chaque année sur le marché du travail. C'est cet état d'urgence qui transparaît dans les mots que nous venons d'entendre.

Je reçois le discours d'Irénée Colonne cinq sur cinq. Comment ne pas être d'accord avec lui ? Pour quelle raison des métropolitains de Seine-et-Marne ou de Strasbourg fraîchement débarqués sauraient-ils mieux comprendre, mieux expliquer une révolte des planteurs de géraniums ou des cas d'incestes dans les cirques isolés ? Quelle arrogance parisienne ! Il est vrai que certains fonctionnaires z'oreilles* nous prennent pour des demeurés. Une femme de gendarme est – dans ces années-là – le prototype de l'élégante importante, celle qui doit être servie en priorité dans les magasins et restaurants.

Mais pour l'instant, la proposition d'Irénée Colonne ressemble au mât de cocagne que le maire du Tampon fait dresser le 14 Juillet devant la mairie. Pour attraper les friandises qui se balancent dans des papiers multicolores, il faut grimper tout en haut d'un tronc de filaos* enduit d'huile avant de pouvoir saisir le cercle où sont accrochées ces merveilles. Inutile de dire que bien peu de candidats réussissent l'exercice. Plus ils s'efforcent de grimper vite, plus vite ils dégringolent cruellement des mâts glissants sur le sol, dans le ridicule et sous les quolibets.

Place du Barachois, ce 3 juillet, remontée à bloc, je serre les dents, me répétant : « Ça va marcher, montre que tu es capable de jouer le jeu. » Une discussion s'engage. Je suis sûre que la sélection commence pour déterminer la poignée d'élus qui auront le droit d'observer la vie quotidienne de la radio et de la télévision, là, juste derrière le gros badamier*. Une caméra est installée sur pied, un micro est tendu :

— Qu'est-ce qu'un journaliste selon vous ?

Ça commence bien ! Moi qui me faisais un sang d'encre sur les questions qui allaient faire le tri entre nous, je me sens à mon aise, pas intimidée du tout finalement. Quand mon tour arrive, je lâche :

— Un journaliste est un historien de l'instant, il fait le compte-rendu de son temps.

J'ai paraphrasé Albert Camus. Personne ne s'en rend compte. Tant pis pour eux, mais ma réponse a l'air de faire tilt.

— Pensez-vous que le trac soit un handicap ?

Jugée « élève bavarde » pendant toute ma scolarité, je me méfie de ce défaut, je fais un instant celle qui hésite, avant de regarder l'intervieweur, droit dans les yeux :

— Le trac peut être utile. Je pense à la réplique de Sara Bernhardt. Face à une jeune actrice qui assurait n'avoir jamais connu le trac, la célèbre comédienne a répondu : « Vous verrez quand vous aurez du talent ! »

Le directeur sourit. Il connaît certainement cette anecdote, mais il ne s'attendait peut-être pas à l'entendre sur ce bout de terre perdue dans l'océan Indien.

À l'une et l'autre question, je ne fais pas preuve d'originalité par des réponses personnelles. Pourtant, je constate une expression étrange sur certains visages autour de moi. Un côté vexé, accompagné d'un vilain petit sourire de dénigrement qui dit : « Elle se prend pour qui cette yab* des hauts ? » Ma gêne se dissout assez vite. Le maître de cérémonie a l'air satisfait et c'est tout ce qui compte. Nous ne sommes pas là pour plaire aux concurrents, marquer des points, se distinguer. Tout ce spectacle est moins compliqué que ce à quoi je m'attendais.

Arrive la seconde phase de la prise de contact, autrement plus complexe. Nous voici serrés dans une petite salle au premier étage de l'ancien bâtiment de la Compagnie des Indes, siège du saint des saints : le studio de la radio. Chaque concurrent reçoit une grande feuille dactylographiée avec une quantité incroyable de questions. Je ne comprends pas ce qu'on demande. Je suis larguée en rase campagne pour une raison bien simple : le questionnaire servira aux téléspectateurs à dire ce qu'ils pensent des programmes diffusés à la télévision. Je suis ahurie.

La raison de mon effarement est simple : les seules images que j'aie vues à la télévision sont toujours intactes dans mon souvenir. C'était dans la cour du « Chinois Henry », il y a longtemps, quand le car scolaire avait tué douze élèves, dans la Ravine à Malheur. Mais depuis, rien. Pas de télé à la maison. Comment interroger des gens sur ce qu'ils suivent, avec avidité, sans doute, sur leur écran ?

Je ne connais aucune de ces émissions évidemment très populaires, aussi dépaysée qu'un extraterrestre ! Comment donner le change, éviter d'être hors-jeu tout de suite ? Se taire, il n'y a que ça à faire. Ne pas se laisser décontenancer. Tout masquer pour cacher que la télé est un instrument et un espace totalement abstrait dans mon univers mental ! À quoi peuvent bien correspondre ces titres mystérieux ? *Épinettes et guimbardes, La piste aux*

Étoiles, Cinq Colonnes à la Une. Je lis : *Cinq Colonnes à LA LUNE*.

Le maudit document en mains, je commence à sillonner les rues autour du Barachois, à pied, bien sûr. Je frappe chez un médecin. Il ne montre que son bout de nez pointu à travers la porte et aboie :

— Je ne regarde pas cette télé de pourris !

Dehors ! Ça commence bien ce sondage. Une quarantaine de gens différents à interroger, un dialogue de sourds en perspective ! Mais si c'est le prix à payer pour rester au stage...

Pas loin du boulevard Lancastel, le pompiste semble avenant. Pourquoi pas lui ? J'écrirai « garagiste » sous le titre profession, ça fera un peu plus aisé. Bingo ! Il a la télé, est bavard, vantard, ne demande qu'à donner son avis et à voir sa binette à la télé :

— C'est bon pour les affaires, tu comprends ?

Pour l'amadouer, je lui promets que je reviendrai avec une caméra pour l'interviewer. Du coup, il me présente au pharmacien, en face de son dépôt d'essence.

Au fil des rencontres improvisées, au portail d'une splendide maison créole, dans une boutique de luxe, partout où la télé est un signe extérieur de richesse, en écoutant des gens ébahis de bonheur, un défilé envahit mon imagination. Je saisis peu à peu des noms de personnages aussi fascinants que les dieux de l'Olympe : *Chapeau Melon et Bottes de cuir*, Zitrone, Desgraupes, Lanzac... Les gens parlent d'eux comme des familiers, ils habitent presque sous le même toit. Mais cela mange du temps de tenir la rampe de conversations, aussi vides de sens, puisque je n'ai rien vu de ce qui fait les délices de leurs soirées télévisées. Il faut trouver quarante interlocuteurs. Après trois jours d'enquête je n'en ai que dix. Le temps s'accélère. Le pensum doit être rendu. Faut-il restituer cette satanée liste incomplète ? Je suis en train d'entrer par effraction dans un monde dont je n'ai pas les clés, pourquoi être à cheval sur les principes si c'est pour chuter ? Au diable ma conscience ! Je remplis, seule, le reste du sondage de réponses fantaisistes auprès d'interviewés imaginaires. C'est malhonnête mais ça va vite et après tout, c'est mon invention, donc mon travail. Je pense à cette maxime attribuée à l'Ordre des Jésuites : « Un petit mensonge vaut mieux qu'une grande injustice. » L'injustice, ce serait mon exclusion du stage. De toute façon, qui va s'inspirer de mes élucubrations pour changer quoi que ce soit sur le petit écran ?

La fin de la première semaine du stage arrive vite. L'heure fatidique va sonner : sélection de ceux qui auront le droit de poursuivre leurs observations. Il n'est pas envisageable d'abandonner le mât de cocagne. Je fais tout mon possible pour me trouver sur le chemin du directeur, Irénée Colonne. La rencontre se fait sur le balcon, face à la mer.

— Monsieur le directeur, je dois vous avouer une chose : je n'ai pas la télévision chez moi. Je n'ai jamais vu une seule émission qui figure sur le formulaire du sondage.

— Ah !

Il me dévisage, sourit.

— Tu ne me prends pas pour un imbécile ? Tu crois qu'un vieux renard comme moi ne s'en est pas rendu compte ?

Le voici lancé dans un poème sans me quitter des yeux.

Le ciel est par-dessus le toit, si bleu, si calme,
Un arbre par-dessus le toit, berce sa palme.

— La suite, tu connais la suite ? Tu n'as pas la télé, mais tu as appris des poèmes ?

— Oui. Monsieur le directeur. *La cloche dans le ciel*

qu'on voit doucement tinte, un oiseau sur l'arbre là-bas, chante sa plainte...

— Si tu n'as pas la télévision, pourquoi es-tu venue ?

— Je veux apprendre. Je vous en prie, donnez-moi ma chance. Je veux devenir journaliste. Je n'ai pas la télé, mais j'écoute la radio, chaque jour, et jusqu'à tard le soir. Il faut que je reste ici.

— Pour l'instant, tu peux rester jusqu'à la fin du stage.

J'aimerais l'embrasser. J'ai bien entendu : je reste. Je ne rentrerai pas honteuse. Tout le monde serait tellement déçu.

Trois semaines à regarder, découvrir, apprendre. Je mets le pied dans la porte. Elle ne peut pas se refermer. *La piste aux étoiles*, *Cinq colonnes à la Une* et tout le reste. À la fin du mois de juillet, je suis devenue incollable sur les émissions de la Première Chaîne.

Colonne me serre la main et me tape sur l'épaule :

— Et passe ton bac. Pense aussi à des études supérieures.

Je rentre au Tampon. J'ai l'impression de revenir de très loin, d'être partie pendant un siècle. J'ai pris le goût du large. La joie de retrouver maman, Farouk, Tati, et ma petite sœur Doudou ne me console pas totalement. Je suis de retour dans un monde si loin de mes rêves. Pourvu que ma dernière année de lycée passe vite. Je flotte encore un peu, pendant des semaines, comme si je revenais d'un voyage spatial. J'ai pris goût à la lecture quotidienne des journaux, même si *Le Monde*, *Le Figaro, France Soir* arrivaient à l'ORTF avec une bonne semaine de retard. J'ai pris l'habitude de regarder le monde sur un écran noir et blanc. Il suffit d'imaginer les couleurs. Je ressens un vrai manque.

Heureusement que nous avons notre radio marron, mon cordon ombilical avec l'univers. La nuit, dans le lit avec maman et ma petite sœur Doudou, je fais bien attention à mettre le son le plus bas possible. Mais jusqu'à la Marseillaise qui annonce la fin des programmes vers onze heures, je reste l'oreille collée au transistor. Quand je m'endors, j'ai traversé avec les Bodoïs* les rizières du Nord Vietnam, frémi avec les candidats à la liberté quelque part autour du mur de Berlin, et rien ressenti au fracas des percussions de Pierre Boulez.

La dernière année de terminale. Les professeurs sont tous excellents, sauf celui qui enseigne les mathématiques, un ostrogot qui louche, en montrant ses dents jaunes. Il n'a rien à faire de cette classe de littéraires, rien à faire de nous en général. Il ne se cache pas d'être venu à la Réunion pour les filles et « faire du CFA* ». Même Mme André, sa collègue des cours d'allemand, le trouve répugnant. Pendant ses gesticulations au tableau, je ne perds pas mon temps avec ses constructions de logarithmes à vomir. Grâce à la bibliothèque du lycée, je suis toujours munie d'un bon roman. La voix du prof de maths crée un fond surréaliste alors que je me concentre sur la lecture et à recopier, sur un cahier spécial, les mots difficiles et les expressions particulièrement élégantes. En tant qu'élève pauvre, la France m'a accordé une bourse scolaire minime mais précieuse. Je me suis offert un bon gros lexique et surtout une mine inestimable : le Dictionnaire des difficultés de la langue française.

Le temps presse. Pour m'entraîner à l'usage correct de la langue, rien ne vaut la solitude du petit bois tout près de chez nous. Lecture à voix haute, sous le pied de cannelle, comme devant un parterre de spectateurs ou... d'auditeurs.

Maman s'effraye. Elle a maintenant conscience que d'ici quelques mois à peine, je vais rompre les amarres.

Tout tourne autour d'une seule conversation : je pars pour Saint-Denis dès que j'ai le bac en poche. Je dois les saouler tous. Après ma sœur Sara, je vais la quitter, elle restera seul maître à bord alors que je m'occupe de beaucoup de choses : elle va perdre son adjointe responsable des papiers à remplir, de la gestion de l'argent, des courses à faire. Pour la première fois, elle tente de me dissuader d'aller vers la voie que j'ai choisie.

— Pourquoi chercher plus loin, tu peux travailler, devenir institutrice puisque tu as déjà ton brevet ? À quoi ça sert d'avoir d'autres diplômes ? Tu sais, n'oublie pas ! Plus le singe monte haut, plus on voit son cul. Tu es vraiment entêtée. Regarde la fille de Hoareau, elle a sa voiture, c'est une maîtresse d'école qui fait honneur à sa famille. Depuis que tu es allée à Saint-Denis, tu n'es plus comme avant.

Elle n'a peut-être pas tort. J'essaie de la rassurer, de lui redonner le moral.

— Maman, je t'ai promis depuis que j'étais dans la classe de Mme Prugnières en cours moyen deux, que je t'achèterais un jour une maison. Je te donnerai chaque mois de quoi vivre et élever Doudou, mais je veux devenir journaliste !

— Journaliste, journaliste ! C'est quoi ? C'est rien du tout ! C'est pas un métier de causer tout le temps !

Si maintenant il faut la convaincre alors que rien n'est gagné, comment avancer ?

— Je ne pars pas loin, mais je ne peux pas m'arrêter maintenant, abandonner le bac, renoncer aux études supérieures tout en travaillant. Je continue. Maman, tu m'as toujours dit qu'il ne faut pas baisser la tête !

Désormais, je vais faire attention de ne pas enquiquiner tout le monde autour de moi. Au contraire, il s'agit de bien montrer que je reste dans le clan quel que soit mon avenir. Celle qui m'a mise au monde sait parfaitement ma devise qui tient en quelques mots : « Tant que la ligne d'arrivée n'est pas franchie, on n'a pas perdu. »

La dernière année de lycée passe comme un soupir. Mon nom est bien sur la liste : reçue avec mention. Je suis la première bachelière de la famille. Une course d'obstacle prend fin, une autre va commencer.

En attendant, pour vivre, je dois trouver du travail pendant la période des vacances. Où ? Chez le Chinois de Saint-Pierre qui possède le plus grand supermarché. Mais comment s'y rendre puisque je suis à pied ? L'autocar, au lever du soleil et même quand il fait encore nuit noire en juillet août, pendant l'hiver austral. Me voici vendeuse dans une épicerie. Au bout d'une semaine, je rends les armes. Patrons épouvantables, clients esclavagistes, conditions de transport impossibles, épuisement. Je ne vais même pas demander si on me doit quelque chose. En attendant septembre, j'ouvre à nouveau mon école de vacances. Les candidats ne manquent pas. J'aurai de quoi financer mon voyage à Saint-Denis.

J'entre par la fenêtre

Septembre arrive. Je m'inscris en maîtrise de droit au centre universitaire de Saint-Denis. On ne sait jamais, autant viser un diplôme qui me permettra de me retourner au cas où mon idée de devenir journaliste m'emmène dans le décor. En même temps, je dois travailler, gagner ma vie, celle de maman, celle de ma petite sœur. Comment ? En occupant l'emploi qui théoriquement me laisse un peu de temps pour étudier, celui de pionne. Mais je n'obtiens qu'une place à temps partiel, insuffisante pour payer une chambre de bonne, et respecter ma promesse à maman. J'ai une idée. Et si j'allais frapper à la porte de l'ORTF ? Bonne pioche. Cependant, si je rêve d'un micro, il faudra savoir patienter. L'offre n'est pas une aubaine : je deviens « aide cinémathécaire ». Concrètement, je suis manutentionnaire à la télé. Un vrai métier d'avenir ! Mais je travaille à la télé ! Pas là où je rêvais d'atterrir, mais quand même... On dit que le journalisme mène à tout à condition d'en sortir... Pour l'instant, je ne trouve pas l'entrée de la profession, alors, je prends des chemins de traverse.

Un jour, je deviens calife à la place du calife : Sylvie, la cinémathécaire en titre, part trois mois pour Paris. Personne pour la remplacer. Qui va, au pied levé, établir une liste d'émissions arrivées en boîte à l'aéroport de Gillot pour ce soir à l'ORTF Saint-Denis ? Moi !

Banco ! Me voici devant l'Olympia de Sylvie. Programme de ce lundi à partir de dix-huit heures. Je n'ai jamais utilisé une machine à écrire de ma vie, et ce monstre à clavier semble rempli d'hostilité ! À nous deux ! Je tape d'abord avec un seul doigt. Cahin-caha, me voici en train de composer le programme. Je mets un après-midi entier à taper sur les touches qui font des bonds sous mes frappes un peu brusques. Le conducteur* finit par ressembler à une dentelle tellement je l'ai massacré avec des trous et du correcteur, le fameux tipex blanc, l'ange des dactylos. Mais, après plusieurs heures de travail acharné (la pauvre machine) quel chef-d'œuvre ! J'ai tout chamboulé. Une étudiante de dix-neuf ans qui n'a jamais fait de télé, à part porter des bobines de films, concocte le programme selon son goût, son imagination. Personne ne me contrôle.

La télé de la Réunion, c'est moi ! Ce soir-là, le téléspectateur qui s'attendait à voir sa série favorite se retrouve devant un documentaire sur la conquête spatiale, et *Bonne nuit les petits* est carrément décalée en bout de soirée. Le premier soir, ça passe comme une lettre à la poste. Il suffisait d'un peu de fantaisie ! Mais mon règne ne dure pas. Au bout d'une semaine, on trouve quelqu'un de plus respectueux du pauvre consommateur de programmes entièrement métropolitains, déboussolé par mes initiatives fantaisistes. Virée de la programmation mais toujours présente dans les murs avec mes bobines de films plein les bras, je garde espoir.

11.

La porte s'ouvre

« Bon Dié y pisse si mon tête[1] »

La cinquième colonne gagne un concours

Les mois passent. Près de deux ans après le grand discours, place du Barachois, sous le badamier* tentaculaire, la chance fait un clin d'œil. Le patron de la radio-télévision a pris son temps mais n'a pas abandonné son projet de recruter localement des journalistes. Ayant compris les us et coutumes de notre île, il veut échapper aux pressions des élus, des potentats de l'industrie sucrière ou de tout autre réseau local : il organise un concours. Un véritable concours, respectant toutes les conditions d'anonymat requises, ouvert aux métropolitains comme aux Réunionnais pour sélectionner deux jeunes. Sans doute espère-t-il que des concurrents créoles sauront se distinguer, sinon son projet « d'émanciper

1. Je suis béni(e) des Dieux.

quelques jeunes par le journalisme », comme il l'avait promis, place du Barachois, tomberait à l'eau. Toutes les épreuves écrites sont conçues, corrigées à Paris et bien sûr, les notes seront attribuées à l'aveugle. Grâce à ces garanties présidant à la sélection, Irénée Colonne dissimule à peine son contentement. Il peut jouer un bon tour aux « patrons » de l'île, enrayer les pistons. Le jour dit, une quarantaine de candidats sont réunis dans une salle de la Chambre de Commerce et planchent sous la surveillance d'un huissier. L'officier de justice lève le bras et fait pivoter solennellement une grande enveloppe en papier kraft fermée par un gros tampon rouge, scellée à la cire à Paris. Le chuintement qui accompagne l'ouverture de cette enveloppe magique fait courir des frissons et des tremblements sur mon corps, de la tête aux pieds.

Une journée entière à sonder l'acquis de douze ans d'école gratuite, laïque, obligatoire : composer un résumé de texte, répondre à des tests de culture générale sur des pièges semés autour du « Groupe des cinq », du destin de « Sainte Sophie » d'Istanbul ou des manœuvres de l'armée britannique pendant l'opération de Suez ! Culture purement théorique, sans lien avec la réalité qui nous entoure. Et c'est là-dessus que quelqu'un, au bord de la Seine, à des milliers de kilomètres, va juger nos aptitudes à observer la vie quotidienne et à devenir reporter ? Si au moins, on nous interrogeait sur Vercingétorix faisant face à Jules César à Alésia, il y aurait matière à broder, mais là, les yeux se lèvent au plafond, les lèvres se mordent. Je ne suis pas la seule à douter de mon niveau de connaissances, mais pour moi, l'enjeu est d'une importance capitale : je n'ai pas le droit de dilapider une telle occasion. Quand les épreuves s'achèvent, je sais que je viens de sceller mon sort. Les dés sont jetés : toute ma vie dépend de cette journée particulière.

Pendant plus d'un mois, la routine reprend son rythme. Dès sept heures du matin, étudiante au centre universitaire je découvre le droit civil, le droit constitutionnel, l'histoire du droit, les sciences économiques, l'ensemble de l'architecture juridique française. À la fin du cours, à neuf heures, le soleil est déjà haut dans le ciel, il fait bien chaud, mais pas le temps de prendre un café et de bavarder comme tous les étudiants du monde, je file à pied au lycée Juliette Dodue. Sur une estrade du plus vieux collège de l'île, symbole des futures élites, me voici dans le rôle d'une surveillante chargée des classes de quatrième. C'est la seule occasion de réviser, car l'après-midi, je cours vers la mer, en direction du Barachois, lieu de mon deuxième emploi.

Là, changement d'atmosphère : me voici dans la peau de l'ouvrière non spécialisée à la cinémathèque de la télé : les grosses boîtes en fer-blanc contenant les émissions de la veille attendent d'être rangées. Je dois aussi rassembler, liste en main, les bobines du programme télévisé du jour, faire le compte des minutes diffusées la soirée précédente et la liste des droits d'auteurs. Quand ma besogne prend fin, je mets un bout de temps à nettoyer longuement mes doigts enduits de poussière noire. Mais il n'y a pas une minute à perdre, la journée est loin d'être finie.

Je marche à grands pas pour ne pas être en retard : deuxième séance de cours de droit au centre universitaire. De dix-sept heures à vingt heures, retour dans les vieux bâtiments coloniaux avenue de Paris. Cela fait onze heures que je suis en activité non stop. Il reste encore à décortiquer la jurisprudence et les arrêts du Conseil d'État, trouver le temps de les mémoriser par cœur pour la prochaine fois, sans compter la préparation des travaux dirigés deux fois par semaine. Mais les conditions sont idéales pour étudier : nous sommes peu d'étudiants, les professeurs qui viennent, en majorité, de l'Université d'Aix en Provence, disposent de suffisamment de temps pour contrôler chacun. Les hautes salles d'études ressemblent à des laboratoires tant ils sont propres comme des sous neufs. Tags et graffitis n'ont pas droit de cité. Qui aurait le loisir de les tracer, de sécher des cours ou de paresser ? Enseignants et étudiants – beaucoup travaillent – se connaissent bien, se respectent, personne n'est là pour perdre ses heures. À la fin de la journée, nous sommes rétamés.

Les jours passent. Après plus d'un mois d'attente qui oscille entre espoir et désarroi, je finis par croire que le concours de journalistes à la chambre de commerce n'était qu'une mauvaise plaisanterie.

Un après-midi, l'Arlésienne pointe le bout de son nez : coup de téléphone de Nadine Barbé, un amour de femme, la fidèle secrétaire d'Irénée Colonne. D'habitude très gaie, prête à plaisanter, la voilà solennelle.

— Le directeur vous demande de passer le voir.

Ma respiration s'arrête. Je lâche mon paquet de bobines de films, ventre à terre, le cœur à mille à l'heure, je fonce, je grimpe les marches comme un forcené. Au premier étage des anciens entrepôts de la Compagnie des Indes, siège de la direction de l'ORTF, ceux qui me voient débouler, en sueur, les yeux sortis des orbites, ont des raisons de penser qu'une dingue s'est échappée de l'enfer. J'arrive en nage dans le grand bureau face à la mer. Le directeur est assis, en présence d'un garçon brun, une main posée sur le dossier d'une chaise comme pour se donner une contenance. Silence de mort. Froid glacial. Irénée Colonne se lève, nous regarde, ému. Pas de doute, pour lui aussi c'est un très grand jour.

— Je vous félicite. Vous êtes sélectionnés au concours. Tous les deux.

Je plane, la terre tremble. Mes jambes me trahissent : elles vont me lâcher. Sensation d'un grand vide, celle de l'artiste débutant qui atterrit sur son filet après un numéro de trapèze volant.

Je me souviens soudain d'une scène extraordinaire. Mais pourquoi fait-elle irruption maintenant, alors que j'ai tant besoin de garder mon sang-froid ?

C'était à Saint-Pierre, lors d'une escale du cirque du Brésil, il y a une éternité. J'avais sept ans et mon père me tenait par la main. Notre unique sortie ensemble, à part l'enterrement d'Hamza. Nous marchions sous le soleil, les grands lauriers roses embaumaient. L'excursion de notre vie. Je croyais que l'acrobate mettait sa vie en jeu s'il ratait son numéro. Cette expérience m'avait fascinée. Soudain, les images reviennent au galop : mais c'est moi l'accrobate sur le trapèze volant.

Irénée Colonne est heureux, il a gagné son pari. Pour la première fois dans cette France d'outre-mer, la décision de former au journalisme deux natifs d'un département du bout du monde prend forme. Les deux lauréats créoles n'ont profité d'aucun passe-droit, seuls les résultats des épreuves ont déterminé cette issue. La procédure de sélection est scrupuleusement conforme aux principes fondamentaux de la République. Pas une sélection au rabais, conçue spécifiquement pour notre île. Voilà ce qui fait le prix, la fierté, la dignité de cette première.

Sonnée de cette façon pour la toute première fois de ma vie, je secoue légèrement la tête pour me mettre d'aplomb et dissimuler mes larmes. Le garçon brun me regarde. Lui aussi semble abasourdi mais il a la force de sourire.

— Merci, monsieur.

Les deux seuls mots qui sortent en même temps de nos gorges serrées. Pas le temps, ni l'impudeur de se confondre en grands salamalecs. L'ancien officier Colonne fait claquer son ordre :

— Allez, maintenant au travail. Vous commencez demain. Et n'oubliez pas, vous devez faire entendre ce qui se passe ici. Sous votre nez.

Le soir, l'ORTF Saint-Denis annonce que deux jeunes Réunionnais viennent de gagner à la loterie. C'est ainsi que j'interprète cet immense cadeau du ciel. La terre peut s'arrêter de tourner. Michel Gommery, le présentateur du journal, délivre l'information comme s'il s'agissait de la nomination de deux ministres à Paris. Il cite nos deux noms, Mémona Afféjee et Sulliman Banian. Deux patronymes associés en général au commerce de tissu, presque jamais à l'univers de la parole et du paraître. On découvrira bientôt ces deux perles rares à la radio et à la télévision où ils présenteront les informations. Ils iront sillonner l'île. Pour parler de la vie – sans se contenter du tête à tête solitaire et frustrant avec les dépêches d'agence – aller à la rencontre des gens, comme des commis voyageurs de l'information. C'est sur le tas que se fera l'apprentissage du métier, à la manière des compagnons qui découvrent les gestes professionnels avec les aînés. Fermez le ban !

Pour certains qui regardent la télévision ce soir-là, c'est un vrai choc visuel. Ce ne sont pas deux représentants des grandes familles de créoles blancs qui se sont distingués. Nous sommes accueillis avec stupéfaction, comme deux cosmonautes lancés dans la course aux étoiles. Cependant, dans le bureau du directeur, tout à l'heure, nous avons été mandatés pour bien garder les pieds sur terre, montrer les choses et les gens d'ici, parler de ceux qui vivent dans les îlets, les « écarts », donner la parole aux sans-grade de tous horizons et pas uniquement aux quelques voix qui se croient seules autorisées.

L'avenir va prouver que nous ne sommes que les premiers de cordée. Une à une, les roches de la paroi sociale seront gravies. Notre sélection est un début : nous, les Réunionnais, sommes capables de participer aux choix de l'avenir, sans passer forcément par l'indépendance de notre petite île. Qui aurait pu penser alors que Paul Vergès, – la tête pensante du communisme réunionnais –, se coulerait si facilement dans le moule des institutions qu'il condamne chaque jour, qu'il passerait à l'action... comme sénateur de la République, sous les ors du Palais du Luxembourg, puis député au Parlement européen ? Trop intelligent pour ne pas changer !

Pourtant, ni lui, ni ses amis n'applaudissent à l'arrivée de deux Réunionnais devant micros et caméras. Le symbole est pourtant considérable, mais à leurs yeux, nous sommes deux minables créatures manipulées de la télé préfet, petits complices d'un vieux système audiovisuel colonialiste. Peuvent-ils imaginer qu'ils font fausse route, les camarades arrimés aux engrenages d'un modèle social et politique en faillite, celui de la lointaine et froide Union soviétique ?

Car la porte qui s'ouvre à l'ORTF Saint-Denis est une véritable et grande première. Deux lauréats Réunionnais. Un garçon, une fille. Et le sort fait un clin d'œil ironique, nous avons un point commun, qu'aucun de nous ne voudrait souligner. Je suis métisse à moitié Indienne, Sulliman est Indien pur sucre. Beau garçon, un peu timide, intelligent. Je l'ai remarqué le jour du concours, puis, de temps en temps, nous nous sommes croisés sous les gros palmiers du centre universitaire. Il respire la discrétion un peu raide des jeunes hommes de son milieu, sans cependant voiler ses ambitions. Ni lui, ni moi, n'avons parlé de l'origine de nos parents parce que, ce qui compte, c'est l'ombrelle France.

Je suis classée première au concours. Je le dis avec modestie mais fierté aussi. Pourquoi bouder cette divine surprise ? Le temps n'arrivera jamais à émousser ce bonheur. Un concours sous contrôle d'un huissier, une compétition corrigée par des professionnels du service de la formation des journalistes à la Maison de la Radio à Paris. La meilleure garantie en vue d'un classement équitable. Personne ne parle de favoritisme. Ceux qui sont déçus n'ont aucune raison de se plaindre.

À dix-neuf ans, en quelques secondes, ma vie défile à l'annonce du jackpot : mon petit frère Hamza sur son lit de mort, la course avec l'épicier Chan-ky, le manque de compassion des Séry (à part la tante Rita) qui ont exclu maman et ses gosses du cercle de famille et nous ont laissés mijoter dans la misère... l'entrée en classe de sixième, pieds nus... la faim, la honte de voler pour survivre, mais aussi Mlle Dambelle et son bal à Versailles, Sonia Prugnières arc-boutée sur ses escarpins et ses subjonctifs, les larmes et les fous rires de notre clan : le film complet de mon existence est là, en version compressée. J'éprouve un sentiment de revanche sur ce que nous avons vécu jusqu'à présent. Un souvenir bouscule mon émotion, le conseil mille fois répété, cette boussole qui empêche de sombrer. Ne jamais baisser la tête ! Maman avait tellement raison. Grâce à cette obstination, je suis la première femme de l'île de la Réunion, sélectionnée sur concours, embauchée dans un média national pour être formée comme journaliste. Merci la France.

Notre propulsion dans le petit univers de l'audiovisuel est diversement vécue. Une partie du personnel de l'ORTF cache mal son hostilité. Le fait que mon futur collègue et moi ne soyons pas de la « bonne ethnie » – les Blancs qui ont toujours décidé de tout ou presque – marque la fin d'une époque. Le pouvoir calqué sur les hiérarchies de l'échelle sociale commence à échapper aux quelques grandes et riches familles qui ont tout dirigé depuis trois siècles.

Celui qui souligne cette fin de règne arrive sur scène avec de bien gros sabots : c'est le patron d'une publication confidentielle et haineuse intitulée *Le Réveil*. Ce personnage grotesque veut frapper un grand coup par un éditorial au titre énorme, sur papier jaune poussin : « Radio Saint-Denis est devenue Radio Tlemcen ».

Qui a dicté cette insulte ? Pour qui roule ce chef-d'œuvre de l'intelligence ? Sa mise en garde est claire comme de l'eau de roche : la Réunion devient une deuxième Algérie ! Les deux jeunes recrues d'origine indienne sont les éléments précurseurs des musulmans qui s'apprêtent à prendre le pouvoir. Une cinquième colonne à la réunionnaise pilotée par quelques suicidaires embusqués à Paris et ici, pas loin des vieux canons rouillés de la Royale. Vite, il faut les mettre hors d'état de nuire ! L'auteur du texte dénonciateur est pourtant un malabar, noir comme un « cul de marmite », me fait remarquer le gardien de nuit de la télé. Bonjour la solidarité !...

Les donneurs de leçons aiment le CFA

Pas un mot de réconfort des confrères métropolitains, partagés en deux catégories : ceux qui sont prêts à jouer le jeu, sans dénigrer deux novices qui ne demandent qu'à apprendre et quelques autres, menés par des syndicalistes dits de gauche, aigris, contents cependant de venir « faire du CFA », avec tous les avantages et bénéfices, comme un personnel domestique peu cher (au noir bien sûr) ce qui ne leur pose aucun problème moral. Ils nous font remarquer :

— Mais tu n'as pas fait d'école. Je ne vois pas comment tu peux devenir journaliste !

S'ils croient m'intimider, ils se trompent. À ces preux chevaliers du temple journalistique je rétorque :

— Je suis en deuxième année de maîtrise de Droit, et j'espère bien continuer. C'est une formation solide.

Vieux fléau typiquement français. Chez nous, on demande d'abord : « Euh, quel est le nom de ton école ? » Ces chers confrères n'hésitent pas à téléphoner en douce à Paris, à inonder la direction de l'ORTF, leurs syndicats, leurs relais en tout genre de courriers rageurs et de mises en garde. Alerte ! Deux zozos, deux petits riens du tout, veulent marcher sur nos plates-bandes, eux aussi veulent causer dans le poste. Ils vont nous voler notre pain ! S'ils s'y mettent, comment ferons-nous pour aller nous dorer au soleil de l'outre-mer et nous remplir les poches de CFA ? Leurs démarches auprès des autorités parisiennes pour nous empêcher de travailler restent cependant vaines. J'ai bien compris que ces voisins de bureau ne veulent pas m'aider, mais qu'ils me mettent des bâtons dans les roues, je ne l'accepterai pas, et je répondrai coup pour coup. Je ferai mon chemin sans eux. Au jour le jour, les grands idéaux dont ils se réclament s'effritent dans la mesquinerie et la suffisance de leur médiocrité.

La fête de la lumière – le Diwali – chère aux hindous, les cérémonies à l'occasion du nouvel an chinois, les festivités de l'Aïd-el-Kébir, restent absentes des conducteurs de nos journaux audiovisuels. Ces événements font pourtant partie de nos cultures autant que les bénédictions du Grand Pardon patronnées par les amicales de Bretons qui bénéficient largement des antennes locales. Quand Irénée Colonne inscrit au programme les coutumes des autres ethnies – cafre, indienne, chinoise, malabar hindou – comme n'importe quelle autre manifestation, ces

« grands journalistes » ricanent. Vétian* malabar, bal z'accords*, ségas et maloyas manquent encore de chic !

Le sommet du journalisme, la cerise sur le gâteau, c'est une interview de Monsieur le Préfet ou, nirvana, d'un ministre de passage. Entre grands commis de l'État, on se comprend. Ces as du journalisme n'ont pas honte non plus de recopier à la virgule près les dépêches de l'Agence France Presse. Le bouquet, c'est le journal radio de la mi-journée. Avec sa machine à pédales, casques vissés sur les oreilles, Annick recopie à la machine le journal de France Inter. Il est huit heures du matin à Paris, onze heures à la Réunion.

Dans une heure et demie, le présentateur de Saint-Denis va répéter le journal de la radio nationale, mot pour mot, même les intonations, même les erreurs, même les rires !

Ces si brillants confrères se croient sérieusement investis du pouvoir « d'éduquer » les sous-développés que nous sommes ! Ils viennent même nous expliquer les cyclones et l'éruption du volcan. Vraiment ils ne manquent pas d'air, ces Messieurs Dames de l'hexagone. Ils nous prennent pour des incultes, mais se sont-ils vus ? Les croiser, plus tard, à Paris, alors qu'ils ont fait du sur-place sans toutefois rater promotions et augmentations de salaires de grands cadres, mais toujours englués dans la gangue de leurs discours de faux-culs, quelle rigolade !

En revanche, l'accueil du public est plus qu'encourageant. Les gens reconnaissent le visage de Sulliman et le mien. En voiture, ils s'arrêtent, pour exprimer leur fierté, leur complicité.

— Eh ! Mémona, je t'ai vue hier soir, tu étais belle ! Ce que tu as dit sur le problème des cantines est vrai.

Parfois, quelqu'un klaxonne et me fait simplement signe, pouce levé. Nous sommes sur la même longueur d'onde. L'envie de manifester ma différence, mon origine de journaliste proche des gens transparaît assez vite. Ce petit pays est le mien. En tournage, je parle créole comme tout le monde, et les confidences viennent plus vite.

Mais face aux notables, je dois lever les malentendus. Les députés, les maires, les notaires imaginent que je serai plus malléable parce que je suis créole comme eux, et se permettent des réflexions, comme cet élu de Sainte-Marie :

— De toute façon, j'appellerai votre patron, vous allez voir si vous pouvez faire la fière...

Zamal : le retour !

Un jour, des copains de mes frères me racontent une chose stupéfiante. Farouk et Tati m'avaient prévenue : ils connaissent des tas de garçons de leur âge complètement assommés de fumée.

— Y en a qui se remplissent les poches avec 'amal, me dit le petit Ginot.

Il est maigre comme un coucou, avec ses yeux jaunes. De temps en temps, il est peintre en bâtiment, mais de plus en plus, on le trouve affalé devant la boutique d'Ah-Soune, l'air hagard.

La consommation d'une herbe à feuilles découpées est un phénomène absent des médias, mais semble-t-il déjà largement répandu, pas seulement dans les zones rurales comme au Tampon. Je cherche à savoir.

— Il y a beaucoup de monde comme lui ?

— De plus en plus.

Personne n'en parle ouvertement. Un grand secret de polichinelle. Les Réunionnais ont retrouvé l'usage du zamal, un cannabis local. Du temps de l'esclavage, les Noirs fumaient cette herbe pour atténuer les douleurs provoquées par les coups de chabouc* et d'une manière générale, l'horreur de leur vie. Une fois l'esclavage supprimé par Victor Schoelcher en 1848, l'usage de la plante hallucinogène est tombé peu à peu dans l'oubli, mais elle a continué à pousser à l'état sauvage. Lorsque Ginot me parle du zamal, au cours du rendez-vous arrangé devant l'église du Tampon, j'ignore l'ampleur de la consommation de ce produit mystérieux. Mais je suis sûre que c'est un bon sujet de reportage.

— Regarde, me dit Ginot, en fouillant de ses mains tremblantes, dans la poche de son pantalon troué, regarde, roulé, mélangé, pur, lé bon lu ! (roulé..., c'est bon !)

Pour en parler à la radio et à la télévision, il faut des preuves : trouver des pieds de zamal à filmer, plusieurs témoignages de consommateurs, un médecin, et si possible un vendeur. Instinctivement, je sens que ce sujet va faire mouche. Avec Daniel Vergez, le cameraman, nous amassons patiemment, séquence après séquence, les éléments du reportage et un jour, je montre les images accumulées au rédacteur en chef. Le plus difficile reste à faire : convaincre les responsables de la rédaction que le « sujet zamal » est un véritable problème de santé publique. On ne peut pas simplement fermer les yeux.

— Merde, c'est quoi ce truc ? me dit le rédacteur en chef.

Ce « truc » est embêtant pour les autorités. Le préfet en personne est informé. Par qui ?

— Encore elle ? aurait fulminé le représentant de la République.

Encore moi. Jean-Vincent Dolors, le rédacteur en chef, tente de m'amadouer, mais finit par s'énerver :

— C'est un sujet sensible. On ne peut pas le mettre comme ça à l'antenne, voyons. Il faut être sérieux. Le préfet a sauté au plafond en l'apprenant. Il faut être raisonnable. Il trouve que ce n'est pas opportun de montrer ce genre de choses à la télévision.

Raisonnable oui. Opportun aussi. Mais censurer parce que ça n'arrange pas M. Vieillecaze, ça non ! Bras de fer. J'ébruite un peu l'affaire. Finalement le reportage est diffusé, mais assorti d'une interview d'un « expert » choisi par... la préfecture.

Les autorités ne veulent pas qu'on parle de la drogue : tabou. La politique de l'autruche. On n'en parle pas, donc le problème n'existe pas ! Mais le reportage est remarqué et délie des langues.

Dans les mois, les années qui ont suivi, le zamal a fait des ravages à la Réunion. Je me suis félicitée d'avoir lancé l'information.

Une raison de plus pour le plus haut représentant de l'État de me détester tout le temps de sa présence chez nous, prétexte pour compliquer ma vie professionnelle. Un jour, alors qu'il vient de décréter l'alerte numéro 3 – le stade le plus critique – à l'arrivée d'un cyclone, il pique une crise de rage. Coup de fil furieux au rédacteur en chef :

— Comment ? Elle ne respecte pas mes ordres ? Comment ose-t-elle ?

Mon crime ? Le préfet, qui se croit encore au temps des gouverneurs à l'époque de la colonie, a entendu mon reportage radio à Saint-Pierre. Les habitants, effrayés par le cyclone avec l'arrivée de vents violents et de pluies d'apocalypse, ont profité du micro pour faire passer des messages. Ils étaient sans nouvelles de leurs familles dans les cirques montagneux les plus isolés de l'île.

Mais il ne fallait pas le faire. Monsieur le Préfet avait défendu à quiconque de s'aventurer dehors ! Mon reportage sonnait comme une inadmissible insolence. Il demande une sanction contre moi ! Impossible de me faire rapatrier en Métropole, solution classique pour se débarrasser des journalistes qui refusent d'être dans la ligne. Mais un préfet qui n'apprécie pas un journaliste, à cette époque, ce n'est pas très bon pour la carrière !

Un rendez-vous avec le diable

La ligne à l'ORTF Saint-Denis, dans les années soixante-dix, est fondée sur un ordre : interdire d'antenne les opposants à la forteresse gaulliste – le parti UDR – et ceux, souvent les mêmes, qui militent d'une façon ou d'une autre en faveur de l'indépendance. Ici, l'UDR, c'est l'État. Victime la plus emblématique, la plus célèbre de cet ostracisme : Paul Vergès, le patron du parti communiste. Cette chasse aux sorcières lui permet de construire et d'affirmer un solide charisme. Si Paul Vergès a acquis une telle aura auprès des professeurs et des dockers de la Pointe des Galets, des coupeurs de cannes à sucre et des chômeurs, c'est, en partie, grâce à l'auréole du héros privé de parole, victime de la stupide censure audiovisuelle...

Un jour, défiant tous les règlements non écrits, bravant le risque de perdre ma place, je veux en avoir le cœur net. Je donne rendez-vous au leader du parti communiste. Autant dire un entretien avec Lucifer en personne ! Où se parler ? Impossible d'aller dans un café, exclu pour moi d'aller au siège du parti. Pour un minimum de discrétion, je lui propose, comme point de rencontre, la petite salle d'études à l'entrée du centre universitaire. Il n'y a jamais personne, après nos cours de droit, le matin.

Paul Vergès arrive à l'heure, accompagné d'un apparatchik muet, tout en muscles. Je le rencontre pour la première fois autour d'une table rectangulaire en formica, pendant près d'une heure. Il est très sympathique, courtois, intelligent. Nous parlons de l'interdiction de l'ORTF qui pèse sur sa personne et sur son parti. Je lui fais part de mon désaccord avec cette pratique vieillotte, inefficace, même si je suis totalement opposée à ses conceptions politiques. Il veut l'indépendance, je ne vois pas d'autre protection que celle de la France. Mais tous les deux, nous sommes Réunionnais. Je lui promets que je ferai ce que je pourrai pour demander l'ouverture des antennes au débat démocratique.

Le temps de dévaler la rue de Paris, de contourner la statue de Roland Garros, notre héros, à peine ai-je franchi le grand portail de la radio que j'aperçois Irénée Colonne l'air goguenard. Il s'étouffe presque de rire, dans une bouffée de tabac noir :

— Alors, ça va avec les cocos ? Tu les as invités pour quand ? Ils prennent du café ou du rhum ? Ils veulent un drapeau avec la faucille et le marteau sur la table ?

Je ne m'attendais pas à un tel accueil, mais la conversation sur le thème de la liberté d'expression que je viens d'entreprendre avec Paul Vergès m'enhardit :

— Je ne savais pas que c'était l'Union soviétique ici !

Je suis terriblement mortifiée. Le directeur de l'ORTF est déjà au courant de mon entretien secret. Quelle naïveté ! Les sbires des Renseignements généraux ont fait leur travail. Je suis désormais cataloguée. De ce jour, surtout, je ne peux plus feindre d'ignorer que la limite de mon espace professionnel et personnel me condamne au contrôle permanent. Ni mon caractère, ni l'idée que je me fais de ma profession ne pourront s'accommoder indéfiniment d'un pareil carcan. Cette prise de conscience est une nouvelle donne. Il est encore un peu tôt pour s'envoler du nid mais je commence à entraîner mes ailes.

Ironie du destin ! En 1981, quand la gauche unie arrive au pouvoir, derrière François Mitterrand, le parti communiste infiltre plusieurs de ses journalistes, notamment de *l'Humanité*, à des postes de commande. Discrimination positive ? À la rédaction nationale de FR3, les communistes font tout ce qu'ils peuvent pour démoraliser ceux qui ne sont pas sur la même longueur d'onde qu'eux. Hervé Guibert, ex-syndicaliste reconverti dans le rôle de directeur de l'information, devient, sans vergogne, un véritable patron de combat, et menace les indisciplinés. Comment oublier cette algarade, dans les couloirs de la rédaction nationale de FR3, Cours Albert Premier, à Paris ? Pointant son index sous mon nez, il me met en garde :

— Ça ne vous ferait pas de mal de repartir en région pour apprendre votre métier.

Peut-être croit-il me mettre au pas, exercer une pression réellement dissuasive avec le risque d'éloignement géographique et me faire taire. Mais, droit dans les yeux, je lui montre clairement mon refus de laisser les communistes me forcer la main :

— Monsieur Guibert, en tant qu'ancien syndicaliste, vous devriez savoir que les menaces peuvent donner encore plus de courage ! Nous parlons en ce moment de liberté de l'information. Vous aussi, vous vous êtes battu pour cela, je crois ?

Il menace de chambouler mon existence par idéologie car il n'aime pas mes commentaires sur les mouvements de liberté à l'Est, en particulier mes reportages sur la Pologne. Il me fixe de ses yeux bleus sans humanité, tourne les talons, ruminant. J'ai rarement rencontré un dirigeant aussi haineux et donneur de leçons de journalisme. FR3 a mis plus de dix ans à se débarrasser de son image de « télé communiste ». Hervé Guibert était un élément – parmi beaucoup d'autres – de cette machine discréditée par le public.

Avant ce bras de fer avec les autorités audiovisuelles inspirées par la Place du colonel Fabien, à des milliers de kilomètres – quelques années plus tôt – dans l'idéalisme de mes vingt ans, face à Paul Vergès, j'avais encore tant de rêves sur la liberté d'informer, sur l'honnêteté, sur le courage individuel ! Il est vrai que tous les partis ont tous peu ou prou du mal à perdre les mauvaises habitudes : entre presse et pouvoir, le cordon est-il réellement coupé ?

12.

Bonsoir, monsieur Debré

« Le mort y boit pas le rhum d'boute[1] »

Un soir avec les bébêtes la nuite

La nuit va tomber. Il fait encore chaud et humide. « Les bébêtes la lampe* » voltigent comme des hélicoptères lourds, se posent de temps en temps et repartent à l'attaque. Cela n'empêche pas les bouches de rester ouvertes comme des casseroles : l'étonnement de voir d'aussi près ce « grand Blanc » à côté du type « couleur chocolat » sur l'estrade en bois.

Place de la mairie à Saint-André, ce jeune homme à la peau foncée, avec ses grands yeux rieurs qui électrisent la foule, micro en main, est une vedette. Jean-Paul Virapoullé saute, gesticule, crache le feu, en créole, en français. Personne n'a l'aisance de ce fils de malabars, les engagés venus de l'Inde pour remplacer, dans les champs

1. On ne peut pas compter sur les sourds.

de canne à sucre, les esclaves, devenus libres, après le 20 décembre 1848. Leur courage au travail, leur frugalité et leur discipline sont légendaires. Les malabars ont réussi à se hisser aux responsabilités civiques, alors qu'en ce milieu des années soixante-dix, dans notre ancienne colonie, aucun musulman, ni descendant d'esclaves n'est élu. À l'ombre des filaos, la conquête des suffrages se fait au rythme des combats à coups de pieds et de poings, au milieu d'insultes effrayantes, de meurtres. Gare à ceux qui seraient soupçonnés de « virage de moque », l'équivalent du retournement de vestes.

Nous sommes au printemps 1974. Le Président Georges Pompidou est mort le 2 avril. À la stupéfaction de presque tous les Français – son cancer avait été caché au peuple – le pays est précipité dans une campagne électorale à couteaux tirés. Les partis à Paris se souviennent brusquement de leurs départements et territoires d'outre-mer : les fameux DOM TOM, des poches de votes à ramasser. Toutes ces voix, en Amérique du Nord (Saint-Pierre-et-Miquelon), dans la mer des Antilles, en Amérique du Sud (la Guyane), dans l'océan Indien, dans le Pacifique, peuvent faire la différence en cas de scrutin serré. Ainsi, la grande politique française envahit régulièrement notre petite île, comme un cyclone. Un vent violent me secoue moi aussi. Depuis deux ans je présente les journaux radio et télé, au fil des mois, je suis devenue une personnalité de la vie publique, habituée à voir des inconnus me saluer au marché ou dire une plaisanterie : « T'es tellement mignonne, pourquoi tu ne joues pas un drame d'amour à l'écran ? » La notoriété dans une île aux dimensions réduites devient vite très encombrante, invivable. Jamais, cependant, je n'aurais pensé représenter un intérêt dans des joutes électorales. Je vais l'apprendre avec douleur. Il en restera des leçons et pas mal de bleus. Pour la vie.

Retour à la place de la mairie à Saint-André, où le jeune maire gaulliste, André Virapoullé, tient meeting. Vira, comme tout le monde l'appelle, est un symbole de la réussite, l'étoile montante de la politique sur notre minuscule planète. Il a un charme fou, maniant sans peur un verbe coloré et assassin contre ses ennemis jurés, les indépendantistes ralliés sous leur bannière rouge. Lui est un bleu, blanc, rouge, véritable dieu vivant. Maire depuis des lustres de sa commune de Saint-André, il fait la pluie et le beau temps sur la côte ouest qui sent bon la vanille.

L'homme qu'il fait applaudir ce soir sait qu'il lui faut compter avec Virapoullé, car il incarne la Réunion de demain. Cette Réunion-là est déjà en marche. Les moins de vingt ans sont majoritaires. Le « Blanc », à côté de Vira, c'est Michel Debré, l'ancien Premier ministre du général de Gaulle. À douze mille kilomètres de la métropole, aucune décision d'envergure ne se prend sans son aval. Quand il débarque à Saint-Denis Gilot, les élus de son camp ont le doigt sur la couture du pantalon. Debré n'est pas dupe. Parmi ceux qui le soutiennent officiellement, certains manquent de loyauté. Ils n'ont pas honte de pactiser dans l'ombre avec ses détracteurs dans l'espoir de prolonger leur mainmise sur des intérêts économiques... qu'ils mêlent sans complexe à la politique.

Élu député du département depuis 1963 (il le restera jusqu'en 1988), fin connaisseur des mentalités locales, Michel Debré est conscient qu'une lame de fond porte notre jeunesse. Un mouvement qui gonfle et gronde. Il est inquiet pour la présence de la France dans l'océan Indien car les changements annoncés sont considérables. Sur le continent, il s'alarme d'une démographie en chute, mais ici, la natalité galopante promet une surpopulation rapide par rapport aux ressources.

En outre, il le sait, le pouvoir politique, encore concentré entre les mains de quelques grandes familles blanches, va changer de mains. Bientôt, c'est inévitable, hommes et femmes de toutes origines, toutes religions vont demander leur part du gâteau et des responsabilités. Comment préparer le terrain pour mettre leurs énergies et leurs intelligences en commun, dans le cadre de la République, au service de l'économie, de toutes les ethnies, et des institutions locales ? La manœuvre s'annonce délicate. Jamais la France n'a été confrontée à un tel défi : comment catalyser cet incroyable creuset aux chatoiements balkaniques ? La tragédie algérienne est encore toute fraîche dans la mémoire de Michel Debré. Il veut tout faire pour éviter pareille tragédie en modèle réduit, éviter de donner le dessus à une ethnie, se tenir à égale distance des méfiances et des ambitions.

Ce soir, à Saint-André, il se dandine sur l'estrade en bois à des années-lumière de Paris, transpire comme un galérien, bégaie de joie, nage dans son élément.

— Oté, nu connais po qui voter ! Répète son nom ! (Les amis, nous savons pour qui voter ! Répétons son nom !) harangue André Virapoullé.

— Debré, Debré, scandent les femmes en capeline et les hommes édentés en chapeaux de feutre.

Michel Debré soupire d'aise, mais la foule s'est trompée. Ce soir, il faut applaudir le candidat à l'élection présidentielle qui s'est déclaré depuis peu à Paris. Vira intervient :

— Ben non, pas po lu ce coup-là ! Pas po Papa Debré (Mais non, pas pour lui cette fois, pas pour le Papa Debré), rectifie le beau diable.

— Alors qui ? dit-il la main en éventail derrière l'oreille droite, puis l'oreille gauche.

— Qui ça, lé po nous, marmaille, zot y connai don ! (Qui est pour nous les enfants, vous le savez bien)

— Chaban !Chaban ! hurle la foule comme à un radio crochet.

Jacques Chaban-Delmas, ancien Premier ministre, est le candidat gaulliste à la Présidence de la République.

Sur l'estrade, Michel Debré, en costume gris et cravate, malgré la chaleur, ne ressemble pas vraiment à la caricature du *Canard Enchaîné*. Comment reconnaître « Michou la Colère », un entonnoir sur la tête ? L'homme qui s'accroche au bras d'André Virapoullé a l'air heureux, humain, accessible. Quand il parle, il s'enflamme comme une touffe de vacoa* sous la lave rouge du volcan. Quand il dit « la France », il entre en transe, les yeux implorants, les mains en prière. Michel Debré est comique et touchant sur l'estrade chancelante, sous la Croix du Sud*, dans la nuit qui tombe.

Les gaullistes de la Réunion, comme ceux de métropole sont divisés après la mort du chef de l'État. L'un des ténors nationaux qui a semé la zizanie dans la famille est considéré ici comme un traître par les vieux caciques de leur formation, l'UDR. « Ce traître », c'est le ministre de l'Intérieur, Jacques Chirac, poulain du défunt Président.

Il a lancé une croisade contre son propre camp, contre Chaban, apôtre de la « La Nouvelle Société », héros de la Résistance, et candidat officiel des gaullistes. La machine de guerre de Chirac s'appelle « Comité des 43 » qui lance un appel à faire campagne en faveur d'un autre candidat à l'Élysée, un homme détesté de Michel Debré, qui l'accuse de vouloir « brader la nation » : c'est Valéry Giscard d'Estaing. Michel Debré veut remuer ciel et terre pour faire battre Giscard et il espère que pas un suffrage de son camp ne manquera sur notre île.

Il peut compter au moins sur une voix : la mienne. Pour une raison simple. Des techniciens qui m'accompagnent en reportage ont convaincu les différents responsables de la radio télévision que je suis une « gauchiste ». Ils disposeraient de mille preuves contre moi. Mes interviews sont orientées, j'excite les intervenants à placer des couplets contre les dirigeants au pouvoir. Une terroriste qui va dynamiter notre petit paradis, une femme dangereuse et sournoise. Que faire pour l'écarter des micros et caméras ? L'expédier en Métropole comme il est d'usage avec les fonctionnaires indociles ? Mais elle a été recrutée précisément pour travailler sur l'île...

Gauchiste !

Le directeur Irénée Colonne voit rouge, se croyant trahi par moi. Lui qui souffre du syndrome du pied noir d'Algérie crie vengeance, décide de me punir par une décision illégale et, espère-t-il, radicale : mise à pied sans salaire, pendant un mois. Je serais ainsi hors d'état de nuire pendant la durée de la campagne électorale.

Je comprendrai bien plus tard. Dans notre pays, et cela est encore pire sur un territoire insulaire exigu, un journaliste indépendant non lié à tel ou tel courant idéologique ne plaît pas. Cette habitude de mettre des étiquettes est bien française, liée à l'histoire de la presse chez nous, celle des journaux d'opinion plus que d'information.

Dans aucune démocratie au monde – du moins à ma connaissance – on ne trouve autant de journalistes liés aux hommes politiques, au point d'attacher leurs carrières professionnelles à celles de députés, ministres, responsables de tous niveaux. Une vraie symbiose. Ils ont tout intérêt à ce que leur protecteur monte : ils seront eux aussi dans l'ascenseur. Chez nous, un journaliste est systématiquement classé à droite ou à gauche. Basta.

Il serait faux et injuste, néanmoins, de réduire notre profession à une cohorte d'opportunistes. Dans la presse nationale comme dans les médias régionaux, de grands professionnels font honneur à la liberté de parole, à la pugnacité, à la volonté d'enquêter.

Personnellement, je ne me suis jamais attachée à un parti, ni à une personnalité politique. J'ai entretenu de très bonnes relations avec des responsables de gauche et de droite, avec les Présidents Mitterrand et Chirac, mais j'ai toujours refusé l'idée d'être membre d'un cercle intérieur, d'un clan. Je suis restée une journaliste curieuse, indépendante et qui se moque de gêner tel ou tel. (Ce qui, je dois l'avouer, n'aide pas particulièrement à grimper dans le service public.) Bien sûr, j'ai mes convictions politiques, et des candidats préférés, mais cela reste dans la sphère intime, une affaire entre l'urne électorale et moi. Cette attitude m'a valu quelques acrimonies.

Questions... d'amis

Comme si c'était hier, en effet, je me souviens de la dernière cérémonie de vœux de nouvel an de François Mitterrand à la presse, en janvier 1995.

François Mitterrand, trop affaibli pour rester debout, a fait installer des chaises à dossier doré tout autour de lui, dans la grande salle des fêtes à l'Élysée. Paris, la France, le monde, vibrent de rumeurs : le Président Mitterrand murmure-t-on, de toutes parts, souffre d'un cancer, il est en phase terminale. À la surprise des journalistes présents, il se présente en forme intellectuelle, répondant brillamment et avec précision à toutes les questions politiques. Nous nous connaissons personnellement depuis longtemps, bien avant son élection en mai 1981. Il connaît mon style direct. Je lève la main. Aussitôt il m'invite à lui poser ma question.

— À vous, madame.

— Monsieur le Président, vous le savez, tout le monde spécule sur votre état de santé. Dans les rédactions, les nécrologies sont rédigées. Les cassettes retraçant votre carrière politique sont prêtes à la diffusion. Vous avez l'air d'être en bonne santé. Faut-il ranger toutes ces nécrologies et les cassettes de montage ?

Silence épouvanté. Que les collaborateurs du palais me fusillent du regard, passe encore. La cour a peur. Mais dans la foule des journalistes, j'entends les murmures de réprobation, une vague de borborygmes : Hun ! Oh, Ah !

Aux États-Unis, en Grande-Bretagne, en Allemagne, ailleurs, une telle question serait considérée comme dure mais légitime. Ici, non. François Mitterrand reste totalement serein, et répond calmement, longuement. Il ne semble pas offusqué. Cependant les réactions ne lui ont pas échappé. En sortant, il me prend gentiment par le bras et me dit, devant témoins :

— Vous avez eu le droit de me poser cette question qui préoccupe les Français. Je ne vous en veux pas du tout.

Mais peu partagent cette ouverture d'esprit. Quelques jours plus tard, je trouve un encadré dans l'hebdomadaire *L'Express* qui m'attaque violemment pour « manque de tact ». Puis, tout à coup, à la rédaction nationale de France 3, je suis interdite de suivre les derniers voyages officiels de François Mitterrand et privée de la présentation du « Soir 3 » comme je le fais épisodiquement depuis des années, notamment l'été. Officiellement, aucune explication. Un jour, un hiérarque de la chaîne qui apprécie mon travail me convie à le rencontrer à la Maison de la Radio, peu de temps avant de quitter son poste, comme s'il souhaitait se libérer d'un poids. Il me fournit l'explication. Mes déconvenues viennent de l'intervention directe d'un des plus proches conseillers de François Mitterrand mais aussi de quelques journalistes parisiens éminents. Des donneurs de leçon qui me font penser à notre proverbe créole : « Tortues voient pas zot queue », autrement dit, on ne voit pas ses propres défauts.

C'est cet esprit journalistique, ce devoir d'interroger et d'informer qui m'avaient déjà guidée – plutôt par intuition que par réflexion – dans la campagne électorale pour les présidentielles, à la Réunion, en 1974. Cette année-là, sans le vouloir, je me retrouve dans l'engrenage des combats politiques. Ceux qui demandent ma peau, n'acceptent pas mon esprit d'indépendance, mon honnêteté professionnelle. Au début de mon aventure, les possédants, les « sucriers* » ne sont pas contents de mon travail parce que je fais des reportages montrant la misère de leurs ouvriers. Je décris des situations d'injustice écœurante, l'exploitation des ouvriers condamnés à suer avec des horaires sans fin pour une poignée de CFA, ou le travail au noir si répandu : Petit à petit, on me traite de « gauchiste ».

Gauchiste ! Quelle insulte, l'infamie suprême dans la bouche de ces exécuteurs de basses œuvres, ces hypocrites qui placent leur fortune à Paris, en Suisse et ailleurs. Que font-ils ces donneurs de leçon de civisme, pour neutraliser la spirale du désespoir qui risque de nous faire sombrer ? Cette bourgeoisie minable, recroquevillée sur ses intérêts est incapable de discerner les enjeux et d'organiser l'avenir. Elle est la meilleure alliée objective du camp d'en face, celui des indépendantistes.

Eux aussi me détestent, car je ne les épargne pas dans mes commentaires. Comme ce récent lundi matin après des élections cruciales. Ils avaient claironné que leur victoire serait sans appel. Résultat des urnes : les fidèles de Moscou boivent un grand bouillon comme disent les vieux créoles c'est-à-dire qu'ils sont défaits par un échec cuisant. Le lendemain au journal radio de la mi-journée, je remue le couteau dans la plaie en ponctuant mon « papier » par : « Qui avait dit que le scrutin serait un test ? » Ils ont fulminé. Entre les conservateurs myopes et les marxistes vengeurs me voici entre le marteau et l'enclume !

Face à eux, après ma mise à pied, vais-je aller à la plage, me dorer à Saint-Gilles pendant un mois de chômage technico-politique ? Ce serait tentant. Je n'ai pas soufflé depuis des... années. Malheureusement, je manque encore d'expérience pour relativiser, tourner la page en prenant du bon temps. Mais cette injustice me paraît d'autant plus inacceptable qu'elle porte atteinte à mon estime personnelle. Comment réagir efficacement, jouer un bon tour à ces pauvres types qui m'accusent de monter les ouvriers exploités en ennemis de la France ? En ces années de guerre froide, pour nous qui balançons entre un monde et un autre à cause des risques d'indépendance, être accusés de « gauchisme » n'est pas anodin.

Ce serait idiot de faire un scandale de ma mise à pied, de révéler publiquement que le droit est bafoué à la radiotélévision, en principe vitrine de l'expression publique : pain bénit pour ceux que je n'apprécie pas particulièrement, même si la nouvelle a fait le tour de l'île. À vingt-deux ans, me voici conspuée, placée dans l'œil du cyclone politique des élections présidentielles qui réveillent de vieilles divisions. Je suis déboussolée, je dors mal, le doute s'installe.

L'affaire prend des proportions inattendues vu l'étroitesse de nos frontières et la surexposition de ma profession. Tout à coup, pour les riches et les puissants, je suis dénoncée comme une dangereuse gauchiste, simplement parce que j'ai montré de l'intérêt et du cœur à l'égard des plus démunis. On n'a pas encore l'habitude de la confrontation publique des points de vue avec des instruments à forte résonance : un micro, une caméra. Alerte d'un genre nouveau chez nous. Ceux qui ont du pouvoir, même quelques miettes, prennent peur. Pour la préfecture, haut lieu de décision, je suis un élément dangereux dont il faut se méfier car je place les pauvres sous les feux de la rampe et, en les encourageant à réfléchir à leur destin, je les pousse à la révolte. On subodore que le préfet en personne a soufflé l'ordre de me mettre au piquet comme on met un soldat aux arrêts. Irénée Colonne, le patron de la radiotélévision, n'aurait pas pris une décision si illégale sans certaines assurances.

Au point où j'en suis, autant s'engouffrer dans l'arène, prendre la parole, dire clairement où me porte mon cœur. Après mûre réflexion, je n'ai plus peur d'aller dire publiquement, en citoyenne, que les idées d'ouverture de la société, prônées par le candidat à l'Élysée, Jacques Chaban-Delmas, représentent un réel espoir, alors que le parti socialiste se promène main dans la main avec les communistes. Le PS du candidat François Mitterrand est « prêt à larguer l'outre-mer ». C'est écrit noir sur blanc dans le Programme commun de l'Union de la gauche. Son article 6 me reste en travers de la gorge.

Pour ramasser les voix des indépendantistes, souvent jeunes, naïfs, portés par le vent sauvage de la liberté, qui imaginent l'indépendance comme un nirvana, la gauche joue avec le feu. À l'inverse, pour nous qui aimons la France, la séparation du continent est seulement un tout premier pas. Le deuxième, puis le troisième nous conduiront inévitablement dans les bras largement ouverts de l'Union soviétique. Un scénario catastrophe : la Réunion, un Cuba de l'océan Indien !

Une fois au pouvoir, sous le Président François Mitterrand, avec des communistes dans son gouvernement, la gauche a vite oublié l'article 6. Aujourd'hui, je serais la dernière à ne pas respecter le patriotisme et les mérites des communistes de la Réunion. Ils ne prônent plus l'indépendance et je compte nombre d'amis de valeur parmi eux. Tout le monde a fait un bout de chemin.

En 1974, les antagonismes étaient réels à cause de la menace du séparatisme. Dans un monde idéologique bipolaire, d'un bord à l'autre de la société, chaque individu se trouvait « de plein gré ou à son insu » porte-drapeau d'un choix de société qui avait un sens tranché. On était d'un côté ou de l'autre. Il n'était pas possible de ne pas se sentir concerné par la politique puisque celle-ci prétendait prendre des directions qui influenceraient directement nos vies personnelles. Un tel contexte s'apparente aujourd'hui à de la politique-fiction et pourtant...

Un très grand monsieur

C'est ainsi que, ce soir d'avril 1974, devant la mairie de Saint-André, dans la chaleur qui rend les mains moites, je me retrouve à titre privé, comme simple citoyenne, sur la même estrade que Michel Debré ! Autant dire, Dieu-le-Père personnifié ! Quand je suis arrivée, tout à l'heure, il m'a serré la main un peu négligemment. Ma réputation de gauchiste sulfureuse m'aurait-elle précédée ? Je saisis le micro. Je ne suis pas venue faire de la figuration.

Le meeting va s'achever. Je n'ai rien prévu de particulier, rien écrit. En réalité, ce que je vais dire, je l'ai souvent ressenti. Je dis simplement ma reconnaissance à tous ceux qui, en métropole, paient des impôts pour financer chez nous les écoles, les routes, les hôpitaux, et même des allocations familiales (aux couples mariés seulement à ce moment-là). Emportée par mes sentiments, je déclare ouvertement, publiquement mon amour à la France. Je ne mentionne aucun candidat. Aucun parti. Mais :

— Si j'ai pu passer mon bac, c'est grâce à Michel Debré. C'est lui qui a insisté pour faire construire le lycée Roland Garros du Tampon. Sans lui, je n'aurais eu aucun moyen pour aller étudier à Saint-Denis. Merci beaucoup monsieur Debré, merci la France.

La foule m'applaudit comme si j'étais une déesse. De toute façon, je pourrais dire n'importe quoi. Ce succès qui me fait plaisir, il résulte tout simplement de ma notoriété médiatique. Tous ces créoles foncés, jaunes, blancs, café ou chocolat, ces yeux bleus, noirs, verts, avec des nuances invraisemblables, ces femmes et ces hommes joyeux ressentent eux aussi l'attachement à ce pays si loin, si proche dont le nom, à lui seul, ressemble à une promesse. La France des années soixante-dix exerce une puissance d'attraction considérable parce qu'elle est respectée, malgré Mai 68, malgré les séquelles de la décolonisation.

La foule s'éloigne lentement, Michel Debré, ému aux larmes, me prend dans ses bras. Moi aussi je suis secouée. Un vrai coup de foudre réciproque ! « Deux capricornes qui se comprennent », dira en plaisantant Jean-Marie Dedéyan, son directeur de cabinet. Par la suite, plus d'une fois, je surprendrai chez cet homme que l'on décrit dur comme une pierre un regard de tendresse à mon égard, celui d'un père qui serait fier de sa fille. Pendant trois ans, Michel Debré m'écrit, le plus souvent à la main, pour me conseiller, me mettre en garde, parfois me féliciter. Il veille sur moi.

Mais je ne me suis pas battue pour l'homme politique qu'il était. C'était plus que cela : c'était pour son idée de la France, mon idée de la France aussi. Lui, qui avait créé avec de Gaulle la Ve République, en 1958, représentait cette célèbre « certaine idée » qui nous a rassemblés au-delà des clivages politiques et des déchirures nationales après la Seconde Guerre mondiale.

Tout ce mélange de raison et de sentiments, à vingt-deux ans, je ne le conçois pas d'une façon intellectuelle. C'est simplement la conséquence logique et candide de mes années à l'école de Mlle Dambelle et de Mme Prugnières.

Pour cette présence un soir, sur une estrade où je suis montée dire merci à la France et aux Français, on va me tabasser de tous côtés. Les aspects comiques ne manquent pas, car après tout, je ne suis ni candidate, ni clairon d'un programme politique, simplement, j'ai fait irruption sur une scène électorale sans en prévoir les conséquences.

Dans les jours qui suivent la réunion avec Debré et Virapoullé à Saint-André, je suis traitée de tous les noms dans *Témoignages*, l'organe du parti communiste réunionnais. Un tombereau d'insultes, d'insinuations, et des sobriquets désobligeants. Quand on est une journaliste d'une vingtaine d'années, se faire appeler « morue » publiquement dans le quotidien d'un parti politique pour avoir dit merci à son pays, qui doit avoir honte ?

Face à une avalanche répétée de grossièretés, de méchancetés, personne ne réagit. Personne ne prend le risque d'être dans la ligne de mire de Paul Vergès. Lui connaît ses adversaires politiques, méprise leur lâcheté, ne fait pas de cadeau malgré sa culture et sa finesse.

Pour moi, cette expérience reste une leçon utile, mais non intimidante, car je suis consciente des enjeux.

Par mon origine sociale, je devrais être le porte-drapeau de la cause prolétarienne, faire partie du même bord que ceux qui vilipendent la France, tout en profitant des avantages d'être Français. On n'en est pas à un paradoxe près. Plus tard, lorsqu'il s'agira de faire témoigner des dissidents de l'Union soviétique ou des pays satellites du grand frère, je comprendrai parfaitement les souffrances, les vexations, les mensonges que ce vieux système bolchevique a tenté d'employer sans vergogne, jusqu'à son essoufflement final, pour abattre ceux qui pensaient différemment. Aujourd'hui des militants sourds et aveugles soutiennent encore que le goulag n'était pas aussi criminel que l'univers concentrationnaire décrit par Soljenitsyne, répondent que les camps en Sibérie étaient nécessaires pour combattre « l'anticommunisme primaire »...

Mon expérience personnelle du dénigrement public, à vingt ans, dans une île petite comme un napperon, où tous les cancans circulent à la vitesse de l'éclair, m'a aidée à construire un indispensable pare-choc, la méfiance à l'égard des idéologies.

Évidemment les choses auraient été plus simples, si le camp d'en face, celui qui proclame son attachement à la métropole, était au-dessus de tout soupçon. Est-ce le cas ? Loin de là. Après avoir fermé les yeux pendant des décennies, les institutions chargées de l'application de la loi passeront à l'action. Le déluge de mises en examen dans les années quatre-vingt-dix a donné une idée de la moralité publique à la Réunion, à droite et à gauche. C'est une explication du lourd silence qui régnait lorsque le journal du PCF me clouait au pilori ! Le pire côté de la solidarité insulaire.

Face aux indélicatesses de certains gros poissons dans sa famille politique, Michel Debré est plus qu'embarrassé. Il a honte. Depuis notre rencontre sur l'estrade de Saint-André, chaque fois qu'il revient, il m'appelle. Conversations en tête à tête, à bâtons rompus. Il souhaite entendre un point de vue sans fioritures, savoir ce qui se dit, ce qui se passe. Quand je lui parle de tel élu qui s'est enrichi, sans problème, sur le dos des Réunionnais, avec l'argent des contribuables de l'hexagone, il se lève de sa chaise, lève les mains, l'air impuissant, avant d'articuler, presque suppliant :

— Écoute, ma chérie, tu sais eh, eh, eh...

Pas très convaincant et plutôt pathétique. Pourquoi ne les envoie-t-il pas balader ceux qui affirment une chose devant lui et font le contraire dans son dos ? Pourquoi n'a-t-il pas envie de lancer une véritable opération mains propres ? Ce serait un grand service à nous rendre. Tout le monde sait qu'il est d'une grande intégrité, alors pourquoi couvrir des margoulins ?

À cette époque, son parti, l'UDR, règne en maître. J'ose une proposition :

— Si vous sacrifiez quelques vieilles branches mortes, une nouvelle génération plus généreuse, plus idéaliste pourrait préparer l'avenir ?

— Tu as plus de pouvoir que moi !

Plus de pouvoir que lui ! Là, il me cloue le bec. Le père de la Constitution du 4 octobre 1958, l'ancien Premier ministre du Général, celui qui fut ministre des Finances, ministre de la Défense, combien d'autres portefeuilles, l'un des piliers de la Ve République serait moins outillé qu'une jeune journaliste sans expérience pour changer les choses ? Il a l'air sincère.

Entre-temps, c'est vrai, les gaullistes ont perdu l'Élysée.

Tous les efforts de Michel Debré pour empêcher l'élection de Valéry Giscard d'Estaing sont restés vains. J'ai devant moi un homme brisé. Un homme d'une grande gentillesse, d'une infinie simplicité. Tant de hiérarques du régime ont tremblé devant lui. Face à une journaliste débutante qui pose des questions simples, il reste sans argument, sans chercher à mentir. Tout le contraire de ces minuscules élus qui ont toujours des réponses à tout. L'heure de la communication politique, avec ses messages tout préparés, broyés par des spécialistes des médias n'a pas encore réellement sonné. De toute façon, ce n'est pas son style.

Il semble simplement inconsolable : sa fiancée, la France, cette fille imprudente, file un bien mauvais coton. Le pouvoir s'éloigne de plus en plus de lui. Michel Debré est au bout du rouleau, en désaccord avec son époque car le temps de l'épopée gaullienne est définitivement révolu.

Nous discutons à cœur ouvert. Je n'attends rien de lui. L'idée de lui demander de m'aider à obtenir une promotion à Paris, ou quoi que ce soit, ne me vient simplement pas à l'esprit. Il le sait. Aujourd'hui, ce symbole de la France fière d'elle-même, debout, défiant ceux qui mettent en doute sa capacité de grandeur, n'est plus à la mode. Mais a-t-il été un jour à la mode puisqu'il n'a jamais cherché à plaire ? On se moque de lui, ses valeurs sont ridiculisées. Avec la disparition physique de De Gaulle – il en est sûr – une partie de la substance française s'est aussi évanouie pour l'éternité.

Ces rendez-vous avec Michel Debré, pour bavarder, de choses et d'autres, sans protocole, sont à la fois irréels et humainement passionnants. Il m'explique, n'a pas peur de parler. Je l'écoute sans prendre de notes.

Quand il m'invite un jour, dans sa maison de Mont-Louis, près d'Amboise, dans son fief d'Indre-et-Loire, l'atmosphère, à table, avec sa femme, me suggère qu'on ne doit pas rigoler tous les jours chez les Debré. Dans l'embrasure d'une porte, un jeune homme passe la tête timidement, comme s'il dérangeait. Je comprends que c'est son fils Jean-Louis. Quand la tête disparaît, Michel Debré, l'air un peu las, un morceau de pain dans la main, lâche fièrement :

— Jean-Louis. Études de Droit.

C'est un homme pudique et sévère avec ses fils. Les jumeaux Jean-Louis et Bernard ont tous deux été ministres de « sa » Ve République. Le second, brillant médecin, a soigné François Mitterrand.

Jean-Louis, l'air toujours un peu gauche, comme le père, me confiera, bien longtemps après, Place Beauveau, alors qu'il est ministre de l'Intérieur :

— Mon père détestait les journalistes. Vous, il vous adorait.

Dans la belle maison créole, mise à sa disposition quand il est de passage, avenue de Paris à Saint-Denis, qui pourrait deviner que le Michel Debré dépeint comme archétype de l'homme politique dépourvu de sentiment, un homme craint, détesté, brocardé cruellement, est à ce point désarçonné quand je lui demande innocemment si ses rêves à l'âge de vingt ans correspondaient à son itinéraire ?

Presque au soir de sa vie, il n'en est pas si sûr. Ses lourds silences, ses mains qui se tordent pour dire son embarras, ses déchirements visibles laissent deviner son combat intérieur. Certains épisodes de sa politique d'émigration des jeunes Réunionnais sont loin d'être réussis, le sort réservé aux petits Créoles de toutes couleurs envoyés dans les fermes de la Creuse dans les années soixante, ou la tragédie des pieds-noirs d'Algérie, celle des harkis massacrés, méprisés... Sur toutes ces questions, il ne s'est pas laissé questionner publiquement. J'ai eu le privilège de l'écouter à cœur ouvert.

Ni lui, ni moi n'aurions pu imaginer une seconde cette scène proprement surréaliste à Saint-Denis, en mars 2006 : Paul Vergès et Jean-Louis Debré, tombant dans les bras l'un de l'autre lors des cérémonies marquant le soixantième anniversaire de la départementalisation. Cette image à elle seule résume le chemin parcouru, et rappelle qu'il ne faut pas toujours prendre la politique au tragique.

13.

La vie est belle

« À bonne rentrée, bons z'accordailles[1] »

La fourchette de Saint-Denis

Retour à mes premières années dans le journalisme, au bord de l'océan Indien.

Très vite, la roue tourne dans le bon sens, peut-être même trop vite, avec des accélérations qui donnent le vertige. J'ai peur que tout ce nouveau décor s'effondre. Si gagner un salaire régulier, avoir un toit sur la tête sans craindre l'arrivée du propriétaire furieux de ne pas être payé, si tout ce confort repartait au néant, comme un feu de brousse ?

J'ai loué un petit studio avec vue sur la montagne. Quelle joie ! Il suffit de tourner un robinet pour voir l'eau couler et appuyer sur un bouton pour voir la nuit comme en plein jour. Je possède même un compte au

1. La chance vient à qui sait attendre.

Crédit Agricole, un numéro à la Sécurité Sociale, un emploi, un téléphone, une armoire avec trois robes, une bleue, une noire, une rouge, deux paires de chaussures (deux paires de chaussures en cuir pour une marcheuse aux pieds nus, c'est le Pérou), une adresse, une place dans la société... Minuscules apparences de petits bourgeois aliénés ? J'imagine les ricanements bruyants et méprisants des enfants gâtés, accrochés aux privilèges d'un pays repu. Dérisoires à leurs yeux ces choses insignifiantes ! Où est le mythe du bon sauvage des tropiques qui vit d'amour et d'eau fraîche ? Ils ne connaissent rien de la pauvreté qui sape le moral, détruit l'estime de soi, ronge la santé, ce dénuement qui donne aussi une rage de vivre et de réussir. Parfois, je me lève la nuit pour bien m'assurer que tout est vrai, que mes robes sont là et mes extraits de banque aussi !

Prête à pactiser avec Lucifer lui-même, je jure de ne plus jamais être lancée comme Tantale dans l'interminable chasse quotidienne de nourriture. Seuls ceux qui l'ont vécu peuvent comprendre ce dégoût, cet effroi devant le spectre de la misère avilissante. De là me vient mon énergie : me sauver, avancer, courir vite, comme les commandos sur la falaise qui progressent avec la résolution formidable de ceux qui n'ont pas le choix : chuter et mourir, ou avancer sous la mitraille avec une chance de sauver leur peau.

Une fois pour toutes, mon cap est fixé ! Fille d'immigrée, je choisis le chemin de l'intégration, y compris dans les gestes de la vie quotidienne. Pourquoi cultiver ma différence sur des broutilles sociales du quotidien ? À ce moment-là, je crois que le renoncement à certains particularismes ne ruine pas mon identité, ma personnalité, n'est pas une concession mais une méthode raisonnable pour me couler plus facilement dans le mode de vie collectif. Facile à dire, pas toujours simple, surtout quand se mettre à la page concerne les détails. Goethe avait raison : « Le diable se niche dans le détail ! »

Pendant des mois, j'ai posé des dizaines de lapins, trouvé tous les subterfuges possibles, inventé les explications les plus farfelues pour me dérober à ce qui me semblait être l'Annapurna de ma nouvelle existence sociale. Je vivais une vie de schizophrène : d'un côté, j'étais connue, presque célèbre parce que je passais à la télé – il n'y en avait qu'une ! – je croisais les notables de l'île – maires, députés, chefs de partis politiques, industriels. De l'autre, ma biographie de fille d'origine misérable comportait des trous : je ne savais même pas nager, ça ne se faisait pas chez nous, perte de temps. Jamais je n'étais montée sur un vélo, et bien sûr je ne savais pas danser. Vélo et natation sont aujourd'hui mes activités sportives préférées.

La vie mondaine – bars, discothèques, dîners en ville – dans sa plus simple expression m'était étrangère. Ignorant les codes et les usages de ce monde de la représentation sociale, je voulais éviter à tout prix d'aller... dans un restaurant ! Jusqu'au jour où je n'ai pas pu reculer : les responsables de la rédaction invitent quelques journalistes autour d'une table pour discuter.

Me voici avenue de Paris, dans l'entrée de la salle à manger de l'hôtel de l'Europe, cantine prétentieuse des huiles de Saint-Denis. Je sue à grosses gouttes, la nausée m'envahit et comme toujours quand une forte émotion me domine, mes jambes flageolent. Un supplice. J'avance comme au bord d'un précipice et si je ne trébuche pas, c'est grâce à la main charitable d'un serveur, habillé comme un croque-mort. Encore quelques pas, et je m'attable avec la demi-douzaine de convives. Au passage, j'accroche la nappe avec mon sac, les verres valsent, les couverts voltigent, des dizaines de regards surpris et méprisants se fixent sur notre groupe : je me confonds en excuses comme si j'avais provoqué l'écroulement de la galerie des Glaces du château de Versailles.

L'épreuve ne fait que commencer. Pendant une éternité, la liste des plats s'étale... à l'envers sous mon regard de myope, jusqu'à ce qu'une âme secourable ne la retourne. Hors-d'œuvre totalement inconnus : côte de bœuf saignante (beurk), canard à l'orange (étonnant), veau Marengo (que vient faire ici Napoléon ?)... Devant ces textes exotiques à « la manière du duc de Machin-truc », je suis surtout éberluée par les prix : combien de salaires d'un coupeur de cannes à sucre dans l'addition qui arrivera ? Il y a quelques mois encore, j'étais de l'autre côté du miroir. Difficile de passer d'un bord à l'autre. Mais pour l'instant il vaut mieux oublier les tribulations du « journalier agricole » et me concentrer, pour donner le change, éviter un nouveau désastre après l'affaire de la nappe baladeuse.

Et maintenant, il faut déguster ces nouveautés. Oui, mais comment ? Pour la toute première fois de ma vie, je fais connaissance avec un ustensile étrange, menaçant et pas vraiment beau. Je connaissais les cuillères, j'avais déjà utilisé un couteau – il y en avait un chez nous pour l'épluchage des chouchous – mais jamais je n'ai porté à la bouche cette chose piquante et légèrement courbée. Jamais. Une fourchette ! J'en ai même deux devant moi ! Quelle horreur ! Fourchette, mon ennemie, je savais que tu existais, j'aurais dû m'entraîner et maintenant je vais devoir t'emmancher, t'affronter sans formation préalable. Tu étais ma hantise, mon désespoir, la raison des lapins posés à des innocents qui m'invitaient à leur table, mais je ne peux plus t'éviter. Allons-y ! Objet de sorcière, je vais te vaincre ! Qui t'a imposée sur les tables royales ? Bien tard d'ailleurs, au dix-huitième siècle, en Europe, bien plus récemment ailleurs et encore pas partout !

Je ressors éreintée mais vivante de mon premier restaurant et finalement prête à franchir un jour ou l'autre une nouvelle mise à l'épreuve… de la fourchette. De toute façon, ce n'est – osons le jeu de mots – qu'une mise en bouche, vu la quantité de mystères à deviner, sur les us et coutumes des gens de ma nouvelle classe sociale.

Le lundi matin, alors que les copines de la fac arrivent les yeux à moitié fermés, je suis un martien quand elles parlent de leur « soirée en discothèque ». Quelle idée ! Passer une nuit blanche dans le vacarme et la fumée, juste pour être vu ! Je suis déjà tellement crevée par ma semaine de reportages et de présentation des journaux, tout en m'escrimant à préparer les travaux dirigés des cours de Droit, je ne vois pas comment j'aurais la force de danser ou d'aller à la pêche aux garçons. D'ailleurs, une telle entreprise ne figure pas dans mon programme d'intégration, je n'ai ni le loisir ni l'envie d'avoir un petit ami ; il paraît pourtant que c'est obligatoire à mon âge.

Je suis si épuisée que je « tombe au lit » à minuit passé. Il me faut une énergie considérable pour me déshabiller avant de lâcher mes vêtements par terre et de m'enfoncer dans un sommeil de mort. Une fois, cet état d'épuisement me cloue au lit… ! À quatre heures du matin je n'entends pas sonner mon gros réveil rouge, malgré sa cloche métallique munie d'un petit marteau qui tape avec un bruit de forgeron. Ce jour-là, les braves gens de Saint-Denis, Saint-Pierre, Saint-Louis, sur les côtes, dans les îlets, partout se sont contentés d'un beau silence radio ! Pas d'informations à six heures et demie, ni à sept heures, à huit heures non plus… Du jamais vu dans l'histoire des ondes ici. Musique ininterrompue à l'ORTF Saint-Denis, seule antenne de l'île, au lieu de trois journaux qui commencent par : « Bonjour... au micro ce matin Mémona Afféjee. »

Quand j'émerge de ma fatigue comateuse, je tends ma main vers mon transistor, juste au moment du générique d'« Entre nous, mesdames ». Malheur ! Il est déjà dix heures et demie du matin, le soleil brille par les volets, la panique s'empare de mon système déboussolé, un froid glacial me saisit alors qu'il fait trente degrés dehors. Direction le médecin. J'arrive tremblante et confuse, certaine que le licenciement m'attend ; le docteur Finck ne peut que me rédiger un certificat médical pour incapacité provisoire. Je suis vraiment malade... et sauvée. La peur de ne pas être à l'heure continue régulièrement à peupler mon sommeil de beaux cauchemars. Depuis, du « fin fond » des pays les plus difficiles d'accès, jamais, quel que soit le décalage horaire, je n'ai raté un direct ou l'envoi d'un reportage par satellite. L'effroi du retard est entré dans mon engrenage vital.

Un taxi-pays sur la corniche

Si avoir une vie normale de fille de vingt ans ne me paraît pas prioritaire, l'essentiel, en revanche, c'est emprunter la route littorale, la corniche la plus chère du monde, un itinéraire régulièrement enseveli sous des millions de mètres cubes de roches. Direction sud, vers le Tampon. Maman, Doudou, Farouk, Tati, personne du clan ne comprendrait que je reste éloignée d'eux trop longtemps. Ils penseraient que je file un mauvais coton, que je me suis laissé séduire par un « z'oreille de passage »*. La honte. Saint-Denis-Le Tampon, moins de 90 kilomètres. Je voyage toujours en taxi « pays », faute d'avoir eu le temps de passer mon permis de conduire. L'avantage, c'est de rencontrer les téléspectateurs en chair et en os qui me connaissent comme une papangue* des hauts. Le trajet passe tel un éclair.

Le taxi-pays se brinqueballe dans une vieille Peugeot, modèle « familiale », avec Jean-Paul ou Tit*-Racchid, le cafre ou l'Indien au volant, parfois Tit-Claude, le yab* des hauts qui conduit pieds nus. Le chauffeur ramasse tous ceux qui veulent être transportés à l'autre bout de l'île, pour une poignée de francs CFA. Quand le véhicule finit par démarrer, lourd comme un camion, nous sommes une bonne dizaine, entassés comme des sardines, hommes, femmes, enfants, accompagnés parfois de poulets attachés en grappe par les pattes et qui menacent de s'envoler dans les virages. Les nombreux bagages sont disposés dans un système ingénieux, sur le toit, accrochés à nos genoux, sous nos pieds. La « familiale » avance en gémissant sous son poids dans la rigolade générale. Pour un journaliste, les sujets de conversations sont une source inépuisable, un baromètre des soucis et des opinions. La France, la métropole comme nous disons, joue un rôle dominant dans les discussions, on râle, mais on est patriote, avec fierté. Tout le monde a un frère, une cousine qui fait sa vie là-bas, quelque part entre le Massif Central et Dunkerque. Auprès de ces passagers bavards, je suis au courant de l'atmosphère dans les cases et les buvettes « la rac »*, branchée en direct sur radio cocotier !

— Regarde, c'est la fille de Marie-Claire qui passe à la télé, disent des femmes.

Je dois caresser les têtes de leurs petits comme si je les bénissais.

À l'arrivée, maman m'attend patiemment avec Doudou. Direction en taxi – eh oui ! – chez Chinois Jean. Entrée fière, tête haute, chez celui qui possède la plus grande épicerie de notre village au-dessus du Tampon. Le fils d'émigrés de Shanghai qui ont fui la révolution de Mao se débrouille bien. Me voici presque à égalité sociale avec cet exilé de la Chine populaire, dans le rôle de la tante d'Amérique. Rien n'est trop cher. Ça ne se fait pas de discuter des prix. Comme tous les anciens pauvres, je remplis le chariot de produits aperçus dans les rêves : pour nous, ce sont boucanés*, riz à profusion, huile par bouteille entière et plus quelques gouttes, fruits « de France », mais aussi quantités de babioles inutilisables, des horreurs immangeables, achetées à prix d'or, comme ces chocolats au goût de farine mouillée. Mais ça fait du bien de savoir qu'on peut payer comptant des produits totalement inutiles. Chinois Jean, petit sur ses jambes arquées, est le témoin souriant et intéressé de notre ascension, de notre résurrection sociale. Il ouvre des yeux ronds et moi largement mon porte-monnaie. Maman ne dit rien, mais elle sourit d'un contentement silencieux sur l'air de :

— Ma fille paye. Elle est riche.

Chinois Jean, que tout le monde appelle Chinois Jean, sans que personne ait une idée derrière la tête – vous avez pensé à quelque chose comme : raciste ? Nous, non, lui non plus, notre épicier donc, a oublié le temps où il me suivait pas à pas dans sa boutique. Il était sûr, une fois sur deux, de dénicher un morceau de morue sèche dans ma poche, ou un savon de Marseille sous mon bras qui bougeait comme celui d'un pantin désarticulé. Maintenant qu'il entend ma douce voix dès six heures trente le matin dans son transistor, et que le soir à sept heures et demie, il ne peut pas rater ma binette en noir et blanc, à la télé, Chinois Jean adopte un langage différent, accompagné d'un petit cinéma obséquieux. Les mains croisées sur sa bedaine, comme un prélat exténué, il multiplie courbettes et compliments sirupeux :

— J'ai beaucoup apprécié ce que vous avez dit au ministre Michel Debré. Vous avez du courage ! Beaucoup trop de « gros vazas »* se remplissent les poches Il faut réagirrrr !!!!

Il serait le dernier à réagir. Effrayer les gros poissons, ce n'est jamais très bon pour le commerce et Chinois Jean n'aime pas les vagues. Sous le regard incrédule de maman qui observe la scène en silence, je laisse tomber :

— Je ne suis pas sûre de pouvoir continuer à dénoncer longtemps les petits manèges locaux sans avoir de problèmes. Un jour, un coup de fusil... une volée de sabre à cannes... C'est dans nos habitudes de règlements de comptes... !

Conversation sur le ton badin de deux enfants d'immigrés, unis autour d'un trésor commun : le sentiment d'appartenir à un même pays. Pourtant, ni lui, ni moi, n'avons renoncé au fond de nous à nos héritages particuliers. Ce patrimoine personnel s'entretient, se célèbre dans l'intimité de nos univers intérieurs. Chinois Jean me respecte parce que la petite fille misérable d'autrefois a franchi un cap. Il pense que je fais désormais honneur à notre ville. Nos origines respectives ne nous enferment pas dans le repli de nos communautés. Nous faisons partie d'un ensemble, cet ensemble c'est la France. Il est fier de ma réussite alors qu'il n'a certainement pas oublié le coup de pied qu'il m'a donné aux fesses il y a moins de deux ans, à la rentrée en classe de terminale : un plumier en bois avec des canards peints dessus avait fait un bond direct de son étagère à ma besace en goni*. Nous étions dans deux univers parallèles.

La bague et le cœur de Jésus

Pour entrer dans le nouveau monde, maman me fait comprendre qu'il faut impérativement signaler notre changement de statut par des signes extérieurs visibles. Avant toute chose, elle désire un cadeau. Dans le bazar d'Ibrahim à Saint-Pierre, elle me désigne une pièce qu'elle a repérée après une longue réflexion.

— C'est lui ! Il souffre tant ! Regarde Momine ma fille, une protection comme ce grand bon Dieu, on n'en a jamais eu.

Elle m'a désigné un tableau de la taille d'une table de cuisine dans un cadre doré. Je le présente au caissier musulman qui reste impassible comme s'il venait de vendre un rouleau de fil de fer. Ibrahim donne un coup de chiffon sur la vitre de notre acquisition pour enlever la poussière : un grand Jésus sous verre, les yeux bleus tournés vers le ciel et la poitrine ouverte déchirée par ses propres mains. Jésus montre son cœur béant et saignant sous le regard en larmes de maman. Le plus grand cœur de Jésus dégoulinant de sang va désormais se trouver à notre domicile, transformé en une sorte de Lourdes dévolu aux miracles tropicaux. Les voisines frappent chez nous à toute heure pour l'admirer, l'implorer, le récompenser avec des signes de croix dans tous les sens surtout après un p'tit coup d'sec*.

Maman n'a pas fini de souhaiter de nouveaux totems. Depuis la semaine dernière, c'est une machine à laver. Paiement cash. Elle est fière. Mais elle aurait dû l'installer directement au salon. Jugeant avec dédain ce robot qui ne lave pas aussi bien qu'elle, elle l'a placé dans un coin, avec un napperon et un bouquet d'indigo dessus. Ce n'est plus un simple article d'électroménager, mais la preuve tangible que nous ne manquons rien des exigences de la modernité. Maman soupire d'aise quand elle entend les commentaires de ses admiratrices :

— Claire est à l'aise. Il ne lui manque rien. Elle a un beau pied de riz*, Claire !

Surtout, c'est un sacré pied de nez à ceux qui ont ri de nous dans l'ancien monde, une jolie petite revanche. Au fait, la famille Séry commence à nous regarder comme des gens fréquentables. Tiens, comme c'est bizarre ! La télé rend fou ? Pas seulement ceux qui la font !

Le cœur de Jésus et la machine à laver sont un début sur le chemin de la réhabilitation morale. La liste des acquisitions est longue, et ma situation financière constamment au bord de la faillite, mais pas question de négliger les vraies priorités. Je sais ce qui manque par-dessus tout à ma créatrice. Elle m'en a parlé il y a bien longtemps, un soir à la lumière dansante d'une bougie qui vacille. Je n'ai pas oublié. Je vais pouvoir la combler au prix d'un petit mensonge. Marie-Claire Séry, mère de onze enfants – dont quatre morts –, femme d'un même homme toute sa vie, veut porter un signe qui témoigne de sa dignité. Notre mère souhaite porter une bague. Pas n'importe laquelle : une bague bénie. Je lui achète une alliance en or et je vais voir le curé :

— Mon Père, pouvez-vous bénir cet anneau ?

Le Père Rochefeuille ne badine pas avec la solennité des choses de l'église. Ce dimanche matin, après la messe, je l'attends à la sortie de la sacristie où je lui barre carrément le passage. Il me reconnaît, observe, l'air soupçonneux, le bijou doré que je tiens au creux de ma main.

— Mais pour quoi faire ? À qui appartient cet objet ?

— À ma mère, mon Père. Elle a dû en racheter un. Elle a perdu l'original en faisant la lessive.

Le curé ne croit pas un mot de mes balivernes, mais il cède et fait le signe de croix sur « l'objet ».

— Au nom du Père, du Fils...

Dieu me pardonne, mais je vais enfin pouvoir passer au doigt de ma mère l'alliance bénie qu'elle n'a jamais eue. Elle est désormais mariée.

La maison promise

Comme toute nouvelle épouse riche, il lui faut un toit confortable. À cinquante ans passés, la fille de Jules Séry va enfin accéder à son rêve. Je lui en fais la surprise.

— Maman on déménage dans une semaine !

— Ah non ! Je reste ici.

Elle réagit comme un prisonnier qui a passé des années derrière les barreaux. Au moment d'être poussée vers la liberté, elle flanche de panique. Les mains sur la tête, elle implore, consternée :

— Pourquoi partir ? On est bien dans cette p'tite case. Le loyer est raisonnable. Ton frère Mamode a installé la lumière (le raccordement au réseau électrique), l'eau coule à flots dans les robinets argentés de la cuisine. En plus, si je m'en vais, qui pourra aider Josette, Jeannine, et les autres, pour les neuvaines devant le cœur de Jésus ?

— Maman, j'ai trouvé la maison que je t'ai promise quand j'étais en cours moyen deuxième année, tu te souviens, j'étais dans la classe de Mme Prugnières ? Je l'ai achetée. J'ai acheté une maison pour toi ! Viens la voir. Elle a un grand jardin avec des pieds de café comme à la Case Lumière ! De la varangue on peut voir la mer !

Une maison, une vraie maison, avec un portail blanc, une pelouse, des arbres qui embaument l'air du soir. Adieu les commères en quête de prières. Maman ne discute pas longtemps. À vingt-deux ans, je remplis ma promesse, même si je viens de me mettre une corde au cou avec un crédit sur dix-sept ans à un taux de... dix-sept pour cent au Crédit agricole du Tampon !

Au point où j'en suis, au diable l'avarice. Chez Omarjee à Saint-Pierre, je signe une dette costaude sur l'équipement d'un ménage complet : meubles, réfrigérateur, tapis, vaisselle... J'avais déjà acheté un poste de télévision avec mon tout premier salaire. La mariée est installée chez elle. Pour la première fois de sa vie. Elle n'ose pas trop croire que cet attirail lui appartient. Elle « refuse d'user » le canapé et les fauteuils recouverts de dralon marron. Nous regardons le salon à distance sans oser nous asseoir pour ne pas la contrarier. Il lui faudra des années avant d'utiliser son mobilier, et encore, en le recouvrant de chiffons anti-taches.

Zora, Jean-Michel et les autres

Au retour des week-ends, le lundi matin à bord d'un taxi-pays, quand je ne suis pas de permanence pour le premier journal radio, direction le vieil immeuble de la Compagnie des Indes, avenue de Paris. De sept heures à neuf heures, le matin, puis le soir de dix-sept heures à dix-neuf heures, préparation de la maîtrise de droit.

Sur les bancs en bois, sous les grands palmiers du centre universitaire lorsque nous avons cinq minutes, « notre pays » est presque l'unique sujet de conversation entre étudiants. Les plus veinards, ceux qui ont eu l'occasion d'y mettre les pieds, arborent un air de mystère comme s'ils avaient touché le Saint Graal.

Marie-Hélène, la blonde de Saint-Joseph, avec son air de Sainte Nitouche et un accent qui sonne faux ressemble à une fondamentaliste :

— Il me tarde de quitter cette île d'attardés mentaux qui ne rêvent que de letchis et de carry de poulets ! J'irai bientôt m'installer comme clerc de notaire à Montpellier.

Visiblement, je ne suis pas la seule à localiser confusément ce nom de ville sur l'hexagone, mais surtout je ne vois pas pourquoi on serait obligé de dénigrer nos habitudes locales :

— On peut garder son histoire, ses goûts, préférer les couleurs d'ici en décembre, rire de nos gros mots créoles, tout en étant français à cent pour cent.

Zora, ma copine qui me fait déguster des rougails au piment pendant nos révisions, se lance dans la provocation :

— Dis donc, Marie-Hélène, pour escalader les pentes du volcan, il faut d'abord être solide sur un pied et après tu avances l'autre mollet... Si tu renies ton histoire réunionnaise, tu crois que tu pourras t'adapter là-bas ? Tu ne penses pas qu'on doit d'abord assumer ses origines avant de jouer dans le grand cirque national ?

Zora, la rieuse, cent pour cent d'origine indienne, est une fille sans complexe. Tantôt enveloppée dans son voile, tantôt en jeans et chemisier décolleté, et parfois, superbe, en sari de soie rose. Elle fredonne la Marseillaise avec la même tendresse que les sourates du Coran.

Pendant le ramadan, elle suit ses cours sans gémir, avec l'assurance sereine d'une adulte qui assume ses choix, sans ostentation hautaine, sans exhibition d'héroïsme. Sa foi religieuse n'est imposée à personne. Elle n'aime pas en parler. Le soir, nous sommes plus d'un, fille ou garçon, à profiter avec ses parents, qui parlent à peine des rudiments de français, de l'iftar, le repas de rupture du jeûne. Dans quelques semaines, à noël, notre camarade d'études sera parmi nous pour célébrer une occasion qui lui paraîtra tout aussi naturelle.

Zora, Marie-Hélène, Jean-Michel – qui parle couramment le mandarin –, Gilbert, le fils de malabars, tous ensemble, toutes religions confondues, toutes origines, côte à côte, nous sommes à l'aise avec nous-mêmes parce qu'au-delà de nos différences, un port d'attache nous réunit, avec une promesse : Liberté, Égalité, Fraternité. Plus qu'un slogan, la trilogie qui s'étale sur les monuments aux morts, sur les mairies, sur les écoles, forme un rempart.

Arrière-petits-enfants d'anciens esclaves, descendants d'esclavagistes, représentants d'immigrants acculturés, personne n'imagine dominer l'autre, accuser le voisin, incriminer le passé. Mes camarades et moi, nous avons vingt ans. Les sirènes de la division peuvent flotter, là-bas, loin sur l'océan Indien. Elles n'auront jamais le droit d'accoster. C'est notre serment silencieux, fin juin, les yeux rivés sur les résultats des examens.

14.

Bonjour la France !

« Chercher carapates su'la peau béf[1] »

Ma patrie, pas mon pays

Le temps au bord de la Seine s'est étiré longuement, plus longuement que mes années passées près des côtes de l'océan Indien, sans jamais effacer l'attachement viscéral aux chemins rocailleux de ma jeunesse. Au contraire, plus les saisons passent, plus je me sens proche de ma famille, restée au loin. Pas un jour, où que je me trouve, sans être là-bas par l'imagination. Je suis une immigrée. Un point, c'est tout. Le reste est illusion.

Souvent, je me surprends à jouer au petit poucet, comme si, pour garder des repères, il me fallait constamment tenter de retrouver les cailloux semés pendant près de trente ans. Tout au long de ce parcours, j'ai vu le visage de la France changer. J'ai été témoin d'une méta-

1. À force de chercher la petite bête, on la trouve.

morphose encore plus profonde peut-être que celle des trente glorieuses qui ont fait passer les campagnes de la charrue à la moissonneuse batteuse et les villes du dix-neuvième au vingtième siècle industriel. J'ai vu à quel point des lignes de fractures, apparemment anodines, mais incisives ont marqué le cœur, et touché l'âme de ce « vieux pays ».

Aujourd'hui, les Français semblent incapables de regarder l'avenir ensemble. Chaque groupe d'intérêts conçoit son projet isolément. Chacun pour soi, dans un paysage émietté, sans identité commune, dans un panorama flou. Flou, comme les images d'un album de famille dont on feuillette les pages jaunies en remontant le chemin parcouru. Ai-je la nostalgie d'une France chevaleresque, ce mythe vanté dans les beaux livres des colonies ? Le cliché serait facile, le constat sans importance. Mais cette France qui m'a tant attirée, fascinée, remplie d'espérance, n'est plus la même.

Mon premier voyage vers les bords de Seine fut intense et dépaysant, une véritable expédition sur une planète lointaine. Partir signifiait rompre les amarres, changer de peau pour se fondre dans la masse, se mettre au diapason d'une terre d'accueil. Partir fut un pari. J'ai refusé cependant de suivre les pressants conseils de Louis-Marie Cohic, cet ancien marchand de vins propulsé, place du Barachois, à la tête de la radiotélévision. Peu de temps avant de faire mes adieux à mes collègues, il demande à me parler, l'air soucieux :

— Ça me gêne de vous le dire. Mais, vous savez...

Il n'ose pas franchir le pas, comme s'il craignait d'annoncer franchement ce qu'il a sur la langue. Il attend que je comprenne où il veut en venir. Mais je le laisse mariner dans ses hésitations. Il finit par se dévoiler :

— ... Vous savez, dans un pays comme la France,

pour travailler à la télévision, ce serait mieux si vous changiez de nom...

Changer de nom ! Je fais mine de prendre sa proposition à la légère. Mais le gros monsieur rougeaud qui trompe son embarras en torturant de ses doigts courts un stylo bic jaune ne plaisante pas. Ce plouc a du culot ! S'est-il demandé si son nom reflétait une élégance particulière ? Si, entre Lille et Menton, des gens pensent comme lui, c'est leur problème. Pas le mien. Je porte un nom indien, et alors ? Pendant que ses gros yeux de batraciens me fuient, je me lève, en remarquant :

— Là-bas aussi, des journalistes, des écrivains, des scientifiques, des gens ordinaires ou célèbres portent des noms bizarres. Je ferai mon chemin avec mon identité...

Supporter la contradiction n'est pas son fort. Le voilà qui s'arc-boute, plein de certitudes :

— Non, écoutez-moi. Je vous assure, vous faites une sacrée erreur ! Mémona Afféjee... Croyez-moi, un nom comme celui-là, ça ne passera pas !

« Un nom comme celui-là ! » Je m'éclipse avec un fou rire de rage, déterminée à ne pas arriver masquée à l'autre bout du monde. L'idée de rayer mon passé, choisir de m'appeler Dupont ou Durand, quel manque de confiance en soi-même, quelle honte de renier sa famille ! Une erreur sur la marchandise comme dirait mon chauffeur de taxi.

Je ne pars pas comme une réfugiée économique, les mains vides, à la recherche d'une vie matérielle meilleure, mais titulaire d'un petit bagage universitaire – une maîtrise de droit – dûment estampillé par l'Université d'Aix Marseille – tuteur du centre universitaire de la Réunion – et munie d'un contrat de travail comme reporter à la station de FR3 Orléans. Le seul hic, c'est mon salaire : exactement la moitié de ce que je touchais en partant. Ce vrai sacrifice exige quelques contorsions et pirouettes pour joindre les deux bouts : trois mille quatre cents francs (moins de 500 €) pour payer le loyer de la chambre de bonne à Paris, les transports, le remboursement mensuel de la maison de maman (sans oublier les taxes locales), les impôts sur le revenu... et vivre ! Comment mener grand train avec ce qui reste ? Contrairement à ce qu'on peut croire sous les tropiques, en hiver on ne s'habille pas avec plusieurs couches de vêtements d'été. Le froid humide d'Orléans m'a vite convaincue du contraire.

Jour après jour, sans aucun coup de pouce particulier, l'expérience de l'assimilation de A à Z va me transformer. L'étape A a commencé à l'école. Aujourd'hui, parvenue au point Z, je me sens comme... une plante greffée : en moi cohabitent plus ou moins pacifiquement, des atomes des côtes salées de Bretagne – la terre des ancêtres de ma mère – et des particules d'une rue poussiéreuse de Bombay, la ville de mon père. Dans le convoi de François Mitterrand en visite officielle à New Delhi en 1988, et presque dix ans plus tard avec Jacques Chirac dans le même rôle, au même endroit, je me sens étrangement chez moi en Inde. Tout me paraît familier : les odeurs, les sons, les images, les couleurs, l'atmosphère. Je suis à la maison. À des milliers de kilomètres de ma porte, dans le brouhaha de langues incompréhensibles, quelque chose d'indicible me rapproche des Indiens, de leur façon d'être, de leur regard sur la vie. Je pourrais croire que j'ai vécu au milieu d'eux.

Et pourtant, au moment où le Président mentionne le mot « France », me voici instinctivement de l'autre côté. À ses côtés. Aucun doute, aucun débat, le plus naturellement du monde, sans l'ombre d'une hésitation mon cœur se met à battre avec les premières mesures de la Marseillaise. Je serais incapable de me souvenir de l'hymne national indien pour lequel bien sûr j'ai le plus grand respect, mais ce n'est pas le mien. J'ai certainement tressailli en l'entendant : c'était celui de mon père. Comment peut-il en être autrement ?

L'honnêteté m'oblige, pourtant, à me distancer des Français sur un point... cardinal. Bien sûr, j'appartiens à la nation française. De retour de reportage dans des pays en guerre, après avoir quitté des yeux des horizons troublés, quand j'aperçois la terre de France sous les ailes de l'avion, je suis souvent émue aux larmes. Mais mon pays, au sens géographique, je dirais même au sens physique du terme, ce n'est pas l'hexagone, c'est la Réunion, Bourbon – son nom jusqu'à la révolution, l'île de la vanille, des ethnies confondues, là où le mot fraternité n'est pas vide. C'est sur cette terre que j'ai respiré la toute première fois, appris à marcher, commencé à vivre. Les alizés, le volcan, les cyclones qui chavirent tout sur leur passage, le soleil vert le soir sur Saint-Philippe : c'est ce mélange-là qui coule dans mes veines. C'est là-bas que mon âme s'est formée. Je suis de là-bas. C'est la réalité. Je suis une créole.

Après trente ans d'immersion dans le grand bain métropolitain, ce constat me rend l'existence plus facile. Depuis que j'accepté ma double réalité, une double appartenance comme deux jambes pour tenir en équilibre, ma vie a changé. Je ne me sens plus désorientée si, du côté de l'Atlantique où je nage et fais du vélo, un Landais pure souche m'explique que les gens de chez lui, les habitants de la Chalosse – célèbre pour la qualité de sa viande bovine – sont comme ci ou comme ça. Sous-entendu, sans méchanceté, que je suis une pièce d'importation. Basques, Corses, Bretons, Alsaciens, ces gens nés ici, héritiers de générations liées à leur terre ont mille fois raison de marquer leurs particularismes. Leur manière d'être et d'exprimer leur identité ne les empêche pas de m'accueillir avec hospitalité. Ici, au sud de cette vieille et belle Aquitaine, ce n'est pas mon ciel, mon soleil, ma campagne ! Voilà la vérité, mais je me sens bien dans leur cour de ferme. Je les félicite d'avoir un si beau terroir. Mon « chez moi » sentimental, émotionnel, mon vrai « chez moi » se trouve à treize mille kilomètres. Dans les Landes, en Savoie, en Bretagne, comme partout en France, la manière de se situer correspond à ce que j'ai vu sur la surface du globe tout entier. Quand je suis reçue dans une maison afghane, au fond de la vallée du Panshir, même si la dernière goutte de thé vert est sacrifiée pour fêter notre passage, je sens bien que mon traducteur qui habite Kaboul, la capitale, n'est pas chez lui non plus. Chacun est de quelque part. Le nier finit par être douloureux.

La fiction basée sur l'idée que la France était mon pays a obscurci mon esprit, m'a fait perdre du temps, donné des aigreurs d'estomac. Je peux être française à cent pour cent tout en étant différente d'une Basque ou d'une Normande. Je suis Française originaire de la Réunion. La précision est importante. Pourquoi vouloir tout réduire à un portrait-robot échappé des effluves d'un grand chaudron de l'uniformité ? Où est la contradiction, la trahison si l'affirmation de l'attachement géographique se concilie avec l'acceptation d'un tronc commun – la nation – et la volonté de partager des valeurs communes ? La reconnaissance des différences ne nécessite pas forcément l'abandon d'unités de valeurs particulières : la fusée de l'intégration, puisqu'il s'agit de cela, peut comporter au moins deux étages : d'un côté, la culture de nos ancêtres – celle qui nous relie à nos racines – de l'autre, la culture du pays qui nous a accueillis, celle de la vie en communauté, pour vivre ensemble. En public, dans la vie sociale de tous les jours, cette culture-là prime.

Bien sûr, l'idéal serait de parvenir à l'harmonie entre l'une et l'autre sur la base du respect. Respect de ceux chez qui j'ai eu la chance de poser mon sac de voyage, d'avoir un toit, un emploi, une place. Mais comment atteindre la sérénité, sans rendre hommage à cette deuxième culture, sans chercher à la tolérer au moins ? En l'absence de ce lien minimum, l'intégration me semble illusoire, artificielle. M'adapter sans renoncer à mon univers intérieur : voilà mon pari difficile et parfois douloureux.

Je suis sur la même longueur d'ondes que Charles Aznavour qui déclare : « Le secret de notre intégration ? Nous voulions être Français et nous le sommes devenus. » Lui qui revendique son bagage d'Arménien n'hésite pas à confier : « Quand je suis allé chanter au Hollywood Bowl, où retentit l'hymne national avant les représentations, j'ai voulu qu'on joue la Marseillaise parce que j'étais sur scène. Et ils ont joué la Marseillaise. »

Une telle déclaration d'amour se révèle de plus en plus rare jugée ringarde, voire suspecte dans le désenchantement ambiant. Au nom des grands principes, il est plutôt mal vu de faire l'éloge du civisme élémentaire ou d'une once de discipline. Or, les nouvelles exigences qui pèsent sur notre vie collective imposent de plus en plus des critères difficilement acceptables.

Prenons le cas des hôpitaux. La question a fait l'objet de travaux publiés par la Commission Stasi sur la laïcité : il s'agit de l'intrusion du communautarisme dans les services de santé. Le principe devrait être simple : il n'appartient pas au Coran, pas plus qu'à une autre source religieuse, de dicter aux médecins la politique de soins. Or, fréquemment, des maris viennent faire la loi à l'hôpital sous prétexte que le « service public » permet de choisir entre un infirmier et une infirmière ! Les incidents se multiplient selon les médecins. Les rites, les obligations alimentaires, le zèle religieux imposent aux équipes soignantes une pression inimaginable il y a quelques années encore, sans parler des agressions physiques et des menaces avec armes. Dans certaines maternités, notamment à Paris, il a fallu apposer des affiches bien visibles, signalant que les équipes de gynécologie sont mixtes ! Disons-le clairement : si un homme considère que sa femme ne peut pas être accouchée par un professionnel masculin, il a la liberté la plus totale de trouver des lieux sous d'autres cieux, là où une telle discrimination se pratique.

La France n'est pas seule à faire face à la montée de pareils changements dans les comportements.

En Grande-Bretagne, le multiculturalisme soumet le royaume à des concessions litigieuses, notamment, aux yeux de la « working class » – la classe ouvrière – qui se sent oubliée face aux nouveaux arrivants. Dans une petite ville traditionnelle de l'Angleterre profonde, comme Leicester, des associations et des comités en tous genres ont été montés par la municipalité pour tenter « d'éviter des désordres ethniques ». La situation, il est vrai, y est restée calme au moment où des émeutes secouaient le nord de l'Angleterre en 2002. Mais, depuis, les musulmans réclament plus de pouvoir pour gérer les affaires sociales, avec la possibilité de créer leurs propres écoles financées par le budget public et de la nourriture hallal dans les hôpitaux. Le bras de fer avec les autorités locales s'inscrit dans un contexte nouveau.

Fin février 2006, un sondage a fait l'effet d'une bombe : 40 % des musulmans d'outre-Manche réclament l'instauration de la charia, c'est-à-dire le code des lois islamiques, dans les régions où ils sont le plus nombreux.

Face à ceux qui veulent imposer la loi du prophète, un homme est monté au créneau pour crier haut et fort au scandale : le président de la Commission pour l'égalité raciale, Sir Trevor Philipps, un Noir dont les parents sont originaires des Caraïbes. Il n'a pas eu peur d'être accusé de racisme en déclarant publiquement : « Dans ce pays, les lois sont décidées par les membres du Parlement, un point c'est tout. Il faut accepter ce principe. Si d'aucuns souhaitent se soumettre à un code législatif établi d'une autre manière, ils n'ont qu'à aller vivre ailleurs. »

Sir Trevor Philipps n'a pas hésité à mettre les pieds dans le plat. Les Britanniques l'ont entendu critiquer « le refus d'intégration » de certains immigrants, émettre des réserves sur un multiculturalisme à bout de souffle parce que source de ségrégation selon lui, et stigmatiser l'intolérance. Il n'a pas fait dans la dentelle en déclarant à une heure de grande écoute sur ITN, l'une des principales chaînes de télévision britannique : « Certaines minorités doivent accepter le fait que nous sommes attachés à la démocratie, que nous réglons nos différends par le bulletin de vote, non par la menace ou la violence. »

Les partisans de la charia savent qu'ils sont face à un adversaire résolu du sectarisme, un homme d'expérience prêt à sonner l'alarme, capable de dénoncer « le politiquement correct » sans être vilipendé par la presse comme un néo-réac ! Il utilise son autorité morale pour affirmer qu'il ne sera pas question de franchir la ligne rouge : personne n'a le droit de mettre en péril les principes essentiels de la vie commune en Grande-Bretagne.

Il m'est plus facile de discuter de ces sujets lorsque j'interviewe des dirigeants politiques, des responsables d'associations ou plus généralement des leaders d'opinion au Royaume-Uni, aux Pays-Bas, en Allemagne. Dans le pays de Goethe, une affaire a fait grand bruit, celle de l'imam islamiste radical Métin Kaplan et de ses disciples accusés d'avoir prêché la violence religieuse. Ils ont déclaré ouvertement devant un tribunal que, ni les lois, ni la Constitution allemandes ne comptaient. Or, le

Coran n'a pas du tout la même conception de la place de chacun et surtout de chacune dans la société par rapport aux textes qui fondent le système politique et social de nos démocraties. Depuis, Kaplan a été expulsé vers la Turquie[1].

Entre Rhin et Oder, depuis des années, j'ai réalisé de nombreux reportages sur des questions politiques, économiques, sociales, y compris au moment de la polémique devant la Cour constitutionnelle de Karlsruhe concernant le voile. J'ai pu constater que dans les quartiers d'immigrés, les Allemands – ils ont bâti une vraie démocratie depuis 1945 – ont choisi d'appeler les choses par leurs noms, quitte à choquer. Ainsi, à cette question d'un journal :

— Pourquoi y a-t-il surtout des problèmes dans les quartiers peuplés de Turcs, d'Arabes, d'Albanais... ?

L'historien de référence Arnulf Baring, qui fut aussi conseiller de l'ancien chancelier et prix Nobel de la paix Willy Brandt, n'a pas hésité à répondre : « Probablement à cause d'un haut degré de violence dans ces groupes ethniques[2]. »

Les questions d'intégration sont autant d'actualité chez nos voisins, mais les discussions y sont plus ouvertes. On ne risque pas d'être taxé systématiquement de xénophobie. Alfred Grosser, le grand spécialiste de la culture politique germanique, fait observer : « En Allemagne, on dira d'un Allemand né turc qu'il est "*ein Türke mit einem deutschen Pass* (un Turc avec un passeport allemand)" et lui-même aura tendance à s'identifier ainsi. »

Qui oserait s'exprimer ainsi en France sans s'exposer à un procès pour incitation à « la haine raciale » ?

1. *Der Spiegel*, numéro 12, 2006.
2. *Bild 5*, Avril 2006.

Les chiffres de l'immigration : un tabou bien français

L'une des raisons d'un débat décomplexé chez nos voisins vient du fait que l'argumentation s'appuie sur des données chiffrées. Dans ces pays, les décideurs savent combien de personnes sont concernées lorsque les gouvernements ou les autorités régionales et locales prévoient les budgets de logement, l'aide sociale, l'école ou s'ils choisissent de favoriser l'embauche de telle catégorie de personnes. Chez nous, on cultive le flou le plus total.

En France, en effet, il est illégal de répartir en catégories les populations issues de l'immigration. Comme si le vieux traumatisme du gouvernement de Vichy et de ses lois antisémites avait condamné pour toujours la mise à disposition d'un instrument statistique, cet arsenal élémentaire dans la prévision des besoins économiques et sociaux, donc politiques. Sans un tel outil, comment évaluer les priorités à entreprendre pour réaliser l'égalité entre les citoyens, modifier les critères d'attribution des crédits qui devraient permettre de changer la donne ? Comment juger que tel ou tel dispositif à caractère civique a été efficace ou pas ? L'information est à la base de l'analyse. L'analyse est à la base des réformes.

On semble avoir peur de publier des chiffres, de préciser qu'il y a tant de personnes qui viennent de tel ou tel horizon ayant tel âge, tel profil professionnel. Pourquoi ce grand secret national ? Secret défense, mais défense de quoi et à l'égard de qui ? Mensonge savamment entretenu. Lorsque l'on interroge des responsables du ministère de l'Égalité des chances, on sent les voix se crisper au téléphone, car l'on touche à un vrai tabou. Pour quelques très maigres indications, l'interlocuteur exige l'anonymat. Il y a mensonge au niveau de l'État car on ne peut pas imaginer que les Renseignements Généraux, d'ordinaire si pointus dans certains domaines, soient complètement à sec sur une question aussi stratégique.

N'importe quelle PME désirant commercialiser un fromage se lance dans des études de marché en disposant de statistiques sur telle ou telle famille de consommateurs. Avec plusieurs millions de citoyens d'origine immigrée, la France, elle, prétend pouvoir avancer à tâtons... Les chefs d'entreprises sourient quand on souligne l'interdiction de toute référence chiffrée !

Dans mon enfance à la Réunion je me souviens d'un manuel de géographie, orange, en carton souple, qui spécifiait le nombre d'Indiens – cela m'avait particulièrement intéressée bien sûr –, de Chinois, de Malabars (Hindous), de Blancs. Les chiffres ne faisaient frémir personne. Ceux qui avaient gardé leur nationalité d'origine comme mon père ne voyaient pas de raison de protester. Pour quoi faire ? Chacun était invité à se hisser dans la communauté nationale en s'intégrant par l'effort – s'il le souhaitait – sans renier son cœur ou sa raison.

Je me demande souvent, si aujourd'hui je pourrais encore me sauver du bourbier social de mon enfance et de mon adolescence, si l'égalité des chances n'est pas plus difficile à atteindre, parce que le mérite n'est plus présenté comme un idéal. L'intégration – et pourtant je suis née Française, à l'état civil – n'est pas seulement une affaire de droits mais aussi de devoirs. À force de baisser le niveau des exigences, pour plaire, pour éviter des remous, le système français arrive en bout de course. Il se consume sur l'autel de la démagogie, au rythme des promesses de réussites sans devoir serrer les dents. Comme si on pouvait avancer sans faire ses preuves, et sans larmes !

Quand j'ai plié bagage, sans idée de retour, ma mère m'a caché que mon départ lui crevait le cœur. Elle s'est contentée de me dire :

— Je n'ai pas peur pour toi. De toute façon, dans la famille Séry, peut-être à cause des ancêtres pêcheurs bretons, on répétait toujours avant un voyage : « Va où tu veux, meurs où tu dois ! »

Aujourd'hui, elle coule des jours paisibles dans sa maison entourée d'arbres tropicaux qu'elle a plantés, se promène parmi des orchidées rares, fière de ses sacrifices. Comme l'immense majorité de la population, sa sérénité a été troublée par le virus du Chikungounia. Piquée par le moustique, souffrant affreusement, elle a fui l'hôpital de Saint-Denis avec ces mots :

— S'il faut mourir, je veux mourir chez moi, avec mes enfants autour de mon lit.

Quelques jours après, la solide paysanne m'annonce au téléphone, la voix aussi claire et jeune qu'autrefois, qu'elle a recommencé à travailler dans son jardin, appuyée sur sa canne. Sacrée Marie-Claire ! Son comportement est typiquement réunionnais. L'épouvantable épidémie aurait fait plusieurs dizaines de morts selon des sources locales et continue de paralyser de douleur des milliers de personnes sans oublier les dommages causés au tourisme. Si elle s'était produite sur un autre territoire français, que se serait-il passé ? Manifestations, émeutes, accusations de racisme... Que n'aurait-on entendu ? Une pluie incessante de subventions parisiennes aurait calmé – très provisoirement – la colère relayée généreusement dans les médias.

— Nous n'avons pas la grande gueule, me dit, au téléphone, Patrice, mon beau-frère métis hindou, piqué par le moustique il y a plus d'un an et toujours affaibli.

— Les autorités françaises ont été critiquées par l'Organisation mondiale de la santé pour la mauvaise gestion de la crise sanitaire. Mais, on n'en profite pas pour jeter de l'huile sur le feu. Chacun sait ce que la France fait pour nous depuis si longtemps, me fait remarquer de son côté Max mon autre beau-frère, travailleur social.

J'avais, comme eux, une vision idéaliste, naïve de la France. Je ne suis pas près d'oublier ma découverte du métro, le jour où je suis montée à la station Saint-Lazare, vers huit heures et demie, à l'heure où les banlieusards avancent résignés, l'air d'être poussés à l'échafaud. À l'époque, personne ne fait la manche, on n'entend pas une mouche voler dans les rames.

Comme dans nos cars courant d'air, jadis, je lance automatiquement :

— Bonjour tout le monde !

Silence de mort. Que des regards surpris, des visages immobiles, des yeux de pierre, vides et froids. Des robots. C'est ça Paris ? Des années plus tard, je ne m'habitue toujours pas à croiser des voisins d'immeuble, les yeux fixant leurs chaussures pour échapper à un salut, ou les salariés d'une grande entreprise que je connais bien faisant mine de voir à travers l'acier des portes d'ascenseur. Éviter de répondre à un signe, à un sourire... Peut-être qu'ils trouvent chic de s'ignorer ! Si c'est leur manière d'être, pourquoi pas ? Ces détails de la vie quotidienne seraient insignifiants s'ils ne reflétaient un vrai manque profond : l'envie de vivre ensemble. Le lien collectif évident, visible dans d'autres pays, ne saute pas franchement aux yeux chez nous.

Ma candeur a fait place à un regard plus lucide. Des signes inquiétants se sont accumulés : chauffeurs de bus attaqués, et pas seulement autour de Paris, Lyon ou Marseille, gens âgés qui n'osent plus sortir de leur HLM après la tombée de la nuit et se barricadent chez eux, jeunes femmes qui évitent de trop s'aventurer dehors passé certaines heures... Méfiance, peur, lourd silence.

Un jour, dans un TGV, au départ de Bayonne, le maire socialiste d'une petite commune, se rendant à l'université d'été du parti socialiste à La Rochelle me donne à réfléchir. Il raconte avoir donné rendez-vous à un homme issu de l'immigration, chercheur d'emploi. À dix heures, personne. Une demi-heure passe, puis une heure. Quand le « jeune » se présente, le maire lui fait observer qu'il n'est plus libre. Réponse de son interlocuteur : « Sale raciste, tu vas me payer ça ! » Et le candidat à une faveur municipale claque la porte. L'élu dépité ajoute que ce cas n'est pas isolé, cite des exemples. Ainsi, un collègue d'une ville voisine a-t-il demandé, un soir à des adolescents, de ne pas rouler avec leurs mobylettes sur le gazon devant la mairie. L'un d'eux a fait mine de sortir un couteau.

Deux anecdotes, pas franchement dramatiques, mais elles sont exposées par cet observateur de « la France d'en bas » pour donner une idée de l'air du temps. Conclusion de ce militant socialiste en route pour son congrès :

— C'est comme ça ! Nous perdons le contrôle du terrain chaque jour. Mais ça, pas question d'en discuter publiquement. On va se faire reprocher de parler comme Le Pen. Alors tout le monde se tait.

Non, tout le monde en parle. Mais à voix basse, ou quand la coupe déborde. J'ai croisé l'été, sur les plages de l'Atlantique, des jeunes CRS, des maîtres nageurs, qui, le reste de l'année, patrouillent dans le pourtour des villes. En privé, ils expliquent que leurs escadrons évitent de mettre le pied, en tout cas de s'attarder, dans certains quartiers :

— Nos chefs nous disent, montrez-vous le moins possible. Pas de provocation.

L'un d'eux, encore effrayé, raconte cette scène :

— Une nuit, on se fait « caillasser » pas loin d'un commissariat. On se replie. Qu'est-ce qu'on voit débouler à nos pieds ? Un réfrigérateur lancé d'un étage élevé !

L'engin s'écrase avec un bruit d'enfer. Il aurait pu tuer. Vous croyez qu'on a cherché à savoir qui avait fait ça ? Vous croyez que quelqu'un a été puni ?

En racontant leur quotidien, Éric et Jean-Pierre*, CRS avec des années d'expérience, ramassent une poignée de sable, le regardent filer entre leurs doigts et lâchent, presque d'une même voix :

— La banlieue ? C'est déjà trop tard. Ça va péter ! Mais on a interdiction d'en parler. On nous accuse : Racisme ! Gaffes policières ! Le Pen ! On nous laisse seuls !

Ces confidences se chuchotent depuis des années déjà. Quand elles viennent des garants de l'ordre public, c'est-à-dire de la liberté, quand ces anonymes du quotidien ne cachent plus leur amertume et leur angoisse, n'est-il pas temps de réagir ? Pourquoi ne pas les écouter ? Parce qu'ils mettent le doigt là où ça fait mal.

Il ne s'agit pas de stigmatiser tous ceux qui sont issus de l'immigration, ceux, au visage couleur café comme mon neveu Florent qui sillonne le pays pour gagner sa vie. Pas d'amalgame, mais un peu de lucidité pour protéger les plus faibles, tous ces anonymes qui travaillent dur pour élever dignement leurs enfants en « gagnant leurs pintes de riz* ».

En même temps, les exemples de réussite éclatante sont trop passés sous silence. Ce n'est pas parce que nous ne montrons pas souvent les beaux côtés de l'intégration qu'ils n'existent pas. En leur donnant régulièrement un grand coup de chapeau, on remonterait le moral de milliers d'autres qui doutent... Droite, gauche, depuis longtemps, ont tâtonné, initié ceci, inauguré par-là, grands discours, petits effets, gros titres, carotte et bâton,

* Les prénoms ont été changés.

expulsion, insertion, et on passe à un autre sujet en attendant le prochain éclat ! Il y a urgence.

Pendant ce temps, les troupes françaises, sabre au clair et ordre de mission en étendard, s'en vont remettre de l'ordre en Afrique, au Kosovo, en Afghanistan. Nous sommes si heureux, si fiers, d'aller prêcher pour la démocratie. Mais ici, chez nous, quel paradoxe, on attend de voir avant d'agir. Chut ! Il ne faut pas affoler les populations. Gare à ceux qui sèment l'inquiétude en soulevant le débat. C'est très mal vu de parler de ces questions ! Combien de fois ai-je entendu :

— Voyons ! On ne peut pas dire ça. Les organisations antiracistes vont nous traîner en justice.

Lâcheté collective, mais celui qui sort de la ligne est accusé des pires avanies, comme autrefois, ceux qui dénonçaient les atteintes à la liberté à l'Est ! L'argument massue – « anticommuniste primaire » – cherchait à intimider toute approche critique. Le système soviétique s'est effondré malgré la fidélité à « la ligne du parti ». Aujourd'hui, une autre chape de plomb s'est installée sur le débat français : les questions liées à l'immigration sont piégées. Gouvernement de droite, de gauche et organisations d'extrême gauche s'en vont cahin-caha, bras dessus, bras dessous ! L'attelage idéal pour empêcher les choses de bouger. L'extrême droite se frotte les mains.

15.

Discrimination positive : la nouvelle tarte à la crème

« Mi prend pas un chat dans un sac[1] »

Sarkozy le magicien

Mardi après-midi ensoleillé. 10 juillet 2001. Au premier étage de la mairie de Neuilly-sur-Seine, un huissier cérémonieux annonce d'une voix de stentor, comme s'il apparaissait devant une salle bondée :

— Monsieur le député-maire, Nicolas Sarkozy. Mesdames, messieurs, veuillez vous lever.

Solennité légèrement guindée et désuète, agréable. Nous sommes dans l'une des villes les plus bourgeoises de France qui s'accroche aux règles du protocole. Monsieur le député-maire va me marier avec mon collègue et compagnon depuis 1989, le journaliste allemand Lutz Krusche. Deux confrères, correspondants à Paris, mes

1. Je refuse d'être piégé par un cadeau.

enfants Élodie et Julien sont les témoins de notre mini sommet franco-allemand. C'est ma toute première rencontre avec l'ancien ministre d'Édouard Balladur. Les feux de la rampe l'ont délaissé. Éloigné des hauts sommets de l'État, il prend le temps d'être charmant, plein d'humour. Son destin est entre parenthèses, sa carrière en panne depuis sa « trahison » de Jacques Chirac, élu malgré lui à l'Élysée. Il ronge son frein, comme un lion en cage.

Un an et demi plus tard, son agenda a pris des coups d'accélération. À cinq stations de métro de la salle des mariages de Neuilly-sur-Seine, le voici propulsé au cœur du pouvoir, Place Beauveau, de l'autre côté de la Présidence de la République. Ministre de l'Intérieur, rayonnant dans ses habits de premier flic de France, à l'aise comme un prince sûr de lui, Nicolas Sarkozy nous invite à dîner, vendredi 10 janvier 2003 dans ses appartements privés. En haut de l'escalier d'apparat, je l'appelle – comme il se doit – « Monsieur le Ministre », il me corrige, me prenant le bras gauche à deux mains, les yeux dans les yeux :

— Appelez-moi Nicolas !

Distance professionnelle oblige, j'en reste à son titre officiel, et à ma place. Autour de la table, outre son épouse Cécilia, naturelle et sympathique, ses amis du showbiz, Jean Réno, Bernard-Henri Lévy, Arthur, Pierre Charron – son homme des médias –, Jacques Chancel et d'autres. Entre le risotto de sot-l'y-laisse et le filet d'orange à l'orientale, les invités parlent de tout avec Sarko qui domine la ronde de son charme, de sa virtuosité politique. Pas de doute : opinion positive ! Nicolas Sarkozy est un homme intéressant et talentueux, qui cherche à être aimé.

Politiquement, nuance. Depuis ce dîner, j'ai observé de plus près son entrain d'hyperactif, son habileté, sa séduction, ses manigances à peine dissimulées. Il m'intrigue : non content de gérer la politique de son ministère, il se lance avec voracité dans une campagne électorale permanente et sans frontières. Sa marque de fabrique transparaît dans son tourbillonnement incessant, comme un danseur de tango qui multiplie œillades et serments énamourés : sa présence est quasi militaire sur tous les fronts, sur tous les sujets. Plaire. Ramasser ici et là des sympathies, décrocher des voix, le plus de voix possibles, prêtes à être engrangées, le jour venu. Metteur en scène et acteur d'un one man show vibrionnant, il fredonne un air connu : l'opportunisme. Sarko, c'est Faust, feignant d'ignorer le doute, et le vide, quitte à jouer avec le feu, sur un terrain que même un fin tacticien politique devrait se garder d'approcher : la couleur de la peau.

En novembre 2003, mon scepticisme se renforce. Comme un magicien qui sort un lapin de son chapeau, Nicolas Sarkozy lâche une expression miracle : discrimination positive. Discrimination positive ! D'abord, des mots en l'air, puis soudain, l'année d'après, avec la bénédiction de Jacques Chirac, la discrimination positive entre avec fracas dans le monde de l'audiovisuel qui est aussi le mien : France 3 désigne Audrey Pulvar présentatrice du Soir 3, puis du 19-20. En mars 2006, TF1 accélère, annonçant à son tour la nomination d'Harry Roselmack pour présenter le vingt heures, en alternance avec Patrick Poivre-d'Arvor.

Soyons clairs : les deux présentateurs d'origine martiniquaise sont des journalistes reconnus. Mais, il ne faudrait pas que le coup de pouce décisif qui accompagne leur notoriété se retourne contre tous ceux qui ont fait l'effort de s'en sortir. Là est le danger de la discrimination positive.

Comment ne pas s'effrayer des risques liés à l'appui idéologico-racial, de cette boîte de Pandore qui divise la droite comme la gauche. Que fait-on de l'article premier de la Constitution de 1958 : « La France assure l'égalité devant la loi de tous les citoyens, sans distinction d'origine, de race ou de religion » ?

À Tunis, le 5 décembre 2004, le Président de la République explique que la discrimination positive n'est « pas convenable ». Le 25 octobre 2005, le Premier ministre Dominique de Villepin prend position fermement : « Le gouvernement dans son ensemble refuse la discrimination positive en fonction de la race ou de la religion, car ce type de politique ne pourra que faire le jeu du communautarisme. » Par leur refus même, les deux plus hauts personnages de l'État confirment que le débat s'inscrit désormais dans la course aux élections présidentielles de 2007.

Déjà, en 2003, quand Nicolas Sarkozy lance son « concept », François Hollande pour le parti socialiste l'accuse d'organiser « une confusion entre le fait politique et le fait religieux » et de défendre « une communautarisation de la société ». Selon François Chérèque – le leader de la CFDT – « le système des quotas a été rejeté pratiquement par tout le monde », à l'Élysée, lors d'une réunion avec les partenaires sociaux, sur le thème de l'égalité des chances.

Nicolas Sarkozy rétorque : il faut « arrêter de penser qu'on peut arriver à l'égalité par le nivellement ». Ses perspectives ne sont qu'une adaptation du modèle américain vieux de quarante ans, et comportant des conséquences controversées.

Discrimination positive : un modèle américain mal compris

La discrimination positive à la mode française est lancée. Personne ne pourra plus faire rentrer dans la bouteille cet esprit incontrôlable. D'où vient cette idée ? Elle s'inspire de l'« *Affirmative Action* » américaine, les quotas en faveur des Noirs afin qu'ils accèdent à des postes dans les services publics, complètement monopolisés par les Blancs jusqu'à la fin des années soixante. Dans ce système, l'appartenance ethnique doit être considérée comme un facteur positif, non seulement pour entrer à l'université, mais aussi pour progresser dans les rangs de l'armée, ou obtenir des marchés publics et des crédits distribués selon des critères ethniques.

Il suffit de se souvenir du contexte du projet américain pour reconnaître que la copie française n'est qu'une pâle imitation, historiquement non conforme. L'émergence de l'*Affirmative Action* a commencé sur le ranch du vice-Président Lyndon Johnson, au Texas, en 1962, ainsi que le décrit James Farmer dans son livre *An autobiography of the civil rights movement*. Johnson demanda à Farmer, fondateur du *Congress of racial equality*, ce qu'il pourrait faire pour aider les Noirs à obtenir l'égalité avec les Blancs. Farmer proposa l'expression « *Compasatory Preferential treatment* », le traitement préférentiel compensatoire, en référence au programme de réintégration des vétérans des deux guerres mondiales. L'idée plut à Jonhson, selon Farmer, mais l'expression lui parut incompréhensible.

— Ce nom est horrible. *Compensatory*... Nous devons faire avancer la nation, agir positivement. « *Affirmatively.* » C'est ça ! « *Affirmative Action* » s'écria Johnson.

Dans une allocution devant l'Université Howard le 4 juin 1965, Johnson, élu entre-temps Président des

États-Unis, présente pour la première fois son programme. La discrimination positive commence avec l'ouverture des universités à des jeunes Noirs. Un peu plus tard, son successeur à la Maison Blanche, Richard Nixon, élargit le programme de promotion sociale aux couleurs du rêve américain.

L'histoire de l'immigration française a peu de choses à voir avec celle des Noirs aux États-Unis. L'*Affirmative Action* devait aider à mettre fin à la ségrégation toujours en vigueur, dans les années soixante, dans le sud du pays, et panser les terribles crimes de l'esclavage, les mauvais traitements, l'oppression raciale. C'était un engagement vers la repentance comme l'a décrit Bob Laird, directeur de l'université de Berkeley, en Californie, en mars 2005. Onze millions d'Africains ont été déportés en Amérique entre le début du XVIe et le milieu du XIXe siècle.

Chez nous, il n'y a pas eu de ségrégation raciale – un système d'apartheid, de « développement séparé des races » comme ce fut le cas dans le sud des États-Unis. Il n'y a pas eu de Ku Klux Klan. Qui a déjà été interdit d'entrer à l'université, dans un bus, dans une église, dans un service public en France à cause de la couleur de sa peau ? La plupart des immigrés ont mis le pied sur le sol de la République, comme mon père, pour des raisons économiques et certains pour échapper à des persécutions dans leur pays. En venant s'installer en France (à l'île de la Réunion), venant de l'Inde, mon père, musulman, n'a jamais eu l'idée de quémander des droits particuliers.

La copie hexagonale de l'*Affirmative Action* est donc plaquée sur une réalité, une histoire, des aspirations plus compliquées. En devenant départements français en 1946, les colonies d'outre-mer ont profité d'une perfusion financière inédite dans leur histoire. L'esclavage a été supprimé en décembre 1848. Il y a des racistes, en France, mais la France n'est pas raciste a affirmé justement Robert Badinter. Alors pourquoi imposer une *Affirmation Action* à la française ?

Après deux générations, le succès du modèle américain est mitigé. Rick van der Ploeg (Unesco) et Helen Mees (consultante) concluent, avec une euphorie bien éloignée des réalités – dans un rapport repris pour le journal *Le Monde* début 2006 – que l'*Affirmative Action* « a réussi à créer aux États-Unis une vaste classe moyenne afro-américaine ». D'autres experts apportent des nuances. Le chercheur Daniel Sabbagh rappelle que les 10 % de marchés publics réservés aux Noirs et aux Hispaniques ont conduit à une véritable perversité économique. Selon lui, cette politique a donné « lieu à une corruption massive, avec beaucoup de Noirs et d'Hispaniques utilisés comme de simples prête-noms » (Economica 2003).

Comment expliquer qu'après plus de quarante ans d'*Affirmative Action* seule une petite minorité a émergé ? Lors du cyclone Katerina, fin août 2005, j'ai pu encore l'observer dans des circonstances épouvantables pour ceux qui avaient tout perdu. Les critiques des Noirs de Louisiane font écho aux récriminations répercutées à travers les États-Unis.

À moins de dix kilomètres de la Maison Blanche, dans les rues sales de la petite ville d'Anacostia, là où se mêlent la désespérance et la violence de la drogue, à l'extrême ouest du continent, dans le ghetto d'une banlieue de San Francisco, au sud, d'Atlanta à Miami, de Detroit à New York partout des Noirs interviewés disent du mal de leur système d'*Affirmative Action*. Un rideau de misère. Les plus révoltés n'hésitent pas à traiter de

« *pockets niggers* » ceux qui ont bénéficié de l'ascenseur social, une épouvantable expression qui signifie « nègres dans la poche ». Sous-entendu... complices des Blancs.

En 2005, deux experts du dossier, Abigail Thernstrom et Stephan Thernstrom, dressent un constat sans nuance : « Depuis la fin des années quatre-vingt, le fossé racial n'a pas été réduit d'un pouce. » Un autre chercheur, Thomas Sowell, éminent sociologue noir de la Hoover Institution, dénonce les systèmes sélectifs à base ethnique : des « quotas et des préférences ethniques » sont, selon lui, à l'origine « de guerres civiles et de massacres en masse » en Inde, Malaisie, Sri Lanka, Nigeria.

Mais revenons à la France et à la discrimination positive. En Afrique du Sud, du temps de l'apartheid, jusqu'à la veille de l'élection de Mandela en mai 1994, avec mon teint mat de métis et mon nom, j'étais classée « *coloured people* », c'est-à-dire, ayant un accès limité à certains endroits publics. Fin 2005, la direction de France Télévision convoque quelques journalistes de la rédaction nationale pour « parler diversité » en petit comité : je ne suis pas invitée. Trop blanche évidemment.

Pigments... fonds de commerce ?

Dans ma famille, pourtant unie, de l'île de la Réunion, il faudrait nous diviser en catégories. J'ai des frères basanés, des beaux-frères presque noirs, des nièces à la peau charbonneuse, d'autres couleur café, des neveux aux yeux bleus, des belles-sœurs aux cheveux blonds et une autre, brune, métis franco-marocaine. Comment serions-nous répartis dans le « modèle Sarko » ?

En établissant un palmarès à points ? Avec un classement comme au tennis ou avec handicap comme au golf ? C'est sinistre, mais il faut se souvenir : les nazis ont catégorisé les êtres humains en prenant des mesures. Front, nez, taille du crâne, sans oublier d'enregistrer la couleur des yeux et de la peau. Pour bénéficier d'un coup de pouce, comment hiérarchiser les pigments qui donneront droit à telle ou telle promotion ? Pour paraphraser George Orwell : Nous serions tous égaux, mais certains le seraient plus que d'autres !

Une mécanique insidieuse risque de se mettre en branle : le phénomène du « *Me too* » (moi aussi), à l'instar des États-Unis. Il sera difficile de dire non aux autres minorités qui se battent pour réclamer les privilèges de la discrimination positive : femmes, homosexuels, Asiatiques, victimes des catastrophes naturelles, accidentés de la route, gros, personnes âgées... Peut-on leur refuser les mêmes droits ?

Si l'on insinuait que ma carrière a été favorisée par mes racines métissées, j'en serais écœurée ! Un vieil attirail américain, sur un pays si complexe, si fragile que la France, là où la République a fait espérer, rêver les gens de mon origine et de ma génération. Pourquoi ne pas s'engager plutôt dans une action de fond, mettre en avant ceux qui se distinguent, sur la base du mérite ? Cette détermination exigera beaucoup de temps, de patience, à la manière d'un jardinier. Pas un cadeau empoisonné qui divise la population dans l'unique but de ramasser des voix.

Sinon, comme aux États-Unis, les faveurs auraient toutes les chances d'être interprétées comme du racisme à l'envers.

Imaginons le cas d'une caissière de supermarché, blonde, en Normandie. Elle se fait arrêter par une patrouille de police. Par erreur ou non – peu importe. Elle se plaint de « violences aggravées, de menaces et de coups ». Le ministre de l'Intérieur l'invitera-t-il aussitôt à Paris pour l'assurer de sa solidarité ?

Hypothèse d'école absurde ? Pas vraiment. Fin mars 2006, la championne olympique, Eunice Barber, ni blonde, ni normande, mais noire et antillaise, est arrêtée par des policiers près du Stade de France en Seine-Saint-Denis. Une scène surréaliste, musclée des deux côtés, avec morsures commises par la sportive. Que fait le ministre ? Il invite la vedette et, malgré les témoignages de la police, devançant toute enquête indépendante, Nicolas Sarkozy promet à la championne qu'« il suivra l'affaire personnellement[1] ». Cette anecdote mérite d'être évoquée, non pas à cause des acteurs en présence, mais parce qu'une nouvelle méthode est sur les rails : la discrimination positive devance ouvertement l'indépendance policière et judiciaire.

Aujourd'hui en France, souligner ce changement est passible du délit d'opinion. Aussitôt surgit l'accusation implacable, l'arme nucléaire du champ médiatique : « Ne parle pas comme Le Pen ! » Une injure effarante, infamante pour qui souhaite simplement utiliser son droit de citoyen, et refuse la pensée unique. Des générations ont peiné pour construire ce pays. Or, beaucoup de femmes et d'hommes qui ont travaillé dur sont profondément convaincus que la classe politique se moque d'eux, que les médias ne les entendent pas, qu'ils sont les vrais laissés-pour-compte. Comment vont-ils réagir à la première occasion ? Par un nouveau vote protestataire qui nous fera honte aux yeux du monde entier ? Les huit millions de femmes, d'hommes, d'enfants appartenant à « une minorité visible », dénombrée par l'Institut Montaigne – une organisation patronale – méritent mieux que la démagogie. Soutenir la diversité face aux scandaleuses et réelles discriminations à l'embauche passe par une véritable politique d'ampleur, qui commence par l'école.

1. *Le Parisien*, 1er avril 2006.

C'est à l'école que les plus faibles doivent être armés pour affronter le marché du travail.

Nous, les enfants de l'outre-mer, nous n'avons pas cessé de croire aux vertus du mérite républicain. Les passe-droits provisoires nuisent à l'intégration sur le long terme. La poudre aux yeux de la discrimination positive exhale les relents d'une vieille manipulation post-coloniale. Au secours ! Nous n'avons pas besoin de quelques hochets mais de projets scellés avec cœur, avec humanité et respect.

Devant le trouble créé par Nicolas Sarkozy, Raymond Domenech, le sélectionneur national de l'équipe de France de football, clarifie le propos : « Quand je fais ma liste, je n'ai pas de quotas. Je ne me dis pas : je dois mettre tant de Blancs, de Beurs ou de Noirs... Moi, je ne vois que des bleus. »

Le manager national n'est pas seul à parier sur la qualité et le courage : Rougui Dia, Française d'origine sénégalaise, une des très rares femmes chefs de cuisine, chez Pétrosian, l'un des restaurants les plus prestigieux de Paris, n'hésite pas à dire à propos des émeutiers de l'automne 2005 dans les banlieues : « Faire valoir son mécontentement O.K., mais pas comme ça. Qu'ils se trouvent un boulot et qu'ils aillent voter au lieu de brûler les voitures des copains[1]. »

Trouver un travail en France, surtout pour les jeunes, c'est dur, très dur. Je le sais de mes propres enfants. Mais un petit boulot au lieu de casser des crèches, des maternelles, et des bus, c'est possible, à condition de ne pas avoir peur de commencer en bas. Malgré leurs diplômes, mon fils et ma fille ont commencé avec des jobs sans promesse d'avenir : distribution de pizzas à mobylette, surveillance de nuit dans un parking

1. *Libération*, 6 avril 2006.

sous-terrain, journées interminables dans des boutiques et salons. Je suis fière d'eux. J'ai fait la même chose.

Personne ne sait comment instaurer la discrimination positive. Quels critères retenir pour les quotas ? Faut-il entrer dans des calculs fondés sur les groupes religieux, la nationalité ? Qui a droit à quoi sur la base de sa couleur ? À partir de quand est-on partie intégrante des « minorités visibles » ? Va-t-on établir des listes d'avancement en fonction des nuances de la peau ? Tant d'incertitudes, de récriminations et au bout, un vrai sentiment d'injustice face à une nouvelle loterie. Pourquoi lui et pas moi ? La création imposée d'une petite élite à la recherche de postes et d'honneurs ne suffira pas à donner au plus grand nombre l'espoir d'un pays plus juste, fondé sur des règles de droit : la République.

16.

Accusés, levez-vous !

« Chauffé, pompé, madame Desbassyns l'a arrivé[1] »

Une culture de la repentance

L'heure des comptes est arrivée. Plus un jour sans voir surgir des Saint Juste, les yeux remplis de fièvre... vengeresse. À longueur de colonnes et d'émissions de spécialistes une antenne impose au marteau-piqueur le thème cher à l'air du temps : « France, mère de toutes les horreurs, abuseuse d'innombrables peuples innocents, mauvaise fille esclavagiste, complice de crimes innommables, scélérate pleine de vice, viens avouer que ton Histoire fait défiler mensonges et jours de honte cruelle ! Accusée, levez-vous ! »

La mode est à la grande lessive. Chez nous depuis quelques temps l'Histoire lave plus blanc. Tremblez Français abuseurs, négationnistes, révisionnistes ! Français

1. Quand le diable est là, il faut faire avec.

sans cœur, venez payer pour ces crimes que vous avez cru ensevelis pour l'éternité sous la couche immonde de l'oubli !

Les coups pleuvent, les accusations s'étalent dans livres et journaux, à la radio, à la télévision. Un exemple ? Le Président algérien Bouteflika, de retour de Paris où il a bénéficié des meilleurs soins au Val-de-Grâce, l'un de nos hôpitaux haut de gamme, ne se gêne pas pour crier à l'assassin : « La colonisation française a réalisé un génocide de notre identité », a sermonné le chef d'État qui emprisonne des journalistes pour délit d'opinion. On ne peut que deviner à quel point il a dû souffrir de ces symboles de l'oppression : ses médicaments, son portable, sa voiture de luxe, son avion et même les flingues de ses gardes du corps. Pour obtenir réparation d'un tel crime, il devrait aller au bout de son idée : faire passer Jacques Chirac, qui fut jeune officier en Algérie dans les années de la pacification, devant un tribunal, peut-être la Cour pénale internationale !

Bien sûr, face à son propre peuple, il est plus opportun d'accuser la France que de passer en examen les pratiques de l'État FLN, dont il émane, et qui a rendu l'Algérie exsangue, en proie à de cruelles et coupables tentations islamistes. Bouteflika devrait nous dire, dans la foulée, pourquoi des foules de jeunes hurlaient aux oreilles de Jacques Chirac, à Oran en 2003 : « Des visas, des visas... » Pourquoi s'obstinent-ils tant à fouler le sol d'un pays qui a fait tant de mal à leurs ancêtres ?

Le Président algérien est la figure de proue d'une cohorte d'accusateurs, ex-ressortissants de pays au sud saharien qui ont arraché leur indépendance dans les années soixante. Ils fustigent la France pour les échecs politiques, économiques et sociaux sur leurs terres d'origine. Mais si ces républiques populaires se sont discréditées, notamment en s'inscrivant dans la ligne du marxisme, en quoi est-ce la faute du commerçant de Romorantin ? Comment lui demander de payer ? Pourquoi ne pas demander des comptes à leurs propres dirigeants ? Là aussi, critiquer la France est sans conséquence pour eux.

Dans le grand déballage du siècle, deux familles revendicatrices se partagent la responsabilité de nous laver du déshonneur des mémoires salies. Une guerre des mémoires inspirée, notamment, par d'anciens combattants de mouvements pour l'indépendance dans les départements et territoires d'outre-mer.

D'un côté, ceux qui instruisent un procès global à la France en vue d'une repentance expiatoire, telle une roue de torture, qui actionnerait, en sens inverse, la flagellation d'un pays qui a fondé un empire basé sur la colonisation. Ces procureurs imaginent un chemin de croix new-look, où, descendants des oppresseurs d'hier, nous devrions battre notre coulpe. On imagine l'ouvrier d'un chantier naval – au chômage – à Nantes – ville de négriers – se prosternant, visage en sueur, implorant le pardon de nouveaux ayatollahs décidés de racheter une morale collective.

De l'autre côté, des entrepreneurs plus pragmatiques. Ils présentent des doléances concrètes : facture de la décolonisation, plus une pour la traite négrière, plus une pour tous les autres crimes contre l'humanité et une question : Comptez-vous nous intégrer au plus vite dans les meilleurs postes ? La manœuvre est délicate cependant. Car les réussites éclatantes et méritées des Noirs de France, par exemple, sont nombreuses dans tous les domaines. Difficile de les passer sous silence. Ausculter les mémoires nationales sans mentionner ces parcours brillants serait absurde et ridicule.

Personnellement, je n'aurais pas envie de vivre sur

une forteresse accusée d'amnésie et de racisme. Je préférerais fuir.

Si la repentance sert à mettre les choses au point, tant mieux, à condition de ne pas saper le moral de ceux qui donnent réparation. Reconnaître que depuis au moins une génération, les Français ont ouvert les yeux.

Or, les invitations aux cérémonies de repentance imposée font comme si les Français, en bloc, avaient systématiquement rayé les années infamantes, parce qu'ils ne voulaient rien savoir. Sans cesse convoqués par des juges, ils finiront par négliger les tragédies de notre histoire. Trop d'accusation tue l'accusation.

Après le vote de la loi Taubira sur l'esclavage, scrutons les discriminations liées à ce passé, dans l'espoir d'élaborer une politique cohérente, équilibrée, réaliste, avec l'adhésion du plus grand nombre de Français de tous bords. Mais cet engagement doit éviter la précipitation exigée par le calendrier médiatique. La tragédie des onze millions d'hommes et de femmes conduits en esclavage vers l'Atlantique, des dix-sept millions d'autres vers les pays musulmans et des quatorze millions de personnes exploitées dans l'esclavage interne en Afrique, selon les chiffres de l'historien Pétré-Grenouilleau, impose une prise de conscience et une volonté de réparation de l'humanité tout entière. Ces horreurs infligées à un continent concernent toute la planète, et pas seulement quelques groupes de pression. Ni la Grande-Bretagne, ni les États-Unis, ni aucun pays arabe ayant pratiqué l'esclavage n'est confronté à des règlements de comptes sur la base de la repentance. Sans parler de la Russie, héritière de l'Union soviétique. Imagine-t-on des exigences de réparation présentées au Président russe Vladimir Poutine à cause des quatre-vingt millions de victimes du communisme ? Et les protestants massacrés – les dragonades – par les troupes de Louis XIV ? Et les tueries lors de la Terreur révolutionnaire ? C'est un puits sans fond.

Le fardeau de l'Histoire

Or l'histoire est prise en otage. Sans laisser aux chercheurs une totale liberté pour effectuer leurs expertises, peut-on sereinement propager la connaissance scientifique des faits ? Comment les libérer de la subjectivité des mémoires individuelles, des ambitions de carrières et des arrière-pensées politiques ? Une affaire a souligné le danger : Olivier Pétré-Grenouilleau, spécialiste reconnu des traites négrières, a été menacé de procès : dans un entretien accordé au *Journal du Dimanche*, il avait affirmé que l'esclavage n'était pas génocide. Peut-on écrire l'histoire sous la menace constante ? Des historiens peuvent-ils effectuer des recherches sur le fait que des Africains eux aussi ont participé à l'esclavage ? Des Africains esclavagistes ! Interdit de le faire savoir : ce n'est pas politiquement correct et cette vérité ne concorde pas avec les propos – ne sert pas la cause ? – de dirigeants d'associations, qui cherchent à monopoliser la parole, et à capitaliser le passé. L'opinion des groupes de pression n'a pas le droit de dicter sa version. L'histoire est un panorama complexe. Dans tous les systèmes où des commissaires politiques ont imposé une lecture du passé l'entreprise a tourné au fiasco.

Tous victimes ! Et après ? Comment mettre fin à l'esclavage qui continue en Asie, en Afrique, sur les routes des caravanes dans les déserts de la péninsule Arabique ? Est-on coupable de relativiser en parlant de ce qui se passe maintenant au vu et su de la planète ?

Ouvrir les archives, éclairer les zones d'ombre, agir pour l'avenir, découvrir la vérité, les vérités : une entreprise essentielle, mais pas n'importe comment, pas avec un fusil sur la tempe de ceux dont on exige des comptes. Mais l'air du temps n'est pas aux discussions apaisées. Une fois de plus, en France, nous sommes incapables de régler les problèmes en nous tenant la main ; nous avançons en ordre dispersé, les uns contre les autres, dans l'invective, sans humanité. Cette nouvelle atmosphère constellée de récriminations, tendue de soupçons et de mauvaise foi, ruine le goût de vivre ensemble, le rêve de s'accepter, l'espoir de partager un destin commun.

17.

Un retour aux racines

« Largue mon l'ourlet[1] »

L'ONU se met à table à la réunionnaise

— Mesdames, messieurs, veuillez redresser le dossier de votre siège...

Mon corps revient doucement à la vie, engourdi à force d'être plié sur une place étroite, un peu groggy comme après une nuit dans un camp de réfugiés. La conscience refait surface par étapes, comme un sous-marin revenant des profondeurs de l'épuisement, pour naviguer avec paresse, zigzaguant confusément entre appréhension et bonheur. Par le hublot, la lumière annonce un message que ma montre confirme avec chiffres et certitudes mécaniques : plus que quelques heures, direction plein sud, et je serai arrivée. Encore un instant suspendu à l'espace cotonneux, emportée par

1. Il faut se débarrasser de la mouche du coche.

l'imagination dans les temples des pharaons, l'Égypte est déjà derrière nous. L'univers bleu et blanc abolit le temps, camoufle un gigantesque mouvement oblique de l'avion. Les côtes de l'Afrique disparaissent... Les yeux picotent au-dessus de l'océan qui brille comme une tôle à midi. La carlingue résonne peu à peu de voix confuses, encore endormies, familières, comme une berceuse ronronnant dans une cage. Comme un chant dans un ventre. Je rentre chez moi.

Partir, revenir, sans jamais être blasée, ni rassasiée par un cérémonial immuable. Une jubilation intacte me saisit quand tout mon corps devine les contours de l'île mauve, trapue et fantomatique. Je connais par cœur ce compte à rebours : les derniers kilomètres d'océan vert foncé sont engloutis à une vitesse phénoménale sous la carlingue, et, le temps d'un battement de paupières, la route littorale, le Barachois – mes repères vus et revus en rêve – s'effacent et la mer, si proche, s'offre, à portée de main, au bord de la piste qui s'avance.

La porte de l'appareil s'ouvre dans un raclement de rail. Soleil brûlant, air salé, farandole de gros mots juste pour se tordre de rire, gendarmes en shorts mais portant chemises à épaulettes impeccables marquées RF – République Française – accent traînant et alphabet avalé. Dans une cohue transpirante – où chacun met un point d'honneur à dire pardon si par mégarde il heurte quelqu'un – parents, sœurs, frères, cousins, amis endimanchés, larme à l'œil et sourire aux lèvres, se précipitent vers des voyageurs aux regards égarés. On se bouscule pour serrer dans les bras ces proches un peu solennels qui viennent passer leurs congés loin de la métropole.

Pour les Réunionnais, revenir est une affaire longuement préparée qui ne tolère pas le laisser-aller habituel du vacancier. Les plus sérieux sont passés la veille chez le coiffeur, ils ruissellent dans des costumes trois pièces décorés de chemises à jabots de dentelle, les pieds coincés dans des chaussures vernies ou imitation crocodile, pendant qu'à leurs côtés, les femmes, juchées sur des talons vertigineux, déambulent, engoncées dans de lourds manteaux d'hiver : c'est chic et il faut tenir son rang coûte que coûte, l'essentiel étant de prouver le changement de statut : montrer que « là-bas, nous c'est d'moun » ! (nous sommes des gens importants.)

À l'aéroport Roland Garros de Saint-Denis, la foule qui s'interpelle, se salue, se congratule, est un concentré de nos origines et de nos manières. Un kaléidoscope qui ne surprend que les visiteurs non avertis. Ce paysage miniature de l'humanité est si « normal » que personne ici ne s'aviserait de commenter notre diversité.

Comme tout le monde, ma sœur Doudou et son mari Patrice attendent avec une patience d'ange que s'achèvent les formalités de police. Nous avons fait le vol d'une traite, sans une seule escale, mais un Paris Saint-Denis n'est pas un Paris Nice : à l'arrivée, des contrôles aussi draconiens que si nous venions d'une lointaine et hostile terre étrangère, hors de l'espace Schengen !

Enfin à l'air ! L'air du pays, semblable à nul autre ; tous les immigrés de la planète connaissent cette vague qui déferle et vous submerge en posant le pied sur la terre natale, ce sentiment archaïque qui fait du bien, ouvre le cœur, chavire l'âme. Pour moi, cette sensation indicible se mêle à la douce et réconfortante impression de n'être jamais vraiment partie. Vite, pas une minute à perdre. Les jours sont comptés. Savoir que nos accolades, nos embrassades, nos regards seront éphémères rendra chaque moment plus précieux, comme s'il était le dernier.

La première fois que Lutz, mon mari, a atterri sur

notre monde insulaire, il s'est senti tout de suite comme un poisson dans l'eau. Disons-le avec fierté : nous sommes sur un confetti volcanique à nul autre semblable. J'ai mis du temps à comprendre pourquoi cette île que les navigateurs ont surnommée Eden est unique. Comme un miracle. Il m'a fallu faire le tour de la terre, séjourner sous toutes les latitudes, rencontrer les peuples les plus divers dans des circonstances inattendues, pas seulement dans la rue, mais sous leur toit, le jour, la nuit, par temps de joie ou de deuil, pour réaliser une évidence : à la Réunion, les gens sortent de l'ordinaire par leur simplicité, un naturel intact, et une authentique capacité à accepter l'autre, tel qu'il est, sans lui demander de comptes, sans arrière-pensées. Tout simplement parce que nous sommes d'origines vraiment trop métissées pour vouloir débusquer la différence chez les autres. Quelle chance !

Revenir est une fête, comme autrefois, quand on se ruinait pour accueillir en grande cérémonie un membre du clan qui rentrait au bercail. Aujourd'hui, nous avons préservé la tradition du grand festin qui marque les retrouvailles. Il couronne un rassemblement familial intense, l'occasion unique de célébrer ensemble toutes les dates du calendrier, tous les anniversaires, tous les succès des enfants qui grandissent, saluer le temps qui nous reste.

Une semaine avant les agapes, Gisèle Fontaine, consacrée meilleure cuisinière de la famille, se met à la recherche d'un cabri musclé nourri aux herbes. Sans compter ses heures, elle mitonne les ingrédients secrets de son massalé spécial, affûte ses couteaux, roussit les bichiques* pieusement conservées, découpe les cœurs de palmiers frais, assaisonne de brûlants rougails, plie des samoussas d'une finesse sans égal, et mille autres délices. Quand le dimanche arrive – une vraie fête réunionnaise s'organise le dimanche – un village entier pourrait être convié au gala tant les mets sont nombreux et copieux.

À l'ombre des jacarandas en fleurs, dans un brouhaha indescriptible, chacun trouve sa place autour d'une longue table qui rassemble les générations. Maman trône comme la reine-mère au milieu de ses enfants et petits-enfants, chrétiens, musulmans, blancs, noirs, descendants de toutes les teintes du métissage passé avec plus ou moins d'intensité au shaker ethnique. Jus de papaye pour les uns, vin rouge pour les autres : chacun saisit sa part de bonheur, aucun ne s'aviserait à discuter des goûts et des couleurs. À Lutz, l'Européen du Nord qui s'émerveille devant ce tableau familial paisible et inattendu, les cousins et belles-sœurs apportent une explication teintée d'un grain de piment :

— Maman nous a élevés en nous faisant confiance, avec beaucoup de liberté. Jamais elle n'a levé la main sur nous, remarque Doudou. Ma plus jeune sœur a réussi sa vie : un bon mari, quatre enfants, juriste, cadre dans l'administration.

Cet hommage se fait en passant. Aucun de ses sept enfants n'aurait jamais osé le dire en aparté à notre chère Marie-Claire Séry. Elle aurait repoussé une remarque si indiscrète d'un geste de la main.

Mais être ensemble, se repérer, répéter à haute voix, comme pour bien nous convaincre que nous avons tous eu beaucoup de chance, nous aide. Doudou a raison. Malgré les tracas qui la privaient de sommeil durant des nuits entières, quand les loyers non payés promettaient une nouvelle expulsion imminente, malgré son désarroi et notre dénuement, maman a toujours fait l'effort de nous laisser croire que la vie serait plus belle un jour. Un jour. Quel mot magique ! Comme un marin qui sait que le naufrage est proche et fait mine de croire, devant l'équipage, que l'horizon est dégagé et invite à avancer, elle répétait : un jour ! Leçon retenue : rien ne tue l'espoir, tant qu'on y croit. La force, l'énergie de l'espérance nous a tous portés. Sans cet espoir fou, invraisemblable, indispensable, sans rêver, nous aurions tous coulé.

— Dans notre famille, chacun a fait un effort. Les plus grands ont aidé les plus petits et chacun ou presque a déniché un emploi : ouvrier, artisan taxi, cadre dans l'administration, aide-soignante... Chacun a saisi son rêve par le cou et a couru, couru sans regarder derrière, pour ne pas tomber, relève ma sœur Bène.

L'histoire de mon mariage à la grimpette des chats

Mille raisons de ne pas bouder la vie ! Tout le monde se tord de rire quand Lutz raconte avec son accent d'outre-Rhin comment il a réussi à convaincre un curé de la Forêt Noire – une région conservatrice du sud de l'Allemagne – de nous marier, lui le protestant et moi la catholique. Autant dire, accepter la présence d'un hérétique dans une chapelle peuplée d'images pieuses. L'événement restera dans les annales de Katzensteig (la grimpette des chats), avec nos deux paysannes aux pommettes rouges, recrutées comme témoins, ahuries devant notre audace, et surtout le « Vater Unser » (Notre Père) récité en chœur – en français et dans un dialecte allemand – ponctué par l'unique mot commun : « Amen » !

À la sortie, les deux bouteilles de champagne, copieusement secouées pendant le voyage dans les mille et un virages, ont sauté comme des coups de canon. Leur écho a retenti longuement dans les vallées majestueuses.

Les neveux et nièces multicolores ont bien ri des facéties de l'oncle allemand, sans aucun *a priori* sur sa personne, même si les plus grands ont appris à l'école, l'histoire tragique de l'Allemagne nazie. La bonne foi dans les relations humaines, combinée à l'absence de complexe, protège le marqueur de notre identité réunionnaise sous le ciel étoilé de la Croix du Sud*.

Pas étonnant que chaque année, le 20 décembre, tout le monde danse, boive, chante en souvenir de 1848, année de l'abolition de l'esclavage. Ni les Blancs, ni les cafres*, ni personne, ne commémore cet anniversaire dans un esprit de revanche ou d'accusation. Pour une raison : nous sommes tous issus des vagues de l'immigration.

Jusqu'à présent, nul n'a tenté sérieusement de planter dans nos esprits les ferments pourris des divisions ethniques. « Il n'y a pas de racisme à la Réunion, pas de suprématie d'un groupe ethnique sur un autre », jure Jocelyne Lauret, la belle et fine élue qui veille sur les chances du tourisme. « Le vrai danger, ajoute-t-elle avec tristesse, c'est l'exclusion sociale et économique. » Paul Vergès, considéré aujourd'hui comme un sage de l'île, consulté et respecté prévient même ses interlocuteurs du Parlement européen où il siège :

— Dans cinq cents ans le monde ressemblera à la Réunion, sinon, il disparaîtra !

18.

Des sifflets pour la Marseillaise

« L'rat y court pas su le fer-blanc[1] »

À la recherche de l'identité perdue

Un soir, une petite radio vissée sur l'oreille, recroquevillée, dans un cyclo-pousse qui titube en zigzaguant dans les rues bondées de Peshawar, je croise les doigts pour qu'on avance. Je vis sur des charbons ardents depuis des jours, à cause du manque de sommeil et de l'actualité exaltante. L'objectif, à cet instant précis, est d'atteindre le centre de diffusion des télévisions européennes, installé provisoirement dans cette ville poussiéreuse de la zone tribale du Pakistan, au centre de l'actualité mondiale. Des correspondants de partout piétinent à Peshawar, dans l'attente vaine d'un visa pour entrer dans le pays voisin : l'Afghanistan, où les Américains bombardent les Talibans.

1. À l'impossible, nul n'est tenu.

Vue d'ici, la France semble loin, irréelle, magnifique. Chacun voit midi à sa porte... Dans le bruyant véhicule de fortune, j'entends à peine le grésillement nasillard de Radio France Internationale, tant mon attention reste fixée sur les embouteillages de cette ville frontière. L'heure tourne, il faut à tout prix sortir de ces damnés bouchons : à Paris, on attend le reportage que nous devons envoyer par satellite. Pour l'instant, c'est une cassette jaune dans ma main crispée.

Soudain, le transistor me catapulte à des milliers de kilomètres, sur une autre planète, près de Paris, à Saint-Denis. Dans les gradins du Stade de France, on a sifflé la Marseillaise ! Ceux qui l'ont fait sont comme moi : des enfants d'immigrés ! Ils me fâchent. Étrangement, la distance rend certaines vibrations plus sensibles, plus fortes, comme cette nouvelle, parvenue jusqu'ici. Comment en sommes-nous arrivés là ?

Insulter un drapeau, siffler un hymne, c'est marcher sur l'identité des individus, bafouer le combat de ceux qui sont morts pour les protéger. Non, nous n'avons pas le droit de cracher sur ces symboles.

Cet automne 2001, à l'issue du match amical France Algérie, le monde entier découvre à la télévision une foule de supporters qui non seulement insultent la Marseillaise, mais envahissent la pelouse, en brandissant le drapeau algérien. Combien d'entre ces « jeunes » disposent d'un passeport français ? Jacques Chirac, le Président de la République, quitte la tribune d'honneur les mâchoires serrées.

Gênées, les idoles des manifestants – Zinédine Zidane, Lilian Thuram, Thierry Henry – tentent de calmer le jeu, trois ans après le délire national de la victoire dans la Coupe du monde de football autour du slogan « black, blanc, beur ». Mais le mal est fait. Une fois de plus, Jean-Marie Le Pen se frotte les mains. La sanction arrivera l'année d'après : l'extrême droite frappera aux portes du pouvoir lors de l'élection présidentielle. Il ne restera plus qu'à pleurer et à se battre.

Dans aucun autre pays je n'ai vu, entendu, comme chez nous, un tel manque de respect à l'égard du drapeau et de l'hymne. Et cette indifférence n'est même pas compensée par un amour sans bornes pour les couleurs européennes. Le désintérêt et le mépris à l'égard des couleurs nationales s'est glissé insidieusement, dans les esprits, au fil des deux dernières générations : on n'est plus enclin à cultiver un attachement, considéré comme désuet, voire suspect au fanion tricolore. Après 1968, une accusation constante a réduit les « bleu-blanc-rouge » à un minable cache-misère, synonyme de honte, de piteux mensonges, des crimes de l'ancien empire. Considéré sous cet angle, le passé se couvre d'ombres répugnantes, dansant autour d'une identité peu flatteuse. Pas étonnant si la France cède régulièrement aux tentations de la gueule de bois. Que sont devenus nos totems ?

J'éprouve toujours un petit pincement au cœur lorsque j'entends retentir le chant de Rouget de Lisle. Pas seulement parce qu'il m'a fait gagner cent francs CFA au 14 Juillet, sur les tréteaux brinquebalants au pied de la mairie en bois du Tampon, il y a des siècles !

Le drapeau, la Marseillaise, emblèmes d'un chauvinisme de l'âge de pierre ? Si ces symboles revêtent un sens, qu'ils soient interprétés comme tels. À moins de manquer d'estime pour nous-mêmes, jusqu'à pratiquer l'auto-insulte, s'abîmer dans l'auto-dénigrement, l'indifférence et le mépris pour notre passé. Et après ? Après, c'est le sentiment de vide, la difficulté à exister au sein d'une communauté nationale. Le degré zéro de la citoyenneté, que beaucoup avouent ressentir.

Soyons honnêtes : lorsque l'injure vient de ceux qui devraient se faire un devoir, par discrétion, de ne pas toucher aux signes distinctifs de la nation qui les a accueillis, eux directement ou leurs parents, cela pose problème à la longue. Personne n'oblige personne à acquérir la nationalité française ou à la conserver. Si on siffle l'hymne national, faut-il comprendre que le temps des déchirements historiques n'est toujours pas achevé, que la décolonisation restera une facture en retard ? Comment expliquer ces relents de haine ?

Les lamentations incessantes, le blues quotidien désorientent, rongent la confiance, ballottent le sentiment d'identité dans le flou, engendrant ce malaise déprimant qui secoue la France et d'autres vieilles nations de l'Union européenne. Les bouleversements sont visibles à l'œil nu, brouillant l'atmosphère – non seulement dans les capitales, mais aussi les petites villes chargées d'histoire. Cette histoire, c'est celle du continent, de ses peuples querelleurs qui se sont affrontés dans des guerres fratricides. Mais les déchirements du passé n'ont pas aboli le lien de parenté de l'esprit. Par sa culture, son art de vivre, la civilisation européenne s'appuie sur une certaine idée de l'être humain, de l'imaginaire, des droits et devoirs de l'individu dans la collectivité. Or, ce patrimoine commun se replie sous le poids de la peur.

Le constat est indéniable. La quasi-totalité des pays européens verrouillent leurs portes. En tous points du continent, les peuples se recroquevillent dans une attitude d'autodéfense pour tenter de protéger leurs identités.

En mars 2006, les Pays-Bas ont inauguré une nouvelle politique d'accueil des candidats à l'émigration, surtout en provenance de contrées islamiques : une vidéo de deux heures les soumet à l'épreuve des réalités. Deux scènes en particulier soulignent des normes culturelles non négociables, deux images, deux miroirs d'une société aux aguets. On y voit une femme, buste nu, au soleil, et deux homosexuels s'embrassant dans une prairie. Message : vous n'êtes pas obligés d'exposer votre propre fille ou votre épouse de cette façon et vous n'avez pas besoin de soutenir ces choix de vie. Mais si vous êtes choqué par des comportements de ce genre, si par hasard ils vous tombent sous les yeux, sachez les respecter. Nous sommes un pays libre !

Aujourd'hui, la Hollande traditionnellement ouverte aux idées du grand large ne s'interdit plus ce commentaire nouveau, clairement adressés aux candidats à l'exil : « Il faudra payer l'addition de nos erreurs face à l'immigration récente ou pas, avant que nous ne redevenions tolérants. » La colère, l'envie de se protéger ont changé l'atmosphère dans le petit royaume batave, terre d'accueil des lois les plus permissives en Europe. Cette mise au point est d'autant plus remarquée que les Hollandais ont prouvé leur capacité à absorber des modes de vie qui tolèrent pêle-mêle le cannabis, la pratique de l'euthanasie, la légalisation des mariages gays.

Si les autorités en sont venues à clarifier les choses face aux nouvelles vagues d'immigration, à renforcer les critères d'acceptation des dossiers, notamment en exigeant une pratique minimum de la langue, c'est que l'opinion publique s'est fait entendre. Depuis l'assassinat du cinéaste Théo Van Gogh par un islamiste en 2004, la société néerlandaise a effectué un virage considérable : une majorité affirme que la cote d'alerte est atteinte. Difficile d'accuser les Hollandais de racisme. Tout le contraire : c'est l'un des peuples les plus ouverts aux autres, mais il refuse qu'on lui dicte sa manière de vivre et de voir l'univers.

Les chiffres sont éloquents : en 2010, Amsterdam, La Haye, Rotterdam, Utrecht, les quatre principales villes seront à majorité musulmane selon des projections de population effectuées par le gouvernement. D'où la décision de bloquer les arrivées en provenance d'horizons musulmans ! La municipalité d'Utrecht a bravé la colère de certaines organisations religieuses : depuis le début 2006, les femmes qui refusent d'enlever la burka – ce vêtement qui recouvre entièrement corps et visage –, lors des entretiens d'embauche, ne perçoivent plus d'allocations familiales.

L'Allemagne, de son côté, avec trois millions de musulmans, a instauré, elle aussi, des freins multiples : la République fédérale, qui arrive en tête pour les populations étrangères sur son sol, a mis en place une politique de sélection de travailleurs possédant des diplômes dans des domaines tels que l'informatique. De plus, le parlement de Berlin a légiféré pour contrôler davantage les unions mixtes, c'est-à-dire pour diminuer les mariages blancs. Si un étranger veut espérer séjourner entre Oder et Rhin, il lui est conseillé en outre de présenter un casier judiciaire vierge.

À Stuttgart, le Land du Bade Wurtemberg – frontalier de la France – est allé plus loin encore en imposant l'apprentissage de la langue et un questionnaire en trente points pour sonder les cœurs et les têtes, comme : « Votre fille aura-t-elle le droit d'aller à la piscine ? » « Si votre femme n'est pas d'accord avec vous, avez-vous le droit de la battre ? »

Ni la Grande-Bretagne, ni l'Espagne, ni l'Italie – portes d'entrée dans l'Union – ne restent inertes. En France le débat sur l'immigration choisie est plus complexe, plus biaisé que chez les voisins. Les questions autour de l'immigration, de l'intégration, du passé colonial conditionnent l'essence de notre vie commune, donc notre spécificité. Affirmer que nous, Français, partageons une identité ne veut pas dire exclure la culture des autres, dominer les patrimoines importés. Affirmer notre identité signifie que nous partageons l'essentiel : les principes à caractère universel basés sur l'égalité entre les êtres, la parité homme-femme, la dignité humaine, le respect des autres. Ce ne sont pas des idées à la carte, formatées, adaptées en fonction de groupes religieux ou ethniques derrière le paravent d'une République.

Autour d'une architecture identitaire commune, une société multiculturelle peut trouver sa place et aider le plus grand nombre à s'épanouir. À écouter Marcello Pera, l'un des intellectuels les plus influents d'Italie – un non croyant qui se revendique comme tel – tout en étant... conseiller du Pape Benoît XVI : « C'est parce que la société sera de plus en plus multiculturelle, qu'il est nécessaire d'avoir une identité agrégative [...] S'il faut faire une société arc-en-ciel, alors la cohésion manquera et cela conduira à des phénomènes de marginalisation[1]. » Autrement dit, ceux qui veulent construire leur propre avenir chez nous doivent respecter une somme de valeurs humaines, politiques, sociales. Ces valeurs sont fondamentales. On peut s'ouvrir aux autres sans brader notre socle.

Nul besoin d'être réactionnaire pour entendre la proposition de Jean-Paul Brighelli, professeur de lettres à Montpellier : « Il faut apprendre à tous les élèves une culture commune et laisser la culture familiale à la maison. »

Dans cet esprit, Amin Maalouf – l'écrivain né au Liban mais qui a choisi d'écrire en français – affirme : « la culture jette les ponts... Le plus important dans nos histoires, ce sont les parcours et non les racines[2] ».

1. *Le Point,* Avril 2006.
2. Amin Maalouf, *Lire*, 2000.

Laïcité : stop !

L'idée d'une culture en héritage, noyau de l'identité commune, est clairement exprimée par Dalil Boubakeur, musulman modéré qui rejette la perspective d'un « clash des civilisations ». Homme jovial et fin, il n'hésite pas à prendre ses distances avec les credo en vigueur. « Je ne suis pas pour le multiculturalisme. Il y a une culture : c'est la culture française », a-t-il affirmé au journal américain international *Herald Tribune.* Recteur de la Grande Mosquée de Paris, chevalier de la Légion d'Honneur, Dalil Boubakeur se déclare ouvertement opposé à la discrimination positive et appelle ses sœurs et ses frères à « s'adapter sans peur ». En somme, on peut être un bon musulman, tout en assumant sa carte d'identité française, sans contradiction avec le respect de ses racines.

Les fidèles de l'islam ne sont pas les seuls croyants à avoir enduré de cruels conflits intérieurs.

Les catholiques de France, eux aussi, ont craint de ne pouvoir vivre leur foi au sein de la République. C'était au tournant du siècle dernier, en 1905, dans l'ambiance électrique du vote de la loi sur la laïcité. Il a fallu presque quarante ans pour que les évêques acceptent la séparation de l'Église et de l'État. Cette expérience – donner du temps au temps pour s'adapter – devrait nous préserver de la précipitation, nous aider à rester sereins face aux pressions contre la laïcité, clef de voûte de notre exception française.

Nicolas Sarkozy propose d'adapter la laïcité pour lutter contre le radicalisme de « l'islam des caves ». La religion de Mahomet est la deuxième croyance de l'hexagone, financièrement soutenue notamment par l'Arabie saoudite et le Maroc. Il faut lui faire un peu plus de place au pays de Voltaire. Des élus cherchent des moyens

– exonérations fiscales, astuces administratives, ficelles légales – d'augmenter, d'améliorer les lieux de prière et les mosquées qui seraient à l'heure actuelle plus de mille sept cents à travers la France. Dans un esprit de tolérance et de dialogue, des maires de presque toutes tendances font remarquer que la législation française permet d'aider les musulmans à profiter d'une « laïcité égalitaire ». En revanche, les élus de terrain craignent davantage de modifier l'équilibre philosophique et social issu de la loi de 1905.

Face à ces querelles, les chrétiens observent, évitent de jeter de l'huile sur le feu, se gardent d'accuser tel ou tel d'opportunisme politique. Mais dans leur for intérieur beaucoup partagent, sans doute, cette mise en garde du philosophe Guy Coq : « En modifiant la loi sur la laïcité, on risque de réveiller les extrémismes et les guerres religieuses[1]. »

1. Guy Coq, *La laïcité, principe universel*, Le Félin, 2005.

19.

Le jour où la France m'a souri

« Le roi l'est pas mon cousin[1] »

Un chevalier venu de loin

Comme s'il avait interprété mon rêve, le nuage épais et sombre se fissure et laisse passer quelques rayons de soleil qui le colorent d'orange et d'or. La lumière et les couleurs appartiennent à la mystique. Mon île de l'océan Indien concentre tous les mystères des couleurs, leur vie, leur force, la douceur et la violence. Leur éclat, leur beauté m'ont accompagnée depuis ma plus petite enfance, elles m'ont fascinée et ont formé mon âme. De l'aube, au crépuscule si intense et si brusque en dessous de l'Équateur, les métamorphoses d'un même paysage sous l'effet des ombres et des nuances peuplent l'imagination comme nulle part ailleurs.

Quand le soleil se lève à cinq heures du matin sur

1. Le bonheur est simple.

le volcan du Piton de la Fournaise, la lave grise et sombre commence à s'enflammer. En contrebas, le regard bute sur le bleu marine de la mer, après le vert profond ou transparent des forêts de séquoia et d'eucalyptus. Tout autour, le gris dangereux et trompeur du brouillard, qui tombe brusquement du ciel comme un tapis épais pour emballer les rochers verticaux des montagnes, avant d'égarer et d'avaler ceux qui s'y aventurent dans un froid mortel. Les couleurs de la Réunion, c'est l'explosion des flamboyants, des bougainvilliers, des fleurs de bibasses* et des papayers que les cyclones fracassent en mars.

Ce jour de novembre, à onze mille kilomètres de ma terre natale, dans le salon de réception du ministère de la Culture, j'observe les derniers rayons du soleil qui se brisent dans les lustres et les miroirs. Je suis là pour être décorée des insignes de chevalier dans l'Ordre national de la Légion d'honneur par la ministre, Catherine Tasca.

Je suis fière et heureuse d'une façon que les Français de l'outre-mer peuvent mieux comprendre que les métropolitains blasés.

La plus haute décoration de la République ne représente pas du tout pour moi un rêve de mégalo. Il n'empêche, en cette fin d'après-midi de novembre, j'ai la tête dans les nuages, et les mots expriment mal ce que je ressens. C'est simplement indicible.

L'effet de surprise a été total : je ne m'attendais pas du tout à découvrir mon nom un matin dans le journal dans la liste de la « promotion du 14 Juillet ».

Journaliste reporter, je suis restée indépendante des partis politiques, des notables de la République, des affiliations et des chapelles de toutes obédiences. Je vais recevoir cette distinction pour mon travail, comme un encouragement personnel mais à destination de beaucoup d'autres enfants de la République.

Le salon se remplit. Dans la foule de 150 personnes, je découvre Roland Dumas, l'ancien ministre des Affaires étrangères de François Mitterrand, qui me fait un clin d'œil. À deux pas de lui, Maître Georges Kiejman m'adresse un signe amical. Quelques années plus tôt, alors secrétaire d'État aux Affaires étrangères, il m'avait décorée des insignes de chevalier dans l'Ordre national du mérite. Ainsi, je fais partie d'une rare exception : me voici titulaire des deux plus prestigieuses décorations françaises à la fois, sans jamais avoir demandé l'une ou l'autre sous un Président de gauche – François Mitterrand – et maintenant un ruban rouge des mains d'un ministre sous un Président de droite, Jacques Chirac. Je trouve ça plutôt comique.

Bleu-rouge, eau froide-eau chaude, comme rigolent les copains. Encore des couleurs mais cette fois celles du pays. Pour moi, fille d'un immigré, elles revêtent un symbole spectaculaire.

Devant l'estrade, je découvre la haute hiérarchie de France Télévision, disposée comme à la parade. Parmi mes amis, deux fidèles compagnons de voyage, deux hommes exemplaires qui m'ont aidée, encouragée, protégée pendant toutes ces années de reportage autour de la terre, Robin Teboul et Romain Fruhauf, l'un fait les images, l'autre le son. Lorsque je rédige les textes de nos reportages ou que je prépare les directs, c'est à eux d'abord que je raconte ce que je vais dire. Ensemble, nous composons avec un autre collègue monteur un résumé des choses vues et ressenties. Si quelque chose cloche dans mes commentaires, ils ne me font pas de cadeau. Heureusement !

Catherine Tasca, mince et élégante, prend la parole.

— Chère Mémona Hintermann... (Elle commence en me souriant et devient tout à coup grave...) La guerre en Afghanistan vient de rappeler, brutalement, la part de risques liée à votre métier. Deux journalistes qui ne sont pas revenus ces jours-ci, Johanne Sutton de Radio France Internationale et Pierre Billaud de RTL...

La ministre se tourne vers moi et rappelle quelques points clefs de ma carrière. Le retour de la liberté à l'Est de Berlin, la chute du Mur, les premières élections libres en Afrique du Sud avec l'arrivée triomphale de Nelson Mandela, les guerres au Tchad, au Kosovo, en Irak, les bombardements sur la Serbie. La Serbie, où un jeune officier, le visage défiguré par la déception de voir la France rejoindre la coalition contre son pays, oblige toute notre équipe à se presser contre la barrière de sécurité d'une autoroute, kalachnikovs dans le dos. Nous sommes traités comme des espions car nous venons de découvrir, par hasard, que les avions de combat de l'armée de Slobodan Milosévic ne sont plus à l'aéroport mais rangés sur l'autoroute vers Belgrade. Allions-nous filmer la scène et donc informer l'Otan ? Quel soupçon stupide ! Les satellites, capables de voir des têtes d'épingle, ont déjà renseigné les états-majors occidentaux en temps réel !

Catherine Tasca parle aussi de ma présence à Bucarest lors de « la révolution roumaine » et de la chute de Nicolaï Ceaucescu. C'était en décembre 1989, quand des tireurs embusqués dans le clocher de l'église à côté de l'Ambassade de France où nous étions réfugiés nous ont ratés.

Elle élève la voix : « L'indépendance qui vous caractérise et votre ténacité vous ont permis d'éviter les pièges des communiqués officiels et de la manipulation médiatique organisée par les belligérants. »

Pour cette seule phrase, chère Catherine, je pense que je pourrais vous embrasser, même si j'ai commis mon lot d'erreurs !

Un honneur partagé

Devant moi, au premier rang, côte à côte, ma fille Élodie, mon fils Julien, et mon mari, Lutz Krusche, correspondant du grand magazine allemand *Der Spiegel* à Londres, Washington et Paris. Ma petite Élodie rayonne avec ses beaux yeux marron. Julien joue le cool comme on le fait à son âge, mais une maman sait lire dans un regard d'affection.

Mon mari est ému mais visiblement soucieux aussi. Il sait que je dois faire un petit discours de réponse et que je n'ai rien écrit. Pas un mot. J'ai toujours aimé travailler sans filet. Lutz, l'Allemand pragmatique, se méfie.

Il a raison : je suis tentée de dire quelque chose de surprenant, de choquant même pour quelques-uns. Au fond de la salle, des serveurs en noir et blanc arrangent un buffet raffiné et commencent, sans le moindre bruit, à remplir des coupes de champagne. Vraiment, ce serait le moment pour des surprises...

Par exemple, révéler que j'ai mangé avec une fourchette, pour la première fois de ma vie à l'âge de 18 ans, que petite fille maigre, j'ai fait ma rentrée solennelle en classe de sixième pieds nus parce que nous étions trop pauvres pour acheter des chaussures. En ces instants si solennels, mon esprit voyage dans le passé : je revois maman, mes trois frères, mes trois sœurs et moi rassemblés à Noël autour d'une table vide. Totalement vide. Et plus d'une fois ! Trois de ces canapés au saumon ou ce pâté de canard là-bas au buffet, que les invités de la cérémonie vont avaler dans quelques minutes, distraits et enfoncés dans leurs conversations sur la politique parisienne et les petites intrigues auraient fait notre nirvana dans le logis de misère.

Et quelle stupéfaction pourrais-je déclencher si je racontais que la bonne petite catholique que je suis était musulmane jusqu'à l'âge de huit ans ?

Catherine Tasca fixe la médaille au revers de ma veste, me fait la bise et me chuchote, à l'oreille : « C'est cette médaille-là, la vôtre, que j'ai le plus de plaisir à remettre. »

Je suis surprise, sa complicité me touche profondément, car c'est la première fois de ma vie que je la rencontre. J'ai croisé et interviewé tant de ministres de pays du monde entier, mais jamais cette dame.

Elle connaît, évidemment, mon parcours professionnel ; son service de presse lui a préparé un dossier précis. Et peut-être en sait-elle un peu plus. Ce qui expliquerait sa remarque. Peut-être sait-elle qu'elle vient de décorer quelqu'un qui n'est pas sorti d'une banlieue explosive – pardon, banlieue sensible – mais de la misère la plus totale, quelqu'un qui a cru instinctivement que la République française allait venir à son secours. Même si la vie m'a appris à nuancer une part de mon rêve d'être Française à tout prix.

C'est à moi de répondre. Mon message est clair : je remercie la France qui m'a tant donné, salue ses valeurs constamment dénigrées par des enfants ingrats, qui n'ont pas tous connu la faim, la misère et pas vraiment mesuré sa générosité. Faut-il être venu de loin pour l'apprécier ?

J'entends des applaudissements et mon fils Julien s'approche de moi, les yeux un peu humides, m'embrasse et murmure « Maman, c'était une ovation. Je t'aime ».

Élodie, ma complice qui me comprend et me ressemble, demande que je continue à monter la garde : « Bravo maman, continue, tu es une lionne. »

Pendant que les voix s'élèvent dans un concert bruyant, rythmé par les claquements des bouchons de champagne et les éclats de rire, je m'isole sans le vouloir et mon regard se promène à travers les grandes fenêtres sur les colonnes de Buren en contrebas, ces colonnes que je n'aime pas particulièrement, et les vastes jardins du Palais Royal qui m'émerveillent. Le soleil commence à se coucher et m'envoie par les nuages bas d'un bleu sombre quelques rayons dorés. Quelles couleurs !

Je pense à ma mère Marie-Claire dans ma ville natale du Tampon. Pour elle, ce même soleil s'est déjà couché – il est trois heures plus tard là-bas. Elle a terminé son travail dans son potager tant aimé et rangé son chapeau de paille. Sacrée maman. À 84 ans, elle vient de dévoiler son secret : avec les économies de sa minuscule retraite, elle a fait construire au cimetière du Tampon un caveau en grès rose. Dessus elle a fait inscrire en lettres géantes : « SERY Marie-Claire et ses enfants ». Même dans l'au-delà, elle veut nous garder réunis !

Mon père Kassim Afféjee est mort depuis bien longtemps. Sa descente aux enfers, lui le commerçant aisé, rongé par l'alcool et le jeu, jeté au plus bas de l'échelle sociale, m'a laissé des souvenirs terrifiants. J'aurais mille raisons de le détester. Mais ici, dans ce salon splendide, je pense à lui avec tendresse. Son destin a été plus fort que lui.

La cérémonie s'achève. Élodie s'approche de moi.

— Ma petite maman, à quoi penses-tu ? C'est un beau jour, tu sembles si loin !

Je suis songeuse, nostalgique, mais surtout pas triste. J'avais une boussole et je ne l'ai jamais lâchée : ma mère m'a appris une chose essentielle, devenue mon fil conducteur : « Tu peux si tu veux. »

Grâce à elle, mon enfance m'a rendue forte par la volonté de réussir, le courage d'être optimiste, et la joie de vivre. Elle a traversé les épreuves sans se plaindre, regardant devant elle. Un matin, son père est venu saluer sa force de caractère. Lui qui, pas une seule fois n'avait mis les pieds chez nous, est arrivé devant notre porte. Entièrement vêtu de noir, il ployait, comme dans une scène biblique, sous un sac de pommes de terres qu'il venait de récolter. On aurait dit qu'il portait une croix sur les épaules. Nous étions tous assis dehors, sur des chaises en paille. Un verre d'eau sucrée à la main, il s'est approché de sa fille, et il a murmuré :

— Claire, mon enfant, il faut me pardonner.

Mon grand-père, Jules Séry, l'ancien poilu de Verdun, a trouvé la force de mettre son orgueil de côté pour venir faire la paix avec celle qu'il avait abandonnée pendant si longtemps. Cinq jours plus tard, il mourait.

PETIT GLOSSAIRE DE MOTS CRÉOLES DE LA RÉUNION[1]

En missouque	À la dérobée.
La pluie qui farine	Il bruine.
Z'oreille	Désigne les métropolitains, en particulier ceux qui viennent de débarquer ; terme inventé par les soldats en 1914, pendant la guerre pour désigner les officiers qui ne comprenaient pas les créoles de la Réunion.
Mafate	L'un des trois cirques avec Cilaos et Salazie.
Chabbouc	Le fouet, utilisé par les esclavagistes.
Caponeuse, caponeur	Lâche, peureux.
Créole bois de patate	Petit Blanc inculte.
Tourner la langue	Personne qui s'exprime de façon précieuse pour cacher son origine.
Mond'derrier soleil	Personnage mal dégrossi.

1. Ce glossaire reprend les mots suivis d'un astérisque* dans le texte.

Filaos	L'arbre emblématique de la Réunion. Il possède des aiguilles comme les pins. Son chant à l'heure des chaleurs de l'après-midi est rempli de nostalgie. Nom botanique : Casuarina équisétifolia.
Enfant brise-fer	Enfant turbulent et maladroit qui brise tout ce qu'il touche. En général, toute personne accusée de brutalité.
Franciséa	Arbrisseau rappelant le jasmin, à fleurs bleues et blanches très parfumées le soir. Nom botanique : Brunfelsia hopeana.
Râleurs d'pioches	Ouvrier agricole n'ayant qu'un outil : une pioche. Le mot râler vient du terme de marine haler, tirer.
Sapans	Espèce végétale, grimpante, très épineuse, formant une véritable barrière infranchissable.
Brèdes	Les brèdes – herbes qui servent au bouillon agrémenté de gingembre et d'ail – font partie de la trilogie réunionnaise : brèdes, riz, cari. Le mot brède viendrait du portugais *brédos*.
Grègue	Cafetière en fer-blanc, à tamis fin.
Songe	Racine. Se mange cuite, au sel ou au sucre. Elle sert aussi à l'alimentation du bétail.
Margose	Légumineuse, amère, qui sert à fabriquer un rougail pimenté.

Y'a pas d'triage dans mon café !	Je ne fais pas le difficile. Je prends les événements comme ils se présentent. Évidemment cette expression se rapporte au XVIIIe siècle quand la Réunion présentait son précieux et renommé café sur les tables aristocratiques de France.
Z'enfants natirels	Enfants nés hors mariages. Jusqu'au début des années soixante-dix, un quart des naissances étaient des z'enfants « bon dieu » ou enfants natirels !
Un conducteur	Programme d'une émission radio ou télé.
Faire du CFA	Terme plutôt péjoratif pour désigner les métropolitains qui venaient dans les départements d'outre-mer pour gagner plus grâce à une indexation avantageuse de leurs salaires sur le coût de la vie locale.
Papangue	Animal de proie, véritable épouvantail qui fait peur aux enfants. Synonyme d'un abuseur, d'un rapace humain.
Bichique	Alevin réputé, malheureusement en voie de disparition faute d'une protection respectueuse de l'environnement. Au sens figuré, le mot est employé pour parler du sexe féminin.

Youls, Yabs	Créoles des hauts. Terme péjoratif mais fréquemment employé pour désigner les habitants des « hauts » de l'île. Un youl ou un yab est toujours un petit Blanc, jamais un Noir. Terme discriminant !
Margosier	Arbre à fleurs mauves dont le parfum s'exhale à la tombée de la nuit.
Couillon	Terme très utilisé pour signifier la bêtise.
Frangourin ou flangourin	Jus de canne fermenté. Par extension, l'alambic qui sert à le préparer.
Hoareau, Payet, Rivière	Patronymes très fréquents à la Réunion, qui rappellent l'origine du peuplement français, particulièrement des provinces de l'ouest de la France.
Gaulette	Instrument de mesure agraire : 5 mètres carrés.
Bazardier	Marchand ambulant. À l'origine portant un panier rond sur la tête.
Varangue	Véranda. Pièce essentielle dans l'habitat traditionnel. C'est là que l'on prend le frais. En général la varangue est décorée de plantes tropicales, dont les orchidées.
Séga, maloyas	Danses des esclaves. Danses des îles de l'océan Indien qui partagent une histoire commune (Maurice, Seychelles surtout).
Cafre, cafrine	Descendant de populations africaines. Mon p'tit cafre est un mot doux. Un amant dit de sa « fiancée » : ma cafrine, même si celle-ci est blanche !

Arbre à jacques	Arbre imposant, caractérisé par son latex et des fruits ventrus recouverts d'une peau épineuse renfermant des gousses très parfumées. On consomme les fruits mûrs ou verts mais dans ce cas ils sont cuisinés avec des morceaux de boucanés.
Pinte	Une mesure d'un litre environ, en bois. Vient du vocabulaire marin.
Tamarin	Arbre originaire de l'Inde vénéré à la Réunion, pour son bois précieux, ses fruits et son feuillage...
Moutoussamy, Apavou, Angama	Noms de familles de malabars – Hindou venus remplacer les esclaves dans les champs de cannes à sucre lorsque ces derniers sont devenus libres en 1848.
Marche sur le feu	Cérémonie hindoue après le carême : Le pénitent franchit des braises, pieds nus, preuve, s'il résiste, qu'il a suivi les privations sans faillir.
Plantation, habitation	L'exploitation agricole.
Jacquot ou Z'aquot	Personnage d'autrefois, pendant les fêtes, peint de cendres, affublé d'une queue en paille.
Esclaves	En 1848, plus de soixante mille personnes ont été libérées de l'esclavage.
Voler le chemin	Prendre la poudre d'escampette.
Champac	Arbre géant à larges feuilles, recherché pour son ombre généreuse dans les cours des hauts de l'île.

Crédit sur carnet	Les épiciers, chinois, pour la plupart, fidélisaient leur clientèle par leurs dettes, en les inscrivant sur un registre muni d'un boulier chinois traditionnel.
Boucanés	Viandes de porc, séchées et salées.
La rac ou raque	Le rhum ou toute autre boisson alcoolisée fortement.
Snook ou sounouk	Poisson séché, ressemblant au haddock, sentant très fort, consommé par les pauvres.
Fonds de cuvettes	Espace creux où s'écoule l'eau des pluies entre la route et le talus.
Cari	Dérivé de « curry ».
Vacoa	Plante ornementale de la famille des Pandanus, utilisé en vannerie. Cet arbre qui peut mesurer trois ou quatre mètres est très présent sur les côtes du pourtour de l'île.
Grand Mére Kall	Personnage imaginaire qui effraie les enfants ; une mauvaise fée qui vient danser les nuits de pleine lune sur les tas de fumier.
Casse tit bois, gratte ti-bois	Pratiquer la sorcellerie.
Samoussas	Beignet indien : viande, légumes, etc.
Massalé	Plat pimenté, parfumé à la coriandre, cumin, fenugrec, etc.
Catouas	Déformation du mot catholique par les Indiens qui comprenaient mal le créole.
Goyave	Fruit charnu, blanc ou rosé, granuleux.

Graisser la patte	Flatter. Vieille expression française.
Sucriers	Terme générique pour désigner les grandes familles traditionnelles.
Maudit	Autant utilisé qu'au Québec pour exprimer le côté ingérable et exaspérant d'une situation, d'une personne, etc.
Tissu mendiant, tapis mendiant	Chute de textile divers pour confectionner des vêtements, couvertures, etc.
Goni	Sac en jute.
Bibasse	Nèfle.
Miel vert	Miel de la forêt des hauts butiné sur les tamarins, ou autres végétaux des hauts : chocas, ambavilles, etc. Bien sûr, un miel sauvage.
Bonbon patate	Bonbon signifie gâteau.
Coup d'sec	Verre de rhum.
L'arrondissement	Les parages.
La quinzaine	Les journaliers agricoles recevaient leur paye deux fois par mois.
Badamier	Arbre originaire de l'Inde. Son fruit saumâtre désaltère.
Bodoï	Ce terme n'est pas réunionnais mais vietnamien : signifie un combattant de l'ombre pendant la guerre d'indépendance.
Vétian	Tambour tamoul.
Vaza	Mot d'origine malgache pour désigner un personnage important.
Bal z'accords	Un des nombreux bals du samedi. Avec, bal la poussière, bal z'anneau, etc.

Maloya et séga	Anciennes danses des esclaves, toujours prisées par les Réunionais de toutes origines.
Bébêtes la nuite, bébêtes la lampe	À la Réunion, tous les animaux sont des bébêtes. Sur la lampe : des insectes nocturnes.
Un pied de riz	Une femme qui gagne de l'argent. Synonyme d'institutrice.
La Croix du Sud	Dans l'hémisphère Sud où se situe l'île de la Réunion, la Croix du Sud est formée par un groupe d'étoiles qui forment une figure géométrique qui a guidé les voyageurs, particulièrement les marins.

Remerciements

Toute ma gratitude va à Isabelle Laffont, qui a su m'écouter et me comprendre, à Arlette Nachbaur, qui m'a fait confiance. Je tiens à remercier également Charlotte Liébert, qui m'a accompagnée dans mon travail.
Enfin, merci à mon mari le journaliste allemand Lutz Krusche, dont le soutien et les conseils m'ont été d'une aide précieuse tout au long de l'écriture de ce livre.

Table

Cet ouvrage a été imprimé en France
par CPI Bussière
à Saint-Amand-Montrond (Cher)
en octobre 2013

Photocomposition PCA
44400 Rezé

N° d'édition : 07. — N° d'impression : 2005572.
Dépôt légal : octobre 2013.